雙星互聯篇

東方星理學③

Oriental Astrology * Two Stars in One House

◆

最詳細探討星盤中雙主星的影響和磁場變化

分析人生際遇變化的說明書

東方星理學創始人・紫微斗數泰斗 天乙上人——著

《單星篇》介紹了40顆星座的人格特質、心態屬性和性格優缺點；
《區塊篇》進一步說明星盤中十二區塊的作用和影響；
《雙星互聯篇》則進一步討論單一區塊中兩顆星宿的影響和磁場變化。
一加一會等於二嗎？若是兩顆星宿的特質南轅北轍又該怎麼解釋？
本書詳列60種星盤組合，每種組合附有5張圖表，全書300張附圖說明，
細緻分析區塊內的星座組合、8項能力和14項人格特質，
讓您充分了解自己的潛藏能量和人生的際遇變化，亦可掌握與他人的互動與應對模式。

東方星理學創始人・紫微斗數泰斗
天乙上人

作者簡介

畢生鑽研斗數系統，潛心著作、教學四十年，十年前開始研發以「圖像符號」代替星座名稱，並以古代宮廷的人物，爲古老的紫微斗數賦予全新生命力。

「東方星理學」的詮釋現代化，是爲了讓年輕世代易於接受、吸收，研發過程融入西方心理學與大數據統計學，並以此克服這門學問無法跨越語言翻譯的障礙，最大的期望，便是能藉此將東方占星學弘揚國際，爲傳統文化盡一份棉薄之力。

經歷

- 社團法人中華民國占驗紫微學會—創會理事長
- 占驗法門第五十四代掌門人
- 復華易學研究院院長
- 四十年執業經驗，授生五十期，學生近六百人，分布世界各地

著作

- 現代斗數眞訣（共六冊）
- 占驗紫微ＰＭＰ（共六冊）
- 紫微通鑑（共十四冊）

- 紫微斗數命例眞解三百例（共三冊）
- 占驗夢境乾坤（共三冊）
- 占驗姓名學（共二冊）
- 東方星理學＊單星篇
- 東方星理學２＊區塊篇
- 東方星理學３＊雙星互聯篇

得獎記錄

- 《東方星理學》榮獲二〇一三年歐盟（比利時）國際發明展（文化類）金牌獎
- 羅馬尼亞國家研究院金牌獎
- 波蘭國家發明聯合總會金牌獎。

東方星理學星盤下載&購買網址

www.skyfate.tw

作者序

中華文化傳統國學底蘊廣博深不見底，其中涵括了天文、地理、兵法、哲學、人文等儒家思想，累積出五千多年來老祖宗、先賢們的智慧寶庫，讓人類取之不竭用之不盡。世上任何學術科系皆有博士學位可供定位，唯獨在中華傳統、文化國學的領域裡，人上有人，沒有博士的稱謂和頭銜，因爲光是其中一個小項目，都足以讓人白花了頭，仍難以透析其中之奧妙與精髓。

東方星理學源自於中華傳統文化國學裡的一個小單元——「古占星學」學理，其中涵蓋了心理學、中醫的陰陽五行、生剋制化原理，以及民族遺傳基因等元素，深入研究後始發現其中竟早就含有大數據的統計原理，以及互聯交纏的理論基礎，其精深的邏輯系統令人折腰嘆服，深感生命的長度不夠用。

老夫涉獵古占星學領域，耗盡了一輩子的青春年華，因不捨這門獨特的文化只侷限於台灣一島之隅，爲此投入十餘年的時間研發，只爲突破語言翻譯上的障礙，盼能走出台灣，邁向國際，盡一份傳承者的責任與義務，讓更多愛好者受益。

《東方星理學》共有四冊，此前已出版《東方星理學——單星篇》、《東方星理學2——區塊篇》，本書《東方星理學3——雙星互聯篇》之後則是更精彩的完結篇，每一本皆是用心編寫、仔細校正的經典之作，值得您的收藏與期待。

天乙　合十

二〇二一年　秋

目錄

作者序 005
什麼是「互聯」？ 015
基本知識和專有名詞 017

紫微垣星系

皇帝星組合 025

皇帝星單守於Ⅰ、Ⅶ區塊 029
皇帝星＋前鋒星於Ⅱ、Ⅷ區塊 036
皇帝星＋宰相星於Ⅲ、Ⅸ區塊 043
皇帝星＋近侍星於Ⅳ、Ⅹ區塊 051
皇帝星＋總管星於Ⅴ、Ⅺ區塊 058
皇帝星＋將軍星於Ⅵ、Ⅻ區塊 065

司庫星組合 072
司庫星＋宰相星於Ⅰ、Ⅶ區塊 077
司庫星＋近侍星於Ⅱ、Ⅷ區塊 084
司庫星＋總管星於Ⅲ、Ⅸ區塊 091
司庫星＋將軍星於Ⅳ、Ⅹ區塊 098
司庫星單守於Ⅴ、Ⅺ區塊 106
司庫星＋前鋒星於Ⅵ、Ⅻ區塊 113

近侍星組合 120
近侍星單守於Ⅰ、Ⅶ區塊 125
近侍星＋司庫星於Ⅱ、Ⅷ區塊 132
近侍星單守於Ⅲ、Ⅸ區塊 133
近侍星＋皇帝星於Ⅳ、Ⅹ區塊 140
近侍星單守於Ⅴ、Ⅺ區塊 141
近侍星＋使節星於Ⅵ、Ⅻ區塊 148

目錄

使節星組合 155

使節星＋總管星於Ⅰ、Ⅶ區塊 160

使節星＋將軍星於Ⅱ、Ⅷ區塊 167

使節星單守於Ⅲ、Ⅸ區塊 175

使節星＋前鋒星於Ⅳ、Ⅹ區塊 182

使節星＋宰相星於Ⅴ、Ⅺ區塊 190

使節星＋近侍星於Ⅵ、Ⅻ區塊 197

密探星組合 198

密探星單守於Ⅰ、Ⅶ區塊 202

密探星＋貴妃星於Ⅱ、Ⅷ區塊 209

密探星＋王爺星於Ⅲ、Ⅸ區塊 216

密探星＋軍師星於Ⅳ、Ⅹ區塊 223

密探星單守於Ⅴ、Ⅺ區塊 230

密探星單守於Ⅵ、Ⅻ區塊 237

前鋒星組合

前鋒星組合 244
前鋒星單守於Ⅰ、Ⅶ區塊 249
前鋒星＋皇帝星於Ⅱ、Ⅷ區塊 256
前鋒星單守於Ⅲ、Ⅸ區塊 257
前鋒星＋使節星於Ⅳ、Ⅹ區塊 264
前鋒星單守於Ⅴ、Ⅺ區塊 265
前鋒星＋司庫星於Ⅵ、Ⅻ區塊 272

太微垣星系

宰相星組合

宰相星組合 275
宰相星＋司庫星於Ⅰ、Ⅶ區塊 277
宰相星單守於Ⅱ、Ⅷ區塊 278
宰相星＋皇帝星於Ⅲ、Ⅸ區塊 285
宰相星單守於Ⅳ、Ⅹ區塊 286

目錄

宰相星＋使節星於Ⅴ、Ⅺ區塊 293

宰相星單守於Ⅵ、Ⅻ區塊 294

軍師星組合 302

軍師星單守於Ⅰ、Ⅶ區塊 306

軍師星單守於Ⅱ、Ⅷ區塊 313

軍師星＋皇后星於Ⅲ、Ⅸ區塊 320

軍師星＋密探星於Ⅳ、Ⅹ區塊 327

軍師星＋監察史星於Ⅴ、Ⅺ區塊 328

軍師星單守於Ⅵ、Ⅻ區塊 335

貴妃星組合 342

貴妃星＋皇后星於Ⅰ、Ⅶ區塊 347

貴妃星＋密探星於Ⅱ、Ⅷ區塊 355

貴妃星＋監察史星於Ⅲ、Ⅸ區塊 356

貴妃星單守於Ⅳ、Ⅹ區塊 363

貴妃星單守於Ⅴ、Ⅺ區塊——370
貴妃星單守於Ⅵ、Ⅻ區塊——378

總管星組合——385

總管星＋使節星於Ⅰ、Ⅶ區塊——390
總管星單守於Ⅱ、Ⅷ區塊——391
總管星＋司庫星於Ⅲ、Ⅸ區塊——399
總管星單守於Ⅳ、Ⅹ區塊——400
總管星＋皇帝星於Ⅴ、Ⅺ區塊——407
總管星單守於Ⅵ、Ⅻ區塊——408

監察史星組合——415

監察史星單守於Ⅰ、Ⅶ區塊——420
監察史星單守於Ⅱ、Ⅷ區塊——427
監察史星＋貴妃星於Ⅲ、Ⅸ區塊——434
監察史星＋王爺星於Ⅳ、Ⅹ區塊——435

目錄

監察史星＋軍師星於Ⅴ、Ⅺ區塊 442

監察史星單守於Ⅵ、Ⅻ區塊 443

將軍星組合 450

將軍星單守於Ⅰ、Ⅶ區塊 454

將軍星＋使節星於Ⅱ、Ⅷ區塊 461

將軍星單守於Ⅲ、Ⅸ區塊 462

將軍星＋司庫星於Ⅳ、Ⅹ區塊 469

將軍星單守於Ⅴ、Ⅺ區塊 470

將軍星＋皇帝星於Ⅵ、Ⅻ區塊 477

天市垣星系

王爺星組合 478

王爺星單守於Ⅰ、Ⅶ區塊 483

王爺星＋皇后星於Ⅱ、Ⅷ區塊 490

王爺星＋密探星於III、IX區塊 498
王爺星＋監察史星於IV、X區塊 499
王爺星單守於V、XI區塊 500
王爺星單守於VI、XII區塊 507

皇后星組合 514

皇后星＋貴妃星於I、VII區塊 518
皇后星＋王爺星於II、VIII區塊 519
皇后星＋軍師星於III、IX區塊 520
皇后星單守於IV、X區塊 521
皇后星單守於V、XI區塊 528
皇后星單守於VI、XII區塊 535

什麼是「互聯」？

在系列作的第一冊《東方星理學——單星篇》中，詳細描述了東方星理學中的十四顆主星、十八顆副星、以及八顆輔助星的特質、心態屬性和優缺點，讓讀者們可對每一顆星宿有初步的了解，在檢視自己的星盤時亦可針對總部內駐守的星宿，對自己的性向、人格特質和發展優劣勢有更好的掌握；在第二冊《東方星理學2——區塊篇》中，則由總部出發，看看個人具備了什麼樣的團隊，是積極型還是保守型？主動攻擊型還是被動守備型？然後再依序透視自己與父母、手足、夫妻、子女、朋友之間的互動，以及在理財、職場、家庭、外緣等各個領域中的發展狀況，屬於全方位論斷的人生曲線說明書。

而了解單一星宿與各個區塊之後，第三冊則進入進階版的「雙星互聯篇」。所謂「互聯」，顧名思義是兩個或以上的個體互相聯繫、組合、互通，讀者們若對東方星理學星盤略有了解，便可發現星盤中的每個區塊並不一定只會出現「單一星宿」，有時也可能出現「雙主星」或「完全沒有主星」的現象，這時該怎麼解釋？分別解讀兩個主星的特質就可以了嗎？一加一等於二嗎？若是兩顆星宿特質南轅北轍又該怎麼混合解釋？

因此在第三冊《東方星理學3——雙星互聯篇》中，要討論的便是雙主星的組合和磁場變化，在第一冊中我們已了解主星的落盤方式有一定的順序和方向，星盤中是以皇帝星爲主，皇帝星共有六種組合（皇帝星單守、皇帝星＋宰相星、皇帝星＋近侍星、皇帝星＋總管星、皇帝星＋將軍星、皇帝星＋前鋒星），而皇帝星可能落在十二個區塊中任一區塊，所以這張星盤就可能產生七十二種不同的總部。例如皇帝星落在Ⅰ或Ⅶ區塊時，只是主星和對面區塊的星宿互換而已，結構順序並未改變，而任何一張星盤都離不開這六種基本架構，所以只要稍加熟悉即可掌握這些組合變化。

每個人自出生就受到總部星宿所影響，行運時也會受到大限總部的星宿左右，如果總部組合不佳，但行運走到某一大限卻具備不錯的組合，那麼此大限十年也大有可爲，值得把握！每一種架構、每一種組合，遇到的團隊星宿各不相同，這都會影響當事人的個性、心態和人生際遇，而本書將與讀者們一一細述雙主星組合落在總部時的影響，期望讀者對星盤、對個人特質都能有更進一步的了解，並在人生高低轉折處時，提前做好準備，避開劣勢掌握優勢，適時蟄伏與衝刺。

基礎知識和專有名詞

星盤中的十二區塊

每個星盤都有十二個區塊，依照每個人總部落點不同，在總部就定位之後，再按逆時針方向依序落入：手足區塊、婚姻區塊、晚輩區塊、財政區塊、健康區塊、外緣區塊、朋友區塊、行政區塊、房產區塊、欲望區塊、基因區塊，一圈之後再回到總部來。

總部代表一個人的基本性格，也是人與人各不相同、都具有獨一無二特質的源頭。若以總部落在II位爲例，呈現出來的星盤便如下圖。而每個人會因爲出生年月日時辰的不同，因此總部落點不一，但其他十一個區塊都是按逆時針順序落入。

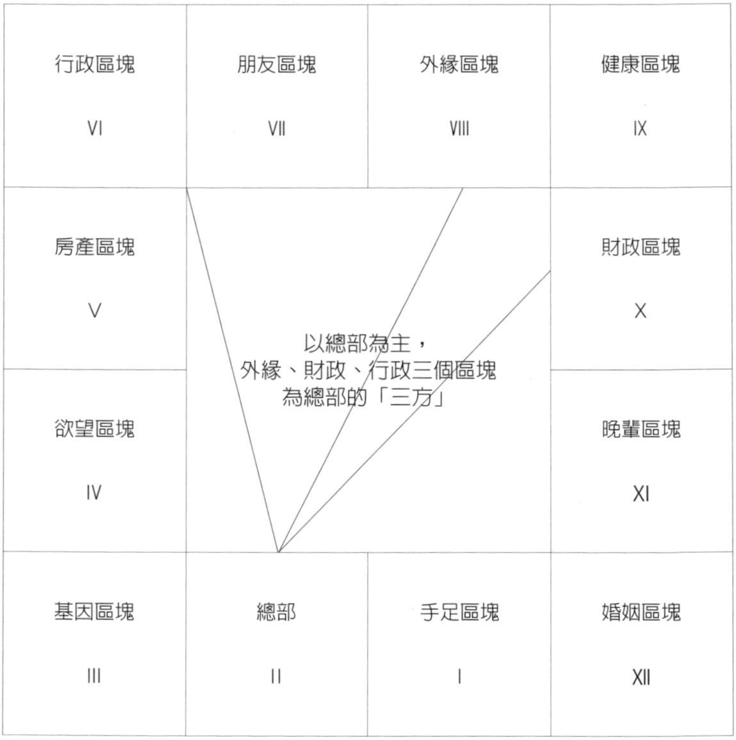

<table>
<tr><td>行政區塊
VI</td><td>朋友區塊
VII</td><td>外緣區塊
VIII</td><td>健康區塊
IX</td></tr>
<tr><td>房產區塊
V</td><td colspan="2" rowspan="2">以總部為主，
外緣、財政、行政三個區塊
為總部的「三方」</td><td>財政區塊
X</td></tr>
<tr><td>欲望區塊
IV</td><td>晚輩區塊
XI</td></tr>
<tr><td>基因區塊
III</td><td>總部
II</td><td>手足區塊
I</td><td>婚姻區塊
XII</td></tr>
</table>

圖一：星盤中的十二區塊。

基本區塊和大限行運

無論是手排星盤，或是運用軟體排出的星盤，呈現出來的都會如前頁（圖一）一般的「基本十二區塊」，從中我們可以看出一個人的基本性格、與人互動的方式、以及理財、謀生之道等大致輪廓。

除了基本十二區塊之外，因人生不斷地往前走，星盤的總部落點也會依時間繼續推進，此時其他的十二區塊也會跟著轉移。

每一個區塊是十年，每十年則稱作一個「大限」。舉例來說，**若是出生西元年尾數為單數的人，男性的大限會依逆時針運行，女性則會以順時針運行；反之，出生西元年尾數為偶數的人，男性的星盤大限會依順時針運行，女性以逆時針運行**，如下頁圖二。

圖二中這位一九八四年出生的男性，總部位於II，這是他第一大限總部的位置，如果時間推移，在他十二歲時，行運已走到第二大限，也就是圖中III位基因區塊的位置，而這個地方同時也是他第二大限的總部。

人生不斷往前爬格子，順爬或逆爬並沒有好壞之分，而是要看每一個大限的總部星宿組合好不好？三方會到的區塊中有沒有吉星或煞星？必須綜合觀察

<table>
<tr><td>第 5 大限
行政區塊
VI</td><td>第 6 大限
朋友區塊
VII</td><td>第 7 大限
外緣區塊
VIII</td><td>第 8 大限
健康區塊
IX</td></tr>
<tr><td>第 4 大限
房產區塊
V</td><td colspan="2" rowspan="2">1984 年農曆 5 月 8 日巳時
出生的男性基本星盤</td><td>第 9 大限
財政區塊
X</td></tr>
<tr><td>第 3 大限
欲望區塊
IV</td><td>第 10 大限
晚輩區塊
XI</td></tr>
<tr><td>第 2 大限
基因區塊
III</td><td>第 1 大限
總部
II</td><td>第 12 大限
手足區塊
I</td><td>第 11 大限
婚姻區塊
XII</td></tr>
</table>

圖二：基本星盤。

才能判斷一個十年大運是走高峰？還是落低谷？

專有名詞

在書中會有一些常用的名詞，像是：

❖逢破

若一個區塊中有兩個煞星而無主星牽制的話，視為逢破。另外，滂神星和糾纏星所夾的區塊、滂神星和糾纏星對照的區塊，也都視為逢破。

❖四化

「化」就是改變的意思，每一年都有四顆「化」星，分別化為：資源星、掌握星、顯耀星、阻礙星，也就是針對不同的四顆星，將星宿的性質加以變化。

變化之後的星宿性質會改變，一般來說，加入資源星、掌握星、顯耀星的星宿稱爲「化吉」，加入阻礙星的稱爲「化凶」，但這只是粗略的區分而已，詳細的變化則需要個別說明。

四化是跟著天干而來的，也就是說，十天干以西元年尾數而定，例如：

西元年尾數	4	5	6	7	8	9	0	1	2	3
天干	1	2	3	4	5	6	7	8	9	0

舉例來說，西元出生年爲一九八四年的人，尾數爲4，天干爲1，天干1的四化是：資源星落於使節星、掌握星落於前鋒星、顯耀星落於副學士星、阻礙星落於王爺星。

因此我們也會稱作：使節星加資源星、前鋒星加掌握星、副學士星加顯耀星、王爺星加阻礙星。

每個天干都有四個化星：資源星、掌握星、顯耀星、資源星，依照不同年度，分別落入不同的四顆星宿中，分別如下：

天干	四化
1	資源星落於**使節星**、掌握星落於**前鋒星**、顯耀星落於**副學士星**、阻礙星落於**王爺星**
2	資源星落於**軍師星**、掌握星落於**監察史星**、顯耀星落於**皇帝星**、阻礙星落於**皇后星**
3	資源星落於**貴妃星**、掌握星落於**軍師星**、顯耀星落於**正學士星**、阻礙星落於**使節星**
4	資源星落於**皇后星**、掌握星落於**貴妃星**、顯耀星落於**軍師星**、阻礙星落於**密探星**
5	資源星落於**近侍星**、掌握星落於**皇后星**、顯耀星落於**右護法星**、阻礙星落於**軍師星**
6	資源星落於**司庫星**、掌握星落於**近侍星**、顯耀星落於**監察史星**、阻礙星落於**副學士星**
7	資源星落於**王爺星**、掌握星落於**司庫星**、顯耀星落於**貴妃星**、阻礙星落於**總管星**
8	資源星落於**密探星**、掌握星落於**王爺星**、顯耀星落於**司庫星**、阻礙星落於**正學士星**
9	資源星落於**監察史星**、掌握星落於**皇帝星**、顯耀星落於**宰相星**、阻礙星落於**司庫星**
0	資源星落於**前鋒星**、掌握星落於**密探星**、顯耀星落於**皇后星**、阻礙星落於**近侍星**

皇帝星組合

Emperor／天皇
原爲：紫微星
動物代表：獅子
傲視群雄，爲我獨尊

所屬團隊

紫微垣系統。

皇帝星特質

1 皇帝星是東方星理學星盤之首，與生俱來的巨星架勢，有權威感與支配慾，不願庸庸碌碌平凡的虛度一生，天生一副唯我獨尊的姿態。

2 自信滿滿，不易受到外在環境阻撓或影響，具有陽剛的蓬勃生氣，又有不拘小節的寬宏之心。

3 有崇高的理想性，有組織能力與英雄主義的正義感，性格中亦有固執、霸道、獨裁和傲慢的特質。

4 眼光遠大，有規劃宏觀藍圖的能力，並有包容的胸襟。知人善用，能激勵、體恤部屬。

5 愛面子、光芒外露，有虛榮心且耳根子軟，自尊心強，喜歡成為目光焦點，具有領袖特質與才華，不願屈居於人下。喜居上流階層，喜歡受到禮遇、尊敬與享受特權。

6 好勝心強，嫉妒比自己成功的人，喜歡聽奉承、恭維，不喜歡接受批評、苛責和輕視。

7 一生中會遭受挫敗打擊，但可以鍥而不捨的精神取得豐碩成果。

8 如果皇帝星遇到溇神星或偽裝星、或逢煞星（馬前卒、後衛兵、火神星、旱神星）時，容易以自我為中心，遇事易情緒不穩、進退失據，難有大成就。

9 皇帝星個性如同獅子一般，只不過可能是鐵齒鋼牙的凶惡猛獅，也可能是慵懶的睡獅。

皇帝星的組合有六種：

- 皇帝星單守於Ⅰ、Ⅶ區塊
- 皇帝星＋前鋒星位於Ⅱ、Ⅷ區塊
- 皇帝星＋宰相星位於Ⅲ、Ⅸ區塊
- 皇帝星＋近侍星位於Ⅳ、Ⅹ區塊
- 皇帝星＋總管星位於Ⅴ、Ⅺ區塊
- 皇帝星＋將軍星位於Ⅵ、Ⅻ區塊

驕傲好勝，眼光高、要求標準高

在東方星理學星盤中，皇帝星是最重要的定位星，亦是掌管名聲、地位的重要星宿。皇帝星落在不同區塊時，可能是單星獨坐，也可能與其他星宿同坐，皇帝星在不同組合中亦會展現出不同樣貌，不過星座沒有好壞之別，重點在於三方四正會到的星座所帶來的整體影響力。例如總部有強勢星宿帶隊的人，多半有鍥而不捨的精神，不會輕易放棄想做的事、設定的目標，如同皇帝星入總部的人，對自己有自信，要求高、標準高，而且天生帶著一股威嚴氣勢，對人事物的包容性強，屬於天生的領導人才。

所謂獨木難支、孤掌難鳴，強勢的星宿也需要有恰當的輔助星來支援，才能發揮強勢星宿的正面作用力。例如皇帝星是否能展現領導力，須看團隊的三方四正中有沒有會到「左護法星」或「右護法星」來強化，若有，則可增添皇帝星的學識和氣質，並讓皇帝星的領導力、策劃力都得到提升。

皇帝星最怕的是逢「潑神星」或煞星（馬前卒、後衛兵、火神星、旱神星），不僅無法發揮皇帝星的正面特質，也會影響個人氣質以及事業發展，並讓皇帝星變得虛有其表，甚至個性顯得傲慢、強調自我中心，並且難以接受批評。

總部有皇帝星，其財政區塊必定會有一顆司庫星、行政區塊必定有一顆使節星，這樣強勢的組合不宜少年得志，必須經過磨練才能對人、對事更加包容、有同理心，也能減少虛浮和傲慢之氣，中年時再走到同樣的強勢組合，再加上「左護法星」或「右護法星」的助力，往往都能迎來人生的高峰期。

VI	近侍星 VII	VIII	IX
V	皇帝星位於 I 或VII區塊， 對面區塊必定是近侍星。		X
IV			XI
III	II	皇帝星 I	XII

圖說：皇帝星單守 I 、VII區塊

皇帝星單守．特質分析

皇帝星在Ⅰ、Ⅶ區塊，團隊中的行政區塊必定有宰相星、財政區塊必定有總管星，整體戰力十足，具有鍥而不捨的精神，不會輕易放棄目標。此外，皇帝星位於Ⅶ區塊比Ⅰ區塊更好，因爲Ⅶ區塊屬火，火可以生皇帝星的土，再加上王爺星和皇后星也正好落於星盤中的旺地，猶如多了兩盞驅暗指路的明燈，人生路會較明亮許多。

皇帝星位於總部的人做事多有長遠的計劃，對自己的能力很有信心，且不甘於庸庸碌碌平淡一生，個性包容性強，眼光長遠，有企劃力也有執行力，若身爲主管，懂得分層負責、體恤部屬，在皇帝星手下工作頗爲輕鬆。

皇帝星落總部的人，人生過程中總難免遇到重重阻礙和挫折，少年和青年時期表現並不突出，但成功時段多落在中年時期，因爲此時才會再次遇到相同的強勢團隊，此時性格較沉穩，也已累積一定的經歷，中年階段是大展身手的好時機。

皇帝星組合 1．皇帝星單守

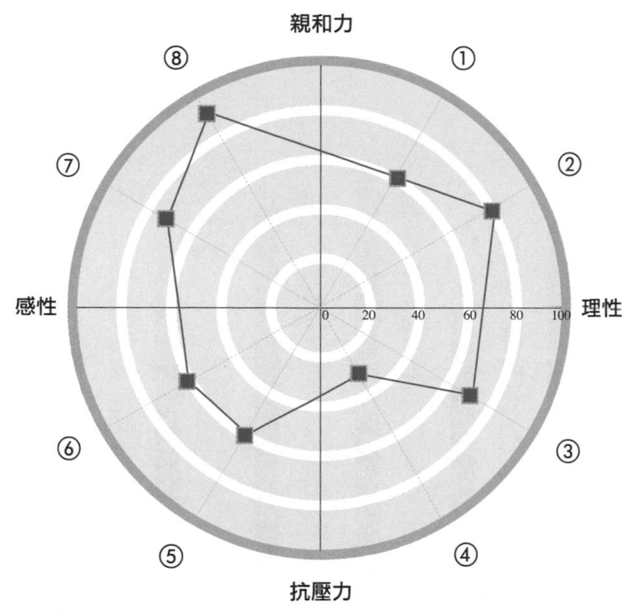

① 親和程度——60分　⑤ 抗壓能力——60分

② 感性反應——80分　⑥ 學習能力——60分

③ 理性直覺——70分　⑦ 情緒控管——70分

④ 叛 逆 性——30分　⑧ 表達能力——90分

圖說：皇帝星單守Ｉ、VII區塊，性向分析表

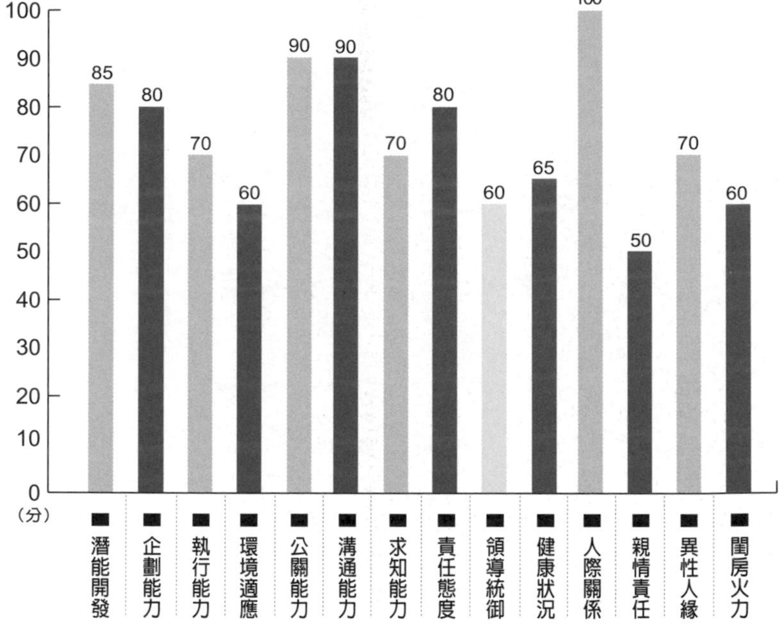

圖說：皇帝星單守Ⅰ、Ⅶ區塊，人格特質表

皇帝星＋左護法星或右護法星，如虎添翼

皇帝星，顧名思義，在星盤中如同君臨天下的角色，位在哪一個區塊，那一個區塊就帶有皇帝星的特質。不過皇帝星是否有機會站上舞台發光、一呼百諾，須看團隊組合中是否有左護法星和右護法星來強化，若有，便可展現出學識和氣質，就如同盛世時的皇帝一般，擁有超強的軍隊和豐厚的國庫，也相當於這頭萬獸之王正值壯年，其威猛程度無異於森林中的佼佼者。

相反的，若團隊中沒有左、右護法星來支持，皇帝星便可能成為「孤君」，呈現出來的是無主見、欠缺開創力，個性上也顯得孤傲和封閉，眼高於頂，不願意放下身段委曲求全，因此無法發揮皇帝星的正面能量。而若團隊組合中有正學士星、副學士星，也不錯，但只代表外表斯文、有氣質而已。

皇帝星＋煞星，以自我為中心，專制霸道

皇帝星若與煞星（馬前卒、後衛兵、火神星、旱神星）同一區塊，性格受到煞星影響，顯得暴躁專制、或是游移不定，如同末代皇帝一般，眼高但手

低，結果多半是心有餘而力不足。

皇帝星單守．男性性格特徵

有企圖心、有遠見，熱心、有正義感，喜歡高人一等的感覺，霸道自負，有控制慾、支配慾，愛面子，容易自我膨脹，無法接受批評、拒絕、或是不受重視，喜歡聽讚美。

皇帝星單守．女性性格特徵

高品味，重視情趣、浪漫氣氛和儀式感，性格倔強、自尊心強，討厭不乾淨，喜歡文質彬彬、有禮貌、有擔當，而且嘴甜會讚美的另一半。

皇帝星組合 1．皇帝星單守

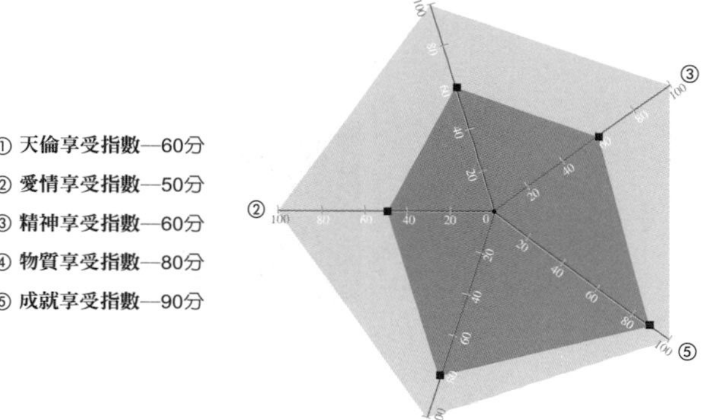

圖說：皇帝星單守Ⅰ、Ⅶ區塊，性向指數表－男

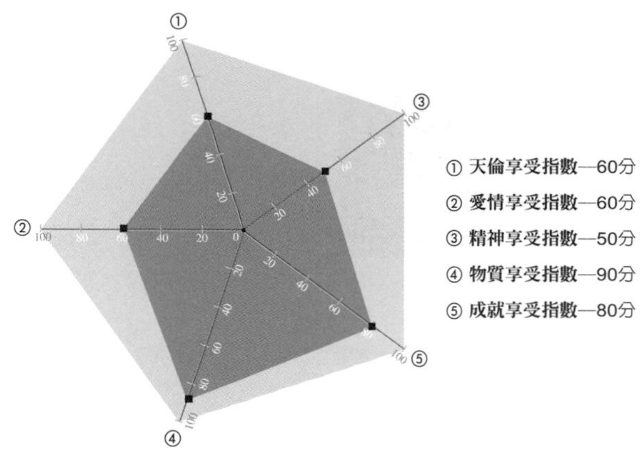

圖說：皇帝星單守Ⅰ、Ⅶ區塊，性向指數表－女

皇帝星組合2 皇帝星＋前鋒星於II、VIII區塊

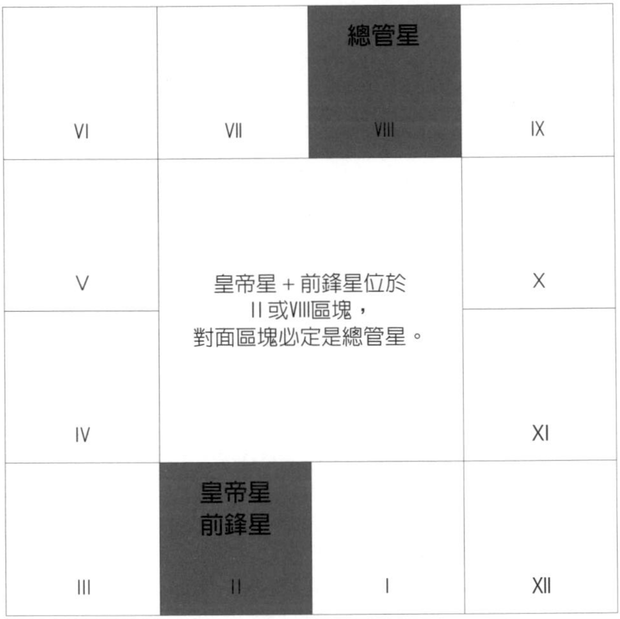

VI	VII	總管星 VIII	IX
V	皇帝星＋前鋒星位於 II或VIII區塊， 對面區塊必定是總管星。		X
IV			XI
III	皇帝星 前鋒星 II	I	XII

圖說：皇帝星＋前鋒星位於II或VIII區塊

皇帝星＋前鋒星．特質分析

若說皇帝星是驕傲的獅子，那麼前鋒星就是獨立自主、特立獨行的貓。大貓和小貓的組合，總是冷眼觀察周遭，喜歡掌握主控權，不在乎別人眼光，喜怒難以捉摸。

總部有前鋒星的人是不喜受拘束的自由派，富有創意，勇於突破傳統，敢嘗試別人不敢嘗試的挑戰。也因爲性格突出，喜歡走在時代尖端，行爲模式大鳴大放，所以成功時被視作天才，失敗時被看作搞怪，評價兩極，頗有藝術家的特質。

皇帝星＋前鋒星的個性就介於獅子和貓之間，有時威風凜凜、高傲不可一世，有時又爲了感情或事業可以無底線的付出，兩顆星的特質都很強烈，因此總部有雙星的人，個性特質偏向哪一顆星？哪顆星的性質較強烈？那就要看哪顆星受到特別加持了！

如果皇帝星沒有會到左、右護法星，那麼前鋒星特立獨行的特質就會更強烈、更突出，甚至破壞力比前鋒星單守時更強。這時小貓爬到獅子頭上，個性喜怒不定、不高興就翻臉、傲氣固執，愛打腫臉充胖子，而且一生波折較大。

如果皇帝星有會到左、右護法星，那麼皇帝可以當家作主，小貓前鋒星乖乖聽話，各司其職，前鋒星在皇帝星的控制下，破壞力受限，創造力仍可得到發揮。

皇帝星＋前鋒星的組合，個性有時高傲有時愛撒嬌，對待感情頗挑剔，而當行運走到這個組合時，桃花不少，已婚者可要特別小心致命的誘惑。

同樣的，皇帝星＋前鋒星的組合也是最好中年時期走到，太早太晚都不佳，壯年時剛剛好。若皇帝星有會到左、右護法星的話，這個大運力道十足，可發揮皇帝星正面能量；若是沒有會到，那麼走到這個強勢運時也難以顯現出效果，有心無力。

皇帝星＋前鋒星，不宜加會正、副學士星

皇帝星＋前鋒星是相當強調自由、獨立、自我風格的組合，而且敢於追求所愛，不在乎他人眼光和評價。這個組合若是會到左、右護法星，前鋒星的我行我素可稍微受到節制；但若會到正、副學士星，雖是吉星，但卻沒有正面的助力，反而助長前鋒星更肆無忌憚，甚至有「只要我願意，沒有什麼不可以」

皇帝星組合 2．皇帝星＋前鋒星

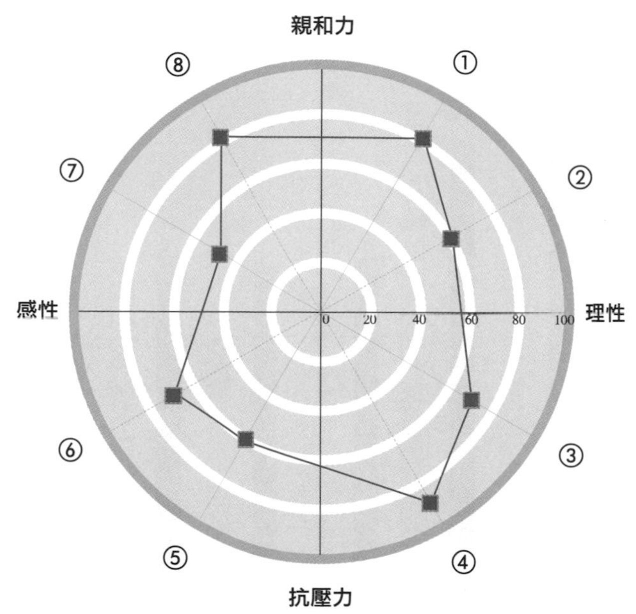

① **親和程度**——80分	⑤ **抗壓能力**——60分
② **感性反應**——60分	⑥ **學習能力**——70分
③ **理性直覺**——70分	⑦ **情緒控管**——50分
④ **叛 逆 性**——90分	⑧ **表達能力**——80分

圖說：皇帝星＋前鋒星位於II或VIII區塊，性向分析表

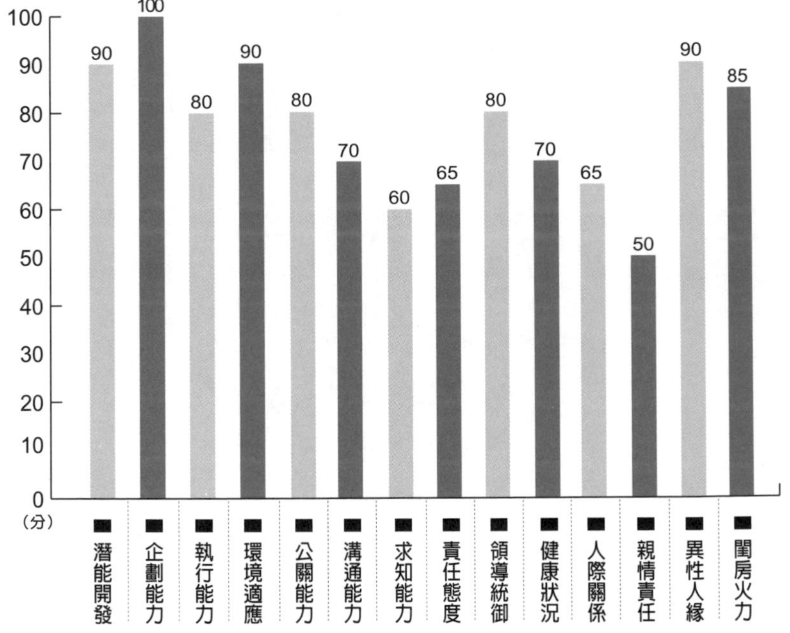

圖說：皇帝星＋前鋒星位於II或VIII區塊，人格特質表

的態度，不只在感情上，爲人處世也是如此，有時較讓人無法接受。

皇帝星＋前鋒星．男性性格特徵

衝動、好奇心強，自傲又自我，好強固執愛面子，喜歡出風頭、成爲人群焦點。性格不服輸、戰鬥力十足，個性急躁、直率火爆，喜歡交際應酬，更喜歡高檔享受，酒色財氣——美酒、美色、財富、逞意氣，四項俱全。

如果這個組合有會到左、右護法星，可以把旺盛的精力轉爲源源不絕的創意和工作衝勁；若會到科舉星或貴人星，性格則會變得較穩重、保守。

皇帝星＋前鋒星．女性性格特徵

這個組合的女性外表看起來頗文靜，說話語調平和溫柔，殊不知冷靜的外表下是剛強孤傲的內在，一旦決定的事情就會貫徹到底，獨立且固執，性格強烈很難聽勸，做她的朋友只需聽她倒苦水就夠了。

不過這樣堅毅的個性卻抗拒不了蜜糖攻勢，在職場上精明能幹，感情上卻總是容易心軟、抗拒不了誘惑，對愛有浪漫的憧憬和幻想，是一個可以爲愛犧牲自我、爲愛妥協的人。

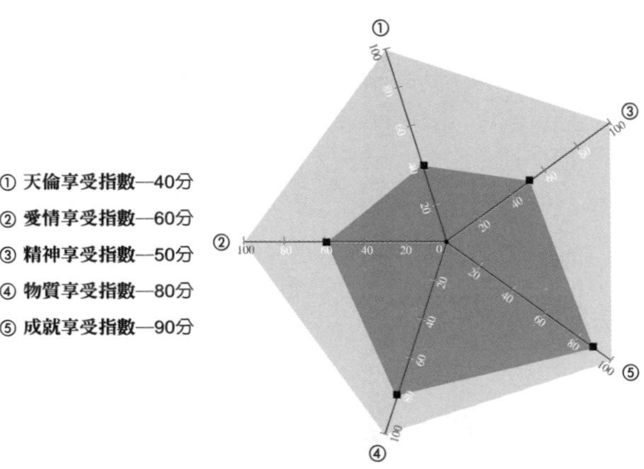

圖說：皇帝星＋前鋒星位於 II 或VIII區塊，性向指數表－男

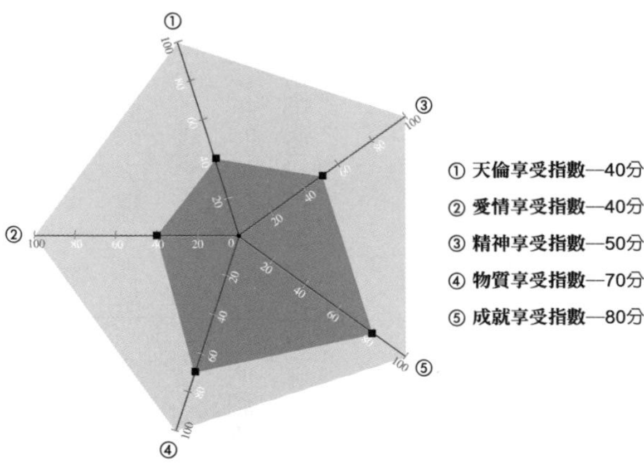

圖說：皇帝星＋前鋒星位於 II 或VIII區塊，性向指數表－女

VI	VII	VIII	將軍星 IX
V	皇帝星 + 宰相星位於 III或IX區塊， 對面區塊必定是將軍星。		X
IV			XI
皇帝星 宰相星 III	II	I	XII

圖說：皇帝星＋宰相星位於III或IX區塊

皇帝星＋宰相星．特質分析

宰相星的象徵動物是老虎，當皇帝星和宰相星同入一個區塊，到底是獅子比較凶還是老虎比較猛？答案是都很凶猛！兩個極端強勢的主星落入同一個位置，若是同入總部，可想而知這個人必定相當固執、霸道、難以左右。

皇帝星包容心強，喜歡號令大眾，適合打群體戰；而宰相星則有領土意識，如果認定的領域被侵犯了，必定要一對一反擊才行。就像老虎喜歡單打獨鬥，獵物獨享，但獅子則會群體攻擊，獵物與同伴共享，因此，宰相星有強烈的佔有慾和孤僻的特質，有時候也欺善怕惡，占上風時懂得步步進逼，一旦落單或是情勢不對，也懂得識時務及時掉頭。

皇帝星＋宰相星，兩星雖然都很強勢，但星性卻會相抵，因爲王見王，旺過頭了，並非想像中的強強聯手所向無敵，而是個性上的固執和霸道加成，戰力卻轉爲保守。

觀察宰相星時，最重要的是判斷有沒有會到「庫銀星」，因爲庫銀星代表資源，有了資源，宰相星的才華才有發揮的空間。基本上，宰相星不怕煞星，性格較穩重保守，而皇帝星則具備開創衝鋒的特質，如果壯年時期走到這樣的

皇帝星組合 3．皇帝星＋宰相星

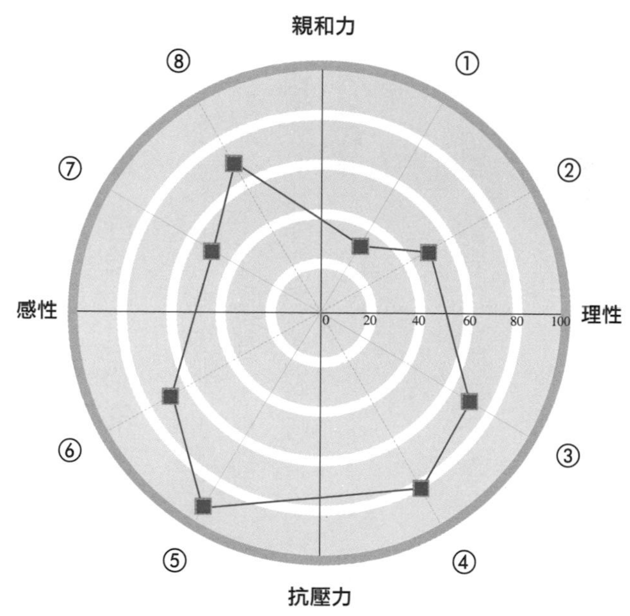

① 親和程度——30分
② 感性反應——50分
③ 理性直覺——70分
④ 叛 逆 性——80分
⑤ 抗壓能力——90分
⑥ 學習能力——70分
⑦ 情緒控管——50分
⑧ 表達能力——70分

圖說：皇帝星＋宰相星位於 III 或 IX 區塊，性向分析表

組合，大有可為，值得好好把握！但若是晚年走到，除了勞碌辛苦之外，更要小心身體恐怕難以承受。

皇帝星＋宰相星，位於IX區塊比III區塊更好

皇帝星＋宰相星同入IX區塊時，星盤中的王爺星和皇后星都落在旺地，我們在《東方星理學1——單星篇》中提到過，王爺星和皇后星最重親情，若都在旺地，親情狀況較佳，個人視力也較好，整體星盤配置比皇帝星＋宰相星位於III區塊來得較好。

皇帝星＋宰相星，外表沉穩內心急躁

皇帝星象徵官貴，宰相星象徵財庫，這種雙強組合的團隊中，行政區塊必然有使節星＋總管星，財政區塊必有司庫星，外緣區塊必定是將軍星，整個團隊都會相互影響，因此皇帝星＋宰相星的人個性上也會有司庫星的講義氣、使節星＋總管星的柔軟身段，以及將軍星的急躁和衝動。也因為外緣區塊有將軍

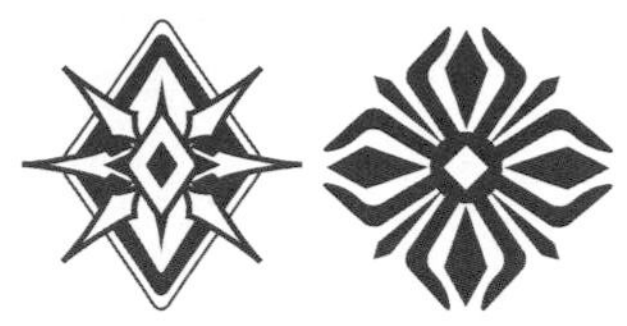

皇帝星組合 3．皇帝星＋宰相星

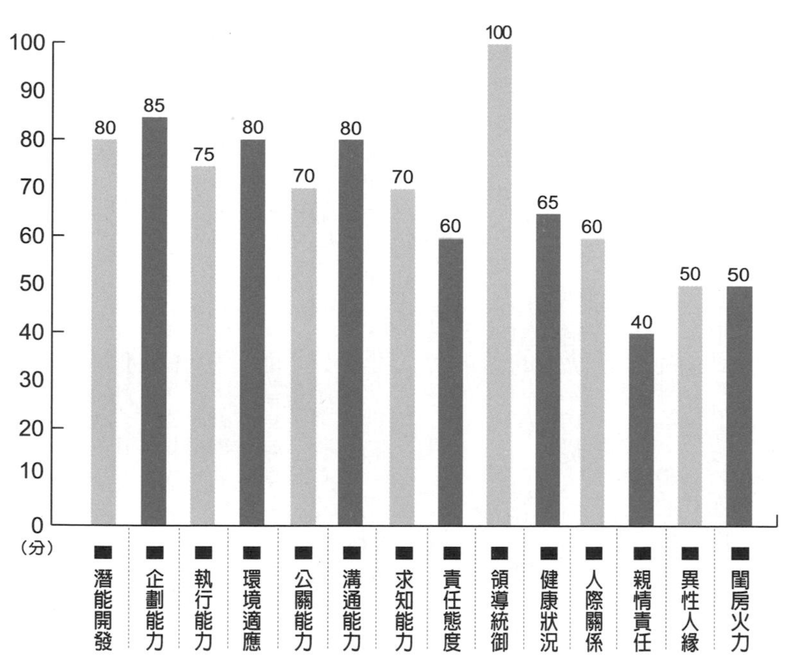

圖說：皇帝星＋宰相星位於Ⅲ或Ⅸ區塊，人格特質表

星的影響，皇帝星＋宰相星人雖然看起來不疾不徐、沉穩可靠，但其實內心卻是急忡忡的，偶爾還有點臭屁，不過他們只是看起來高傲，並非眼高於頂或是難以相處，實際上眞要託付重任，這個組合仍是相當可靠的選擇。

皇帝星最需要的左右護法星的加持，宰相星必須要配合庫銀星才算眞材實料，因此雙強組合時哪一顆星當家作主，就得看誰得到副星的加持了，若是兩者都沒有，那麼仍是以皇帝星爲主。而當皇帝星＋宰相星遇上澇神星和糾纏星時，較爲可惜，多是終日勞碌奔波，只是勞碌有沒有成果？就必須看運的搭配了，若組合不錯的話，雖然較辛苦，但仍能有一番成績。

皇帝星＋宰相星．男性性格特徵

舉止沉穩，看起來一副老成穩重的模樣，自尊心強，眼光高，有企圖心，雖然性格較保守、謹愼又固執，不過做事會從大處著眼，懂得掌控大方向，是不錯的領導人才。

若是皇帝星＋宰相星遇到煞星、阻礙星、澇神星或糾纏星的話，性格會變得更孤僻、高傲、目中無人，甚至眼高手低沒有作爲，常常誇誇而談，其實只是虛有其表罷了。

皇帝星＋宰相星・女性性格特徵

看起來有距離感，好勝、自尊心強，個性剛毅不服軟，能幹但不擅言詞。對音樂、藝文有興趣；這種組合的女性有一種高傲感或優越感，喜歡優秀的人事物，也喜歡與這樣的人爲伍，泛泛之輩恐難入她法眼。

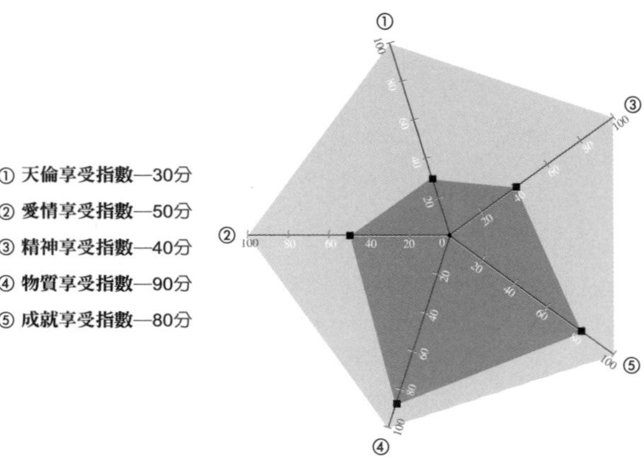

圖說：皇帝星＋宰相星位於 III 或 IX 區塊，性向指數表－男

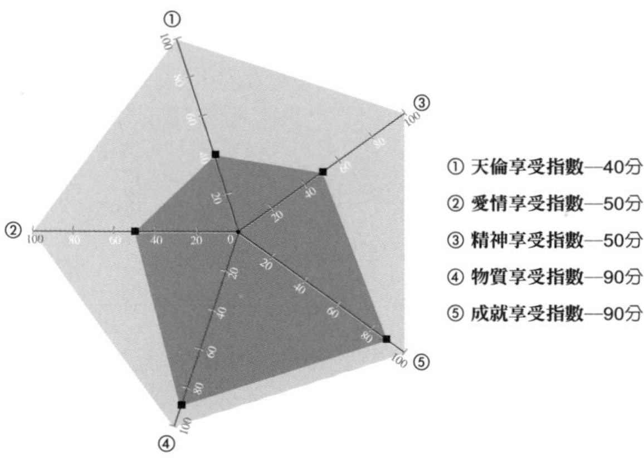

圖說：皇帝星＋宰相星位於 III 或 IX 區塊，性向指數表－女

皇帝星組合 4

皇帝星＋近侍星於Ⅳ、Ⅹ區塊

<table>
<tr><td>VI</td><td>VII</td><td>VIII</td><td>IX</td></tr>
<tr><td>V</td><td colspan="2" rowspan="2">皇帝星＋近侍星位於
IV或Ⅹ區塊，
對面區塊必定沒有主星。</td><td>X</td></tr>
<tr><td>**皇帝星**
近侍星
IV</td><td>XI</td></tr>
<tr><td>III</td><td>II</td><td>I</td><td>XII</td></tr>
</table>

圖說：皇帝星＋近侍星位於IV或Ⅹ區塊

皇帝星＋近侍星．特質分析

近侍星的象徵動物是孔雀，孔雀展屏的其一可能，便是爲了吸引異性關注，展現出自己最漂亮、最有魅力的一面，使盡全力就是要成爲被注目的焦點。近侍星的人生信念是「人生苦短，及時行樂」，重感性不重理性，吃喝玩樂必須精通，因此獅子型的皇帝星加上孔雀型的近侍星，感情豐富、情史精彩，再加上嘴甜口才好、善於察言觀色，反應快又懂得揣摩人心，這樣的組合不風流也難。

無論是皇帝星＋近侍星入總部，或大運走到這樣的組合，其團隊都是相當強勢的星座，財政區塊有司庫星＋前鋒星，花錢不手軟，而且皇帝星＋近侍星的組合比近侍星一顆獨坐的欲望更強烈，愛美食、愛美酒、愛名牌、愛高級享受，正因爲旁邊多了一顆皇帝星，近侍星的欲望更無節制，等級也提升了不少。

在十四顆主星中，近侍星的男女性格差異最小，無論男女都愛交朋友、愛聊天、天南地北什麼話題都能聊，且肢體語言豐富，喜歡被注目，更喜歡聽讚美，對有興趣的對象樂於主動親近，隨時放電甚至漏電，難怪總給人多情風流的印象。

皇帝星組合 4．皇帝星＋近侍星

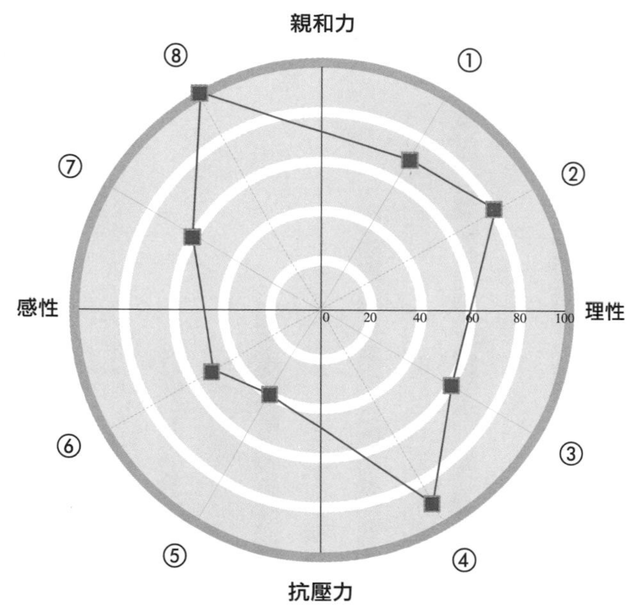

① **親和程度**——70分　⑤ **抗壓能力**——40分

② **感性反應**——80分　⑥ **學習能力**——50分

③ **理性直覺**——60分　⑦ **情緒控管**——60分

④ **叛 逆 性**——90分　⑧ **表達能力**——100分

圖說：皇帝星＋近侍星位於Ⅳ或Ⅹ區塊，性向分析表

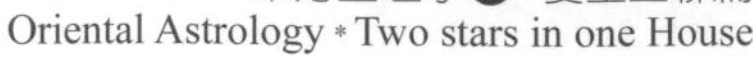

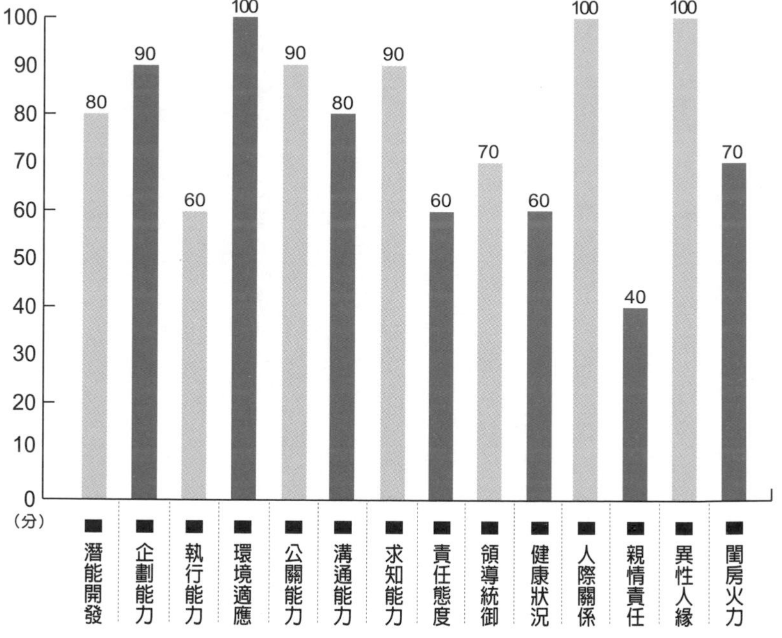

圖說：皇帝星＋近侍星位於Ⅳ或Ⅹ區塊，人格特質表

皇帝星＋近侍星，逢庫銀星最佳

皇帝星＋近侍星的組合，讓一向具有威嚴的皇帝星多添了親和色彩，外在氣勢依舊，但相處起來幽默許多，只不過皇帝星若沒有遇到左、右護法星的話，就如同愛招蜂引蝶的近侍星無人可管，還多了一個皇帝星靠山一般，放電放得更肆無忌憚，花錢無節制，及時享樂最重要。

除了皇帝星會到左、右護法星才能減弱近侍星桃花特質之外，要讓近侍星有所節制，必須逢「庫銀星」或「澇神星」，因爲庫銀星穩重，能讓近侍星習正、自制，而澇神星可讓近侍星的特質弱化。雖然這兩顆星對近侍星有抑制力，不過本性難移，只能減少近侍星的行動力，敢說敢想卻不一定敢做，讓行動轉爲低調而已。

皇帝星＋近侍星．男性性格特徵

脾氣倔強驕傲，固執衝動但又容易心軟，喜歡美酒美食美人，對一切好玩有趣的事物都感興趣。人脈網絡發達，交際手腕一流，不過無利不起早，沒有好處的事情不會浪費時間去做。

眼光高，自視更高，但做事怕麻煩、私心重，說話有誇大的傾向，有時讓人覺得輕浮不誠懇。

皇帝星＋近侍星．女性性格特徵

懂得運用自身長處，無論是不是美女，都讓人感覺有獨特的魅力。喜好藝術，喜歡娛樂享受，同樣善交友，人脈廣，看來好相處，其實脾氣硬、愛挑剔、喜歡暗暗與他人比較，若是不小心踩到她的地雷，瞬間翻臉甚至不惜決裂。

皇帝星組合 4．皇帝星＋近侍星

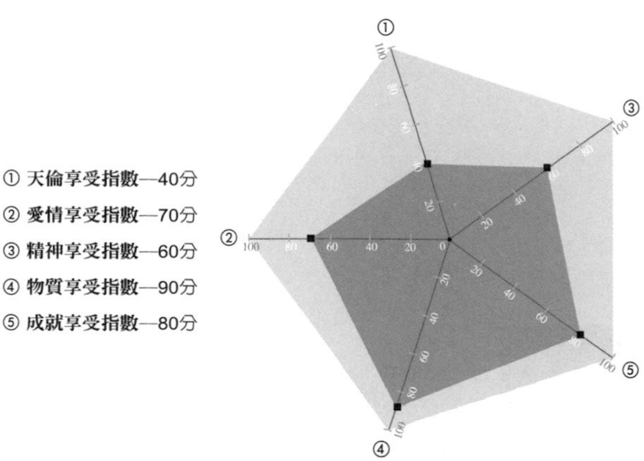

圖說：皇帝星＋近侍星位於Ⅳ或Ⅹ區塊，性向指數表－男

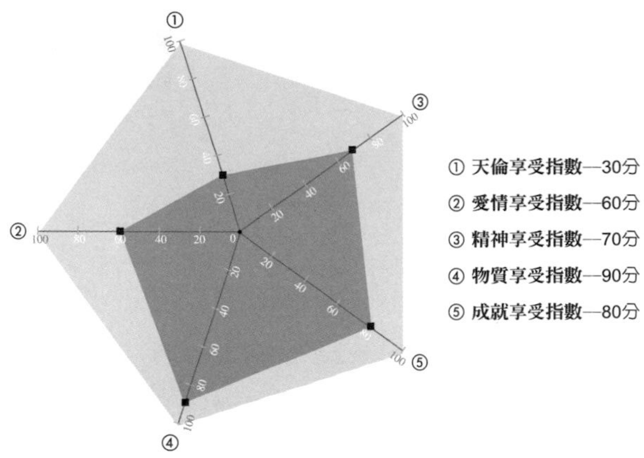

皇帝星＋近侍星位於Ⅳ或Ⅹ區塊，性向指數表－女

皇帝星組合5

皇帝星＋總管星於V、XI區塊

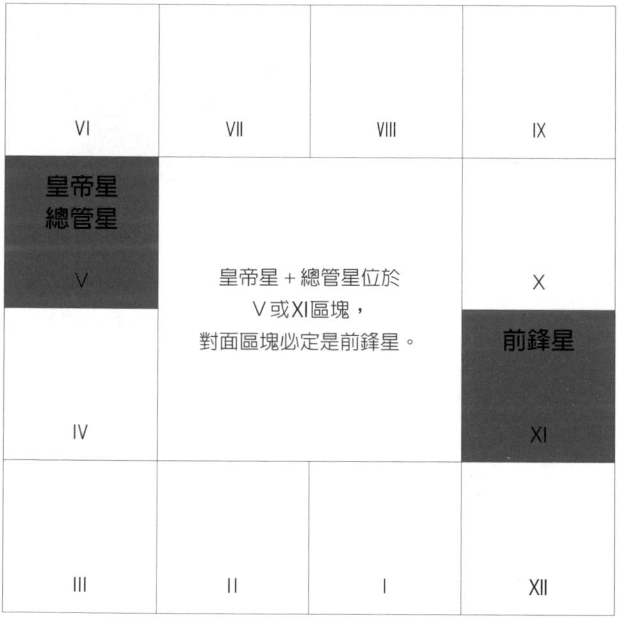

VI	VII	VIII	IX
皇帝星 總管星 V	皇帝星＋總管星位於 V或XI區塊， 對面區塊必定是前鋒星。		X
IV			前鋒星 XI
III	II	I	XII

圖說：皇帝星＋總管星位於V或XI區塊

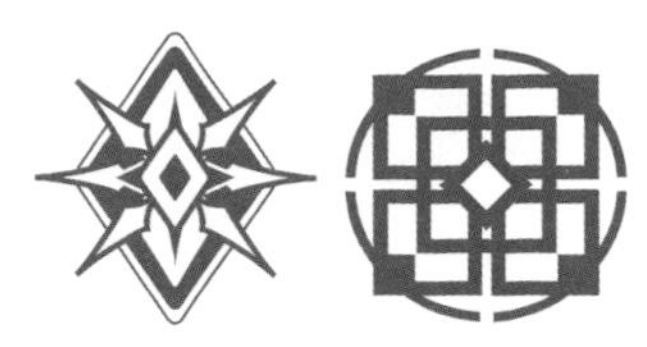

皇帝星＋總管星．特質分析

總管星的星性就像蜜蜂，每天嗡嗡嗡忙不停，除了本性就閒不住之外，也源於那與生俱來的服務熱忱。總管星屬水，是東方星理學十四顆主星中最柔的一顆星，容易心軟、被感動，有愛心，重形象也愛打扮，略有一點潔癖，聰明懂得察言觀色，舉止合宜大方，個人能力不錯且很有群體意識，願意擔任輔助的角色，責任心強，配合度相當高。

皇帝星＋總管星，兼具領導能力和行政能力，而且這個組合的財政區塊有司庫星＋宰相星，行政區塊有使節星，外緣區塊有前鋒星，因此總管星也帶了司庫星和宰相星的霸氣、皇帝星的傲氣、以及前鋒星的率性。一般人都以爲總管星是好好先生小姐，看起來萬事好商量，殊不知總管星入總部的人，外緣區塊必然有一顆前鋒星，事不過三，再三踩到地雷者，毫不猶豫立刻拉入黑名單！因此與總管星人相處不可硬碰硬，必須以柔克剛，總管星人心腸軟，若是態度和緩甚至使出哀兵之計，總管星的熱心腸絕對無法置之不理；但若是態度惡劣囂張，則會加倍激發總管星的鬥志，自尊心不容挑戰，總管星只吃軟不吃硬。

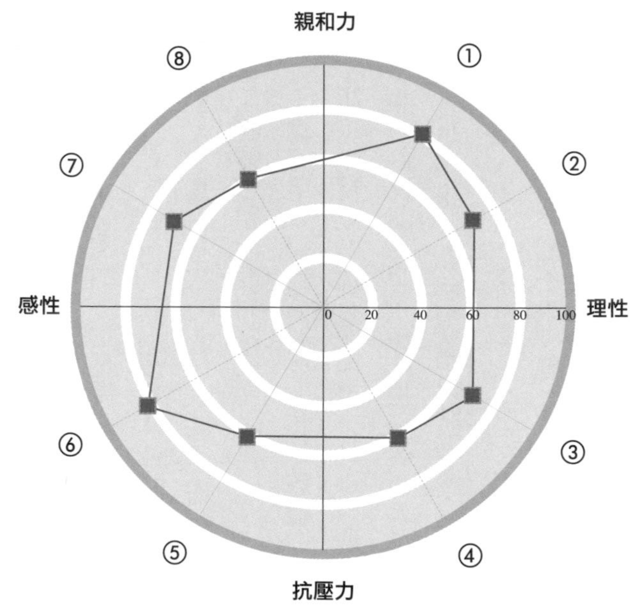

① 親和程度——80分
② 感性反應——70分
③ 理性直覺——70分
④ 叛 逆 性——60分
⑤ 抗壓能力——60分
⑥ 學習能力——80分
⑦ 情緒控管——70分
⑧ 表達能力——60分

圖說：皇帝星＋總管星位於Ⅴ或Ⅺ區塊，性向分析表

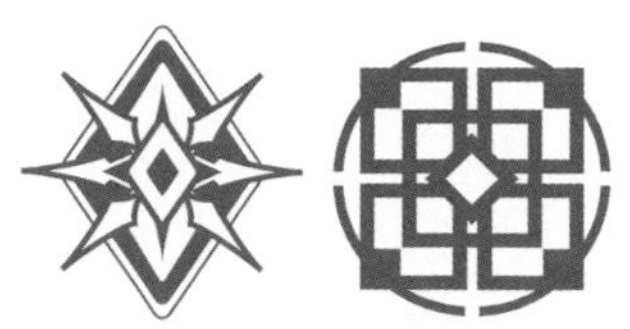

皇帝星組合 5．皇帝星＋總管星

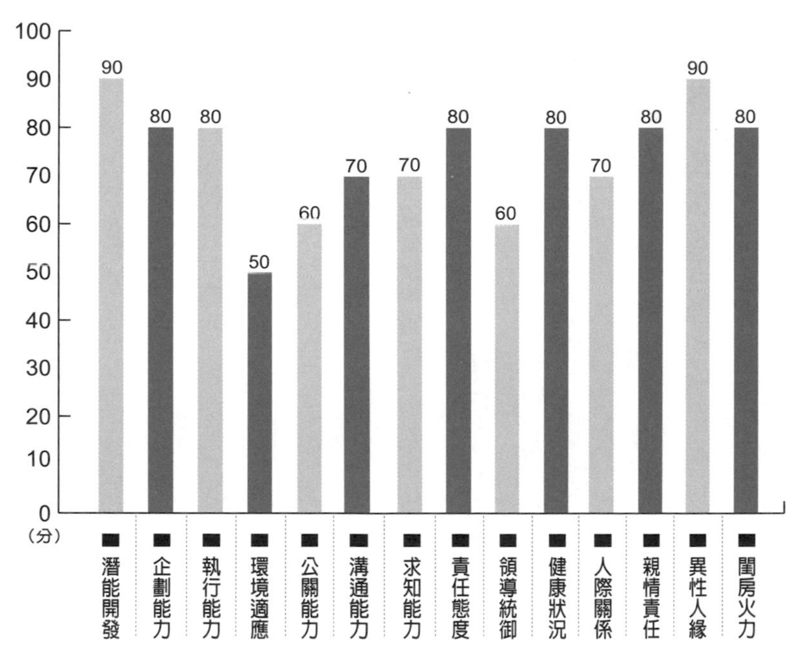

圖說：皇帝星＋總管星位於Ⅴ或Ⅺ區塊，人格特質表

比較特別的是，雖然有這顆總管星入總部的人其團隊相當強勢，但總管星並不看重錢，他的特質是愛心、服務心、慈善心，這是他獨有的理念，強勢星座會把深信的理念、成就擺在人生第一位，有人會以賺錢爲目標，總管星則以服務爲宗旨，人生在追求財富利益之外，始終不會忘記助他人一臂之力。不過總管星太容易被感動，有時得先看清楚該不該幫，再適時適當的付出，以免被利用。

皇帝星＋總管星，常感有志難伸

皇帝星＋總管星入總部的人，因位於V或XI區塊，屬於「天羅地網」的位置，常是付出多回收少，事倍功半，想要突破現況卻總有受困的感覺，因此多有鬱鬱不得志的感受。但若是有會到左、右護法星或其他吉星，便可有機會突破困境，且多半要等到中年後方有所成。

皇帝星＋總管星．男性性格特徵

若是沒有會到煞星或阻礙星，那麼這種組合的男性多半性格忠厚老實、老

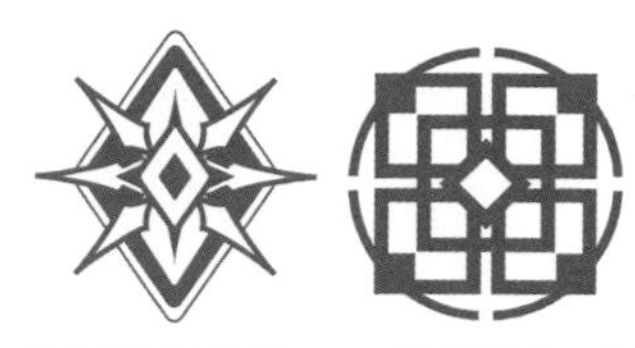

成穩重，言行舉止得宜，有品味、愛面子，重視形象和儀表，有愛心和服務心，樂於參加公益活動。

如果皇帝星＋總管星有會到煞星或阻礙星，性格堅毅，也會較積極爭取自我利益，脾氣較情緒化甚至一言不合翻臉無情。

皇帝星＋總管星．女性性格特徵

雙星組合的人個性較多面，像是皇帝星的自我意識強烈，加上總管星的圓融隨和，便組合出優雅得體和端莊大方的氣質，有時活潑開朗，有時溫柔體貼，當然有時也會暴衝翻臉，只要別挑戰總管星的脾氣底線，那麼大多數時候都相當和氣好相處，樂於助人。

皇帝星＋總管星的女性，工作能力不錯，尤其善於交涉，是非常好的輔助角色。外型看柔順，其實很有正義感且熱心腸，個性不做作，看順眼的人就喜歡，看不順眼的人則怎麼樣都討厭，尤其討厭浮誇、沒有主見的人，重視精神的滿足遠大於表面的物質享受。

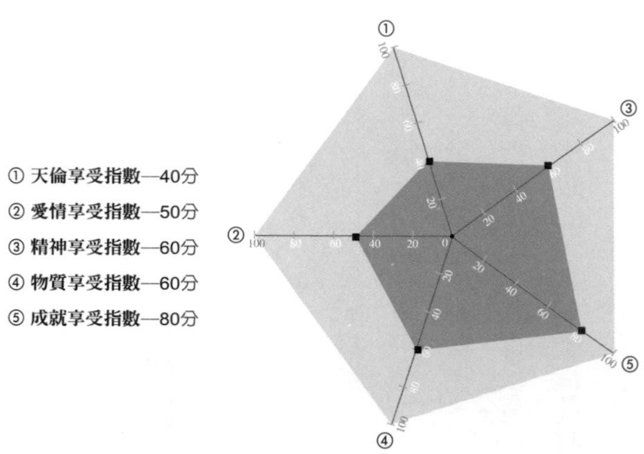

圖說：皇帝星＋總管星位於Ｖ或XI區塊，性向指數表－男

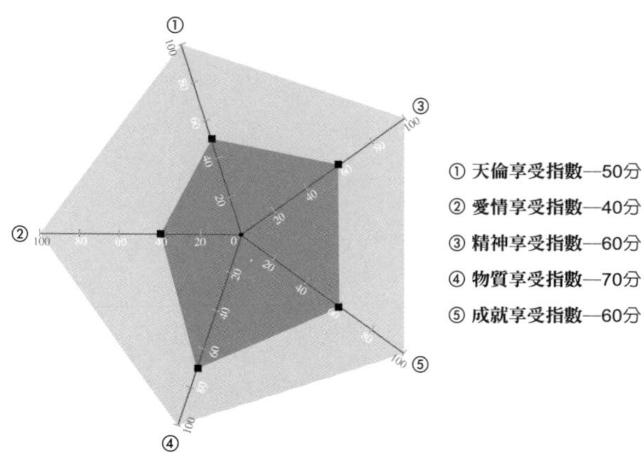

皇帝星＋總管星位於Ｖ或XI區塊，性向指數表－女

皇帝星＋將軍星於VI、XII區塊

皇帝星 將軍星 VI	VII	VIII	IX
V	皇帝星＋將軍星位於 VI或XII區塊， 對面區塊必定是宰相星。		X
IV			XI
III	II	I	宰相星 XII

圖說：皇帝星＋將軍星位於VI或XII區塊

皇帝星＋將軍星．特質分析

將軍星的代表動物是黑豹，其特性為獨來獨往，身手矯健且活力充沛，鎖定目標勢在必得，與將軍星的特質極為相似。而將軍星又受到對面外緣區塊宰相星的影響，性格主觀強勢、急躁、喜歡冒險卻又膽小，非常強調自我，我行我素不在乎別人眼光，十分本位主義，如果會到左、右護法星更助長將軍星的果斷與勇猛，是個相當適合開拓市場的業務高手。

皇帝星＋將軍星的組合，因為皇帝星屬土，將軍星屬金，土生金，彼此相生，將軍星重效率，執行力強，不做沒把握的事，皇帝星＋將軍星相當於開創力與執行力的強強聯手，性格更是主觀、剛毅、倔強，強勢有威嚴，具有領導統御能力。而且這樣的組合一定落在Ⅵ或Ⅻ區塊的四馬之地，主奔波忙碌，主動積極且競爭力強。

這樣的強強組合，不管是脾氣或個性都相當直接果斷，是個崇尚自由、極度強調自我、不愛受約束的組合，其團隊中的財政區塊必定是司庫星＋近侍星，相當重物慾、重財，因此願意付出大部分時間追名逐利；行政區塊必有使節星＋前鋒星，情緒化，做事不容他人否定，也不喜歡太多條條框框的規矩，

皇帝星組合 6．皇帝星＋將軍星

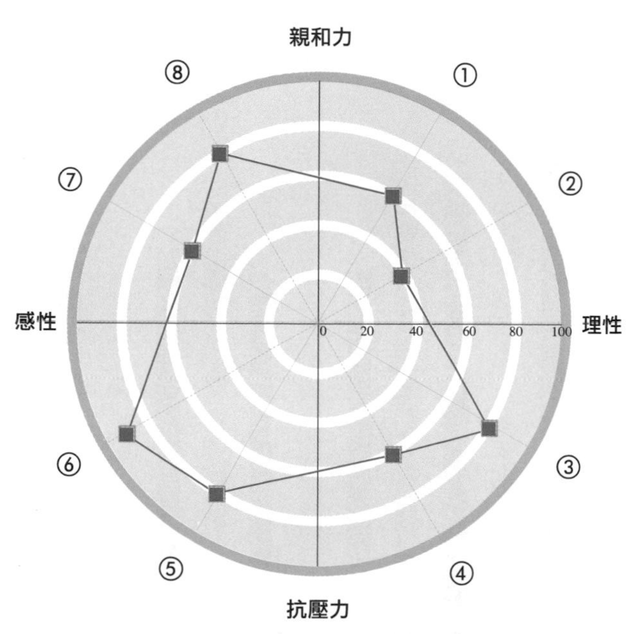

① **親和程度**——60分
② **感性反應**——40分
③ **理性直覺**——80分
④ **叛 逆 性**——60分
⑤ **抗壓能力**——80分
⑥ **學習能力**——90分
⑦ **情緒控管**——60分
⑧ **表達能力**——80分

圖說：皇帝星＋將軍星位於Ⅵ或Ⅻ區塊，性向分析表

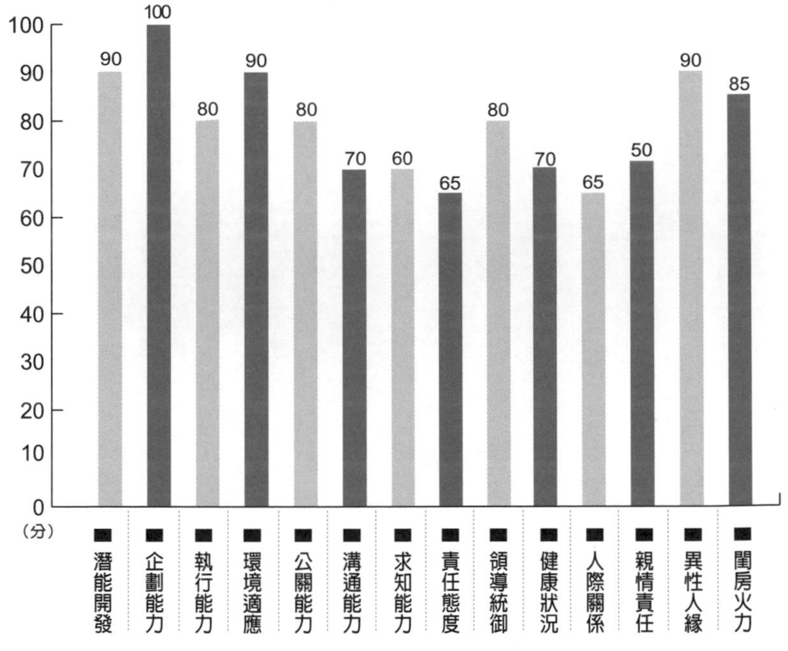

圖說：皇帝星＋將軍星位於VI或XII區塊，人格特質表

因此這樣的組合最適合去開疆闢土，皇帝星指揮、將軍星執行，業務能力一流，能自己開出一條朗朗大道。

皇帝星＋將軍星，一生起伏大，最怕偽裝星

這樣積極有衝勁的組合，只要鎖定目標便不會輕易放棄，但因團隊中必定有前鋒星和近侍星，這樣的團隊一生起伏大，運走得好，則時來運轉，迎來人生一波高峰，若是運走得不好，尤其是遇到僞裝星的話，人生反而沒有太大起伏波動，而且個性變得懶散沒有衝勁，不知目標在哪？想衝刺卻無力，可惜了這麼強勢的組合。

皇帝星＋將軍星．男性性格特徵

強勢霸道，熱愛自由，強調自我，不受約束，偶爾有點喜怒無常，有時直率可愛，有時又無情得讓人難以接受。這種組合若再加上吉星相助，規劃力和執行力大大加成，職場上必然有好成績。但若是遇到煞星或阻礙星，也可能只顧享樂、缺乏家庭觀念，甚至成爲逞兇鬥狠的問題人物。

皇帝星＋將軍星・女性性格特徵

性格獨特，外型看似柔美，其實內在強勢有主見，個性堅定不容易被影響，更不容易妥協，隱隱有一股傲氣。皇帝星＋將軍星的女性，口才好、反應快，處世能力強，職場上絕對是老闆的好幫手，工作時幹練精明，感情中也要掌握主控權，絕大多數爲單身貴族；看起來颯爽的個性下其實也有很多的不安全感，只是不願示弱，抗壓性極強。

皇帝星組合 6．皇帝星＋將軍星

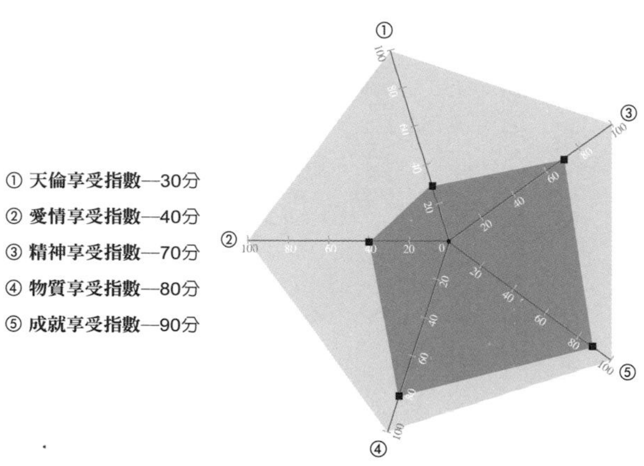

圖說：皇帝星＋將軍星位於Ⅵ或Ⅻ區塊，性向指數表－男

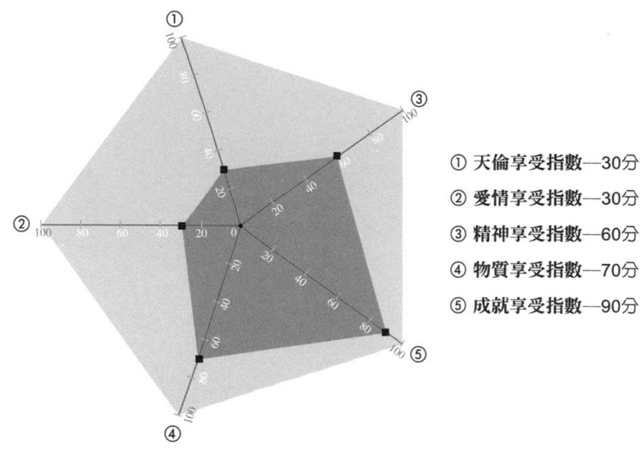

圖說：皇帝星＋將軍星位於Ⅵ或Ⅻ區塊，性向指數表－女

司庫星組合

Treasurer／金庫番
原為：武曲星
動物代表：駱駝
務實剛強，唯財至上

所屬團隊

紫微垣系統。

司庫星特質

1 司庫星是東方星理學中的財星，理財能力強，精打細算，性格趨利但不解風情，性情孤寡。

2 理性務實、實事求是，木訥、固執、倔強不服輸，果敢剛毅，不怕吃苦不怕受挫，不輕易低頭，具有在艱困環境中生長的毅力。

3 刻苦耐勞、腳踏實地，為達目的可承受高度壓力，主動積極、自律、自我驅策力高，行動力強，認眞負責，耐力十足，對人寬容忍讓。

4 過於理智現實、悲觀認命，任勞任怨且有消極態度。

5 不樂觀，沒有想像力和創意，多沿襲舊制不知變通。

司庫星的組合有六種：

- 司庫星＋宰相星位於Ⅰ、Ⅶ區塊
- 司庫星＋近侍星位於Ⅱ、Ⅷ區塊
- 司庫星＋總管星位於Ⅲ、Ⅸ區塊
- 司庫星＋將軍星位於Ⅳ、Ⅹ區塊
- 司庫星單守於Ⅴ、Ⅺ區塊
- 司庫星＋前鋒星位於Ⅵ、Ⅻ區塊

司庫星的六種組合中，與宰相星、近侍星、總管星的搭配屬於比較謹慎保守，也懂得自我調劑與享受的組合，若再配合好的運勢，多半財運不錯；而司庫星與將軍星、前鋒星的搭配，則是大起大落的高危險組合，因爲將軍星與前鋒星若加上煞星，行爲會更衝動不顧後果，且拜金和敗金的指數一樣高，運勢高低起伏，容易暴起更容易暴落，人生歷程相當精彩。

如駱駝般堅韌、適應力強

司庫星的屬性是金，是財星，也是一顆將星，個性剛毅、直爽，照規矩行事，循規蹈矩，對錢財的控制慾強烈，相當理性務實，行爲模式一步一腳印、踏實穩定，不怕吃苦，屬於一分耕耘一分收穫的類型。

這種堅忍不拔，耐力極強的特質，與耐旱的沙漠之舟駱駝十分相似。駱駝性格溫馴，負重力強，耐飢耐渴，進食後可將食物的熱量轉成駝峰儲備起來，以備在沙漠長路與惡劣環境中負重前進。這樣獨特的生存之道與特質，與司庫星能在逆境中吃苦耐勞，有毅力、耐力、滿懷賺取錢財的野心，以及巨大的「財物容納量」完全相符！而且駱駝的厚健四肢，也與司庫星人肌肉結實的特徵有異曲同工之妙。

粗線條，直爽重義氣

司庫星是將星，個性剛毅，十分重義氣，線條粗、直腸子，喜怒形於色，看起來嚴肅其實內在很單純。司庫星亦是一顆孤寡星，這是因爲其個性直來直往、不懂得轉彎，說話嗓門較大、不會修飾，常在不經意中得罪人而不自知；而且司庫星不善言詞，嘴不甜，不懂氣氛情調之外，不解風情也是司庫星人感情路上不順的原因之一。

對數字敏銳度高

司庫星是財星，對金錢、數字的敏銳度高，因此多從事與金融、理財、電子、金屬、軍警相關性的行業。其實只要有錢賺，司庫星人任何行業都願意嘗試，只不過財星並不表示一定都很會賺錢，或是一定個性現實、勢力眼，財星意味著司庫星人對數字敏感、喜歡賺錢，樂於追逐金錢數字罷了，至於存不存得住、是不是一定都是有錢人，則得配合星盤中其他的區域才能論定。

最怕遇到煞星或阻礙星

司庫星性格直接單純，若遇到煞星或阻礙星，個性則變得暴躁易怒，做事欠考慮、衝動且不顧後果。司庫星＋火神星或旱神星，原本剛強的個性更加乘、更火爆，也大大增加了孤寡的程度。司庫星＋馬前卒星或後衛兵星，容易衝過頭，不懂量力而使自己陷入危機，而且個性也轉爲奸詐。

但若是司庫星遇到庫銀星，原本貪財的司庫星則會變得更加吝嗇，現實得不近人情。

司庫星組合1

司庫星＋宰相星於Ⅰ、Ⅶ區塊

<table>
<tr><td>VI</td><td>將軍星
VII</td><td>VIII</td><td>IX</td></tr>
<tr><td>V</td><td colspan="2" rowspan="2">司庫星＋宰相星位於
Ⅰ或Ⅶ區塊，
對面區塊必定是將軍星。</td><td>X</td></tr>
<tr><td>IV</td><td>XI</td></tr>
<tr><td>III</td><td>II</td><td>司庫星
宰相星
I</td><td>XII</td></tr>
</table>

圖說：司庫星＋宰相星位於Ⅰ、Ⅶ區塊

司庫星＋宰相星·特質分析

司庫星有開拓財源的敏銳本能，有毅力有衝勁，追逐金錢勤奮不懈，而宰相星有優秀的管理能力，善於做決策，行事沉著穩定，因此司庫星＋宰相星的組合，等於集財星和財庫於一身，是相當強勢的組合，這意味著此人一生絕對是朝著金錢財富而衝刺，利益至上，勤奮、踏實，爲了達到目標不斷努力。

司庫星＋宰相星的組合，企圖心強，很會精打細算，投入時間精力前一定會先評估投資報酬率，是相當厲害的業務人才與精算大師。這個組合愛錢重財，但消費習慣並不奢侈，喜歡美食、華服、美屋，但消費之前一定要盤算過，覺得物有所值甚至物超所值，才會心甘情願掏出錢包。

司庫星＋宰相星的外型看來溫和沉穩，但由於外緣區塊必定有將軍星的緣故，只要一開口便會顯露出大剌剌、急切切的本性，心急口快，不過行事倒是頗從容，而且很有危機意識，愛錢、愛賺錢、也很會藏私房錢，認爲人生只要堅持和努力，沒有什麼事情辦不到，可說是相當積極強勢的組合。

司庫星組合 1．司庫星＋宰相星

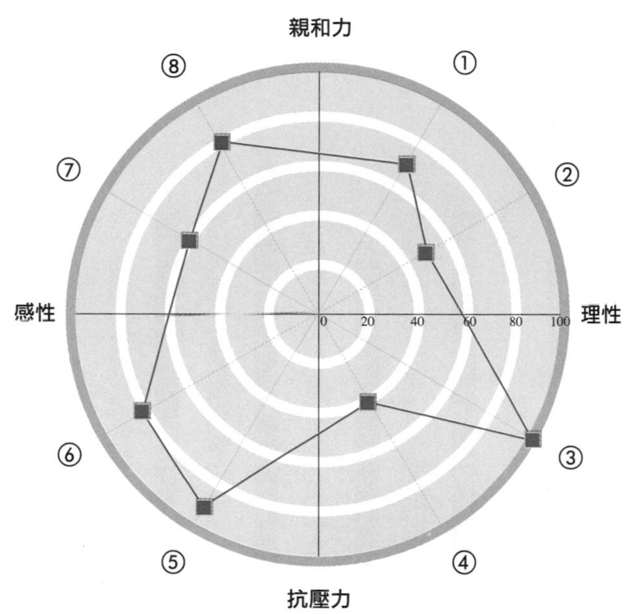

① **親和程度**——70分
② **感性反應**——50分
③ **理性直覺**——100分
④ **叛 逆 性**——40分
⑤ **抗壓能力**——90分
⑥ **學習能力**——80分
⑦ **情緒控管**——60分
⑧ **表達能力**——80分

圖說：司庫星＋宰相星位於Ⅰ、Ⅶ區塊，性向分析表

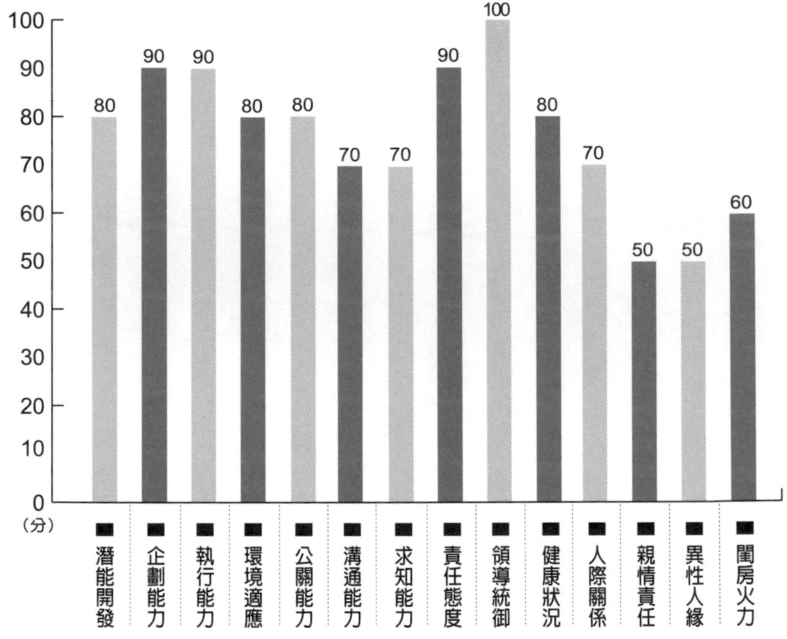

圖說：司庫星＋宰相星位於Ⅰ、Ⅶ區塊，人格特質表

司庫星＋宰相星男性性格特徵

實事求是、講原則，個性剛強固執，衝勁與韌性十足，企劃力、分析力強，記憶力好，對於數字運算和金錢敏銳度一流，與生俱來的商人特質。不過司庫星＋宰相星雖重利，但也重義氣，不屑於背後算計他人或落井下石，個性寬厚且大而化之，包容心頗強。

這種組合的男性看來有股威嚴，重視自己的外表儀態，有點自戀。其實性格剛毅直爽，很有主見，只不過較主觀，喜歡以自己認定的觀念定義所有事情，且不接受他人意見，固執的態度有時讓人受不了。

司庫星＋宰相星男性除了霸道、固執、脾氣大之外，行事是相當正直且講信用的，脾氣來得急去得也快，而且不記仇，只要坦率與之相處，其實是相當可靠的朋友。

司庫星＋宰相星女性性格特徵

司庫星＋宰相星女性通常外表儀態不錯，天生自帶名媛貴婦的氣場，個性直接、固執，愛面子，略帶點剽悍，相當務實，同樣精明有數字概念，在職場上是個以目標爲導向，一旦設定目標則拚盡全力掃蕩一切障礙的厲害角色。

這樣的組合同樣重義氣，同時也重感情，司庫星＋宰相星女性願意憑自己努力一步步往上爬，享受自己拚搏的成果，不會想一步登天或走捷徑；喜歡賺錢，也喜歡花錢犒勞自己，是有名的愛買一族，只不過性格過於剛強，感情上可能得遇到懂得細膩包容的另一半，才能欣賞她獨特的風格。

司庫星組合 1．司庫星＋宰相星

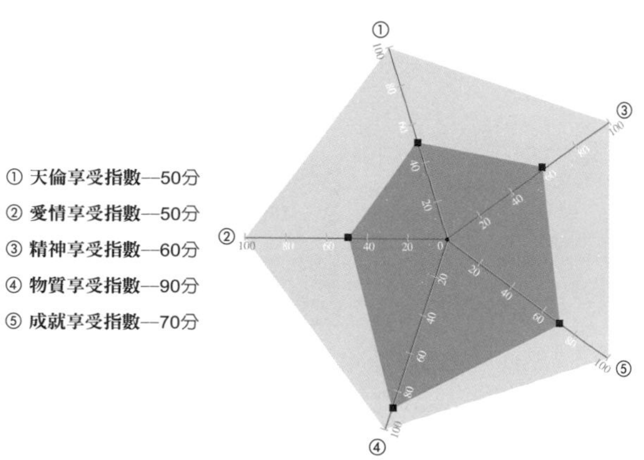

圖說：司庫星＋宰相星位於Ｉ、VII區塊，性向指數表－男

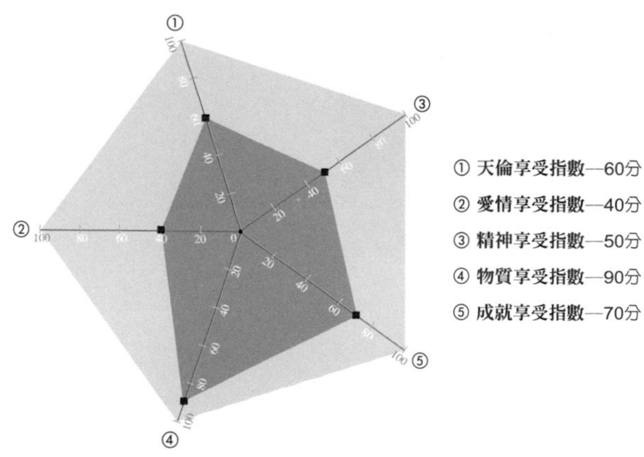

圖說：司庫星＋宰相星位於Ｉ、VII區塊，性向指數表－女

司庫星組合 2

司庫星＋近侍星於Ⅱ、Ⅷ區塊

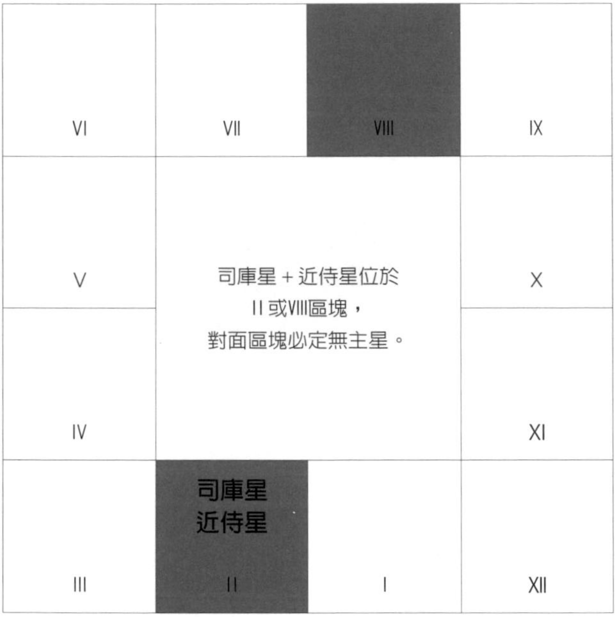

VI	VII	VIII	IX
V	司庫星＋近侍星位於 II 或VIII區塊，對面區塊必定無主星。		X
IV			XI
III	司庫星 近侍星 II	I	XII

圖說：司庫星＋近侍星位於 II 或VIII區塊

司庫星＋近侍星．特質分析

倔強固執且汲汲營營的司庫星，搭配處事圓滑、欲望無窮的近侍星，兩顆星星性南轅北轍，一個是在艱困環境中仍然勤懇努力的實力派駱駝，一個是喜歡展現自己、吸引眾人目光的觀賞型生物孔雀，兩者特質大相徑庭且十分矛盾，因此司庫星＋近侍星的組合內在性格相當交戰，既有非常精打細算的一面，也有不惜一擲千金只顧享受的生活態度，有時想要闊充面子，有時又覺得沒好處且浪費錢；有時熱衷於人際往來的熱鬧，有時又覺得虛情假意不如一人清靜。個性時而耿直，時而奸巧，因此古書說這樣的組合「不發少年」，意指司庫星＋近侍星人年輕時個性尚且不穩定，還在琢磨期，難免衝動行事，所以要到年近中年階段，歷經世事了，才會把自己的個性調整好，此時目標和行事模式都已確立，才是眞正衝刺的好時機。

司庫星＋近侍星多半興趣廣泛，多才多藝，好奇心重、學習能力強，只是欲望太多，想得多、看得多、學得多、更想賺得多，想要的太多了，所以涉獵廣泛卻都不精通，因此司庫星＋近侍星人必須提醒自己，專注才是累積實力最有用的捷徑！而若是司庫星＋近侍星再遇上「掌握星」，便可增加定性、增強

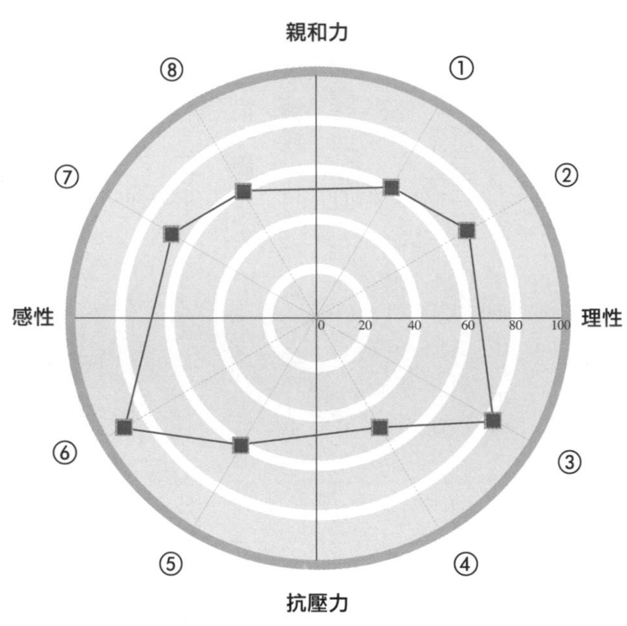

① 親和程度——60分
② 感性反應——70分
③ 理性直覺——80分
④ 叛 逆 性——50分
⑤ 抗壓能力——60分
⑥ 學習能力——90分
⑦ 情緒控管——70分
⑧ 表達能力——60分

圖說：司庫星＋近侍星位於II或VIII區塊，性向分析表

司庫星組合 2・司庫星＋近侍星

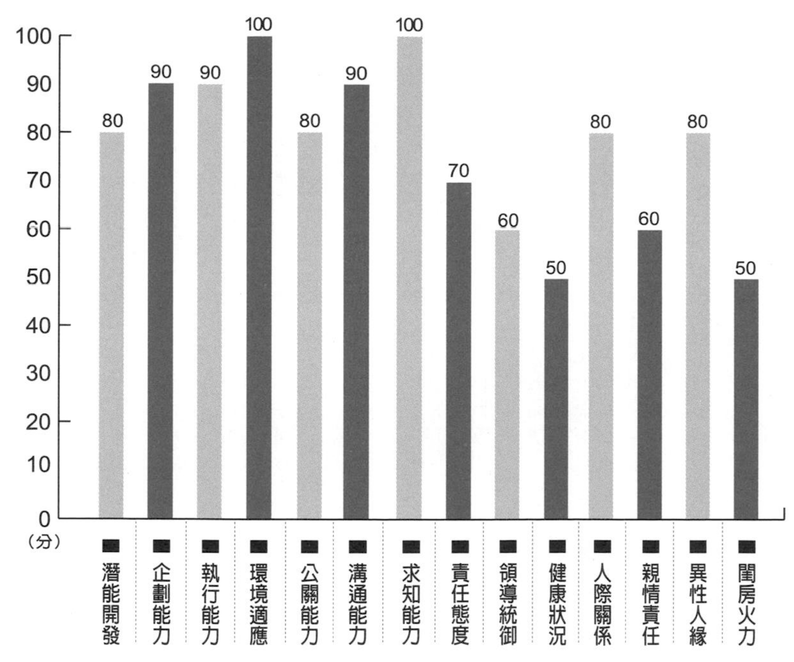

圖說：司庫星＋近侍星位於 II 或VIII區塊，人格特質表

執行力，否則目標太多只會分散精力，亂槍打鳥最終空手而回。

司庫星＋近侍星的組合，團隊中都是強勢星座，行政區塊必有皇帝星＋總管星，財政區塊必有使節星，外緣區塊必有將軍星，心性閒不下來，認眞工作賺錢也努力的吃喝玩樂，不管是總部的組合如此，或是大運的組合如此，都相當利於追逐「錢途」，亦有橫發的可能。但若司庫星＋近侍星遇到煞星或阻礙星時，務必再三斟酌不可冒然行事，以免好不容易累積的成果功虧一簣。

司庫星＋近侍星．男性性格特徵

司庫星＋近侍星的組合，相當於集嚴肅與幽默、務實與不拘小節、貪財與義氣、認眞與搞笑等兩面特質於一身，有時爲財顯得奸猾現實，有時又有赤子般的率眞，這種組合的男性表面看來悠哉游哉，其實相當精於察言觀色，用輕鬆無所謂的態度當作保護色，實則內心正暗暗盤算、默默觀察，然後再總結出該用什麼樣的態度應對相處，亦是商場上的一流人才。

司庫星＋近侍星．女性性格特徵

司庫星＋近侍星組合的女性看來活潑開朗好相處，其實內心自有一把尺，

司庫星組合 2 · 司庫星＋近侍星

個性倔強、不服輸，學習力強且做事有條理；善於經營人際網絡，看起來朋友多人脈廣，但其實知交好友不多，甚至有點孤僻。

司庫星＋近侍星女性同樣興趣廣泛，喜歡多方涉獵，生活節奏較快；有商業敏銳度，不過個性固執，一旦決定的事情便聽不進他人的建議和指正，好在生性勤奮有韌性，就算運勢波折也有從頭再來的勇氣和毅力，唯獨感情與婚姻之路坎坷，東挑西選總是選到不如所願的另一半。

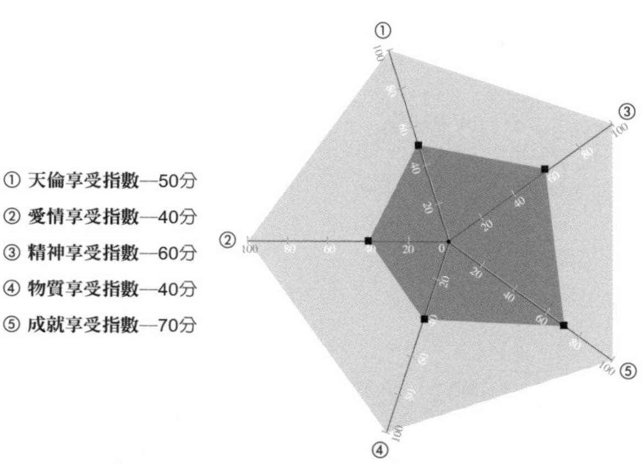

圖說：司庫星＋近侍星位於 II 或VIII區塊，性向指數表－男

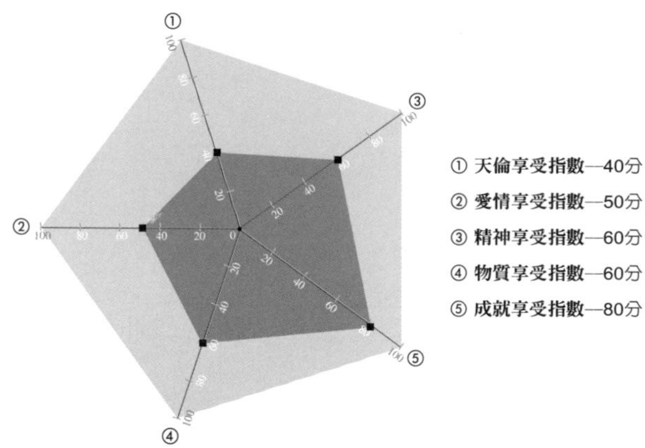

圖說：司庫星＋近侍星位於 II 或VIII區塊，性向指數表－女

司庫星組合 3
司庫星＋總管星於Ⅲ、Ⅸ區塊

<table>
<tr><td>VI</td><td>VII</td><td>VIII</td><td>前鋒星
IX</td></tr>
<tr><td>V</td><td rowspan="2" colspan="2">司庫星＋總管星位於
III或IX區塊，
對面區塊必定是前鋒星。</td><td>X</td></tr>
<tr><td>IV</td><td>XI</td></tr>
<tr><td>司庫星
總管星
III</td><td>II</td><td>I</td><td>XII</td></tr>
</table>

圖說：司庫星＋總管星位於III或IX區塊

司庫星＋總管星．特質分析

司庫星和總管星的組合，同樣是相當兩極的搭配。司庫星耿直剛強、固執坦率，略帶孤寡，而總管星熱心愛服務，且重感情、重形象，這兩種極端組合結合出特別的雙重人格特質——既主觀霸道又容易心軟，有時沉悶，有時又嘮叨囉唆；愛錢又愛面子，有時直爽有時又優柔寡斷，有時急躁衝動，有時又十分有愛心和耐性。

這種矛盾的個性也會顯現在不按牌理出牌的行爲模式中，善變的個性讓人難以捉摸，因此司庫星＋總管星的組合多會依情緒行事，對看得順眼的人熱心雞婆，對看不順眼的人十分冷淡，他們總有自己的一套標準原則。而且司庫星＋總管星組合的外緣區塊必定是前鋒星，一旦踩到他的地雷則永遠列入黑名單，所以難免給人一種難搞的印象。

司庫星＋總管星人相當不服輸，也多半具有專業能力，聰明好學，管理能力強，可以無視別人的眼光和評價，在自己的領域中埋頭努力默默耕耘，因此這樣的組合多半可以獨當一面，或是在企業中成爲管理階層，具備在高壓競爭環境中的生存能力。

司庫星組合 3．司庫星＋總管星

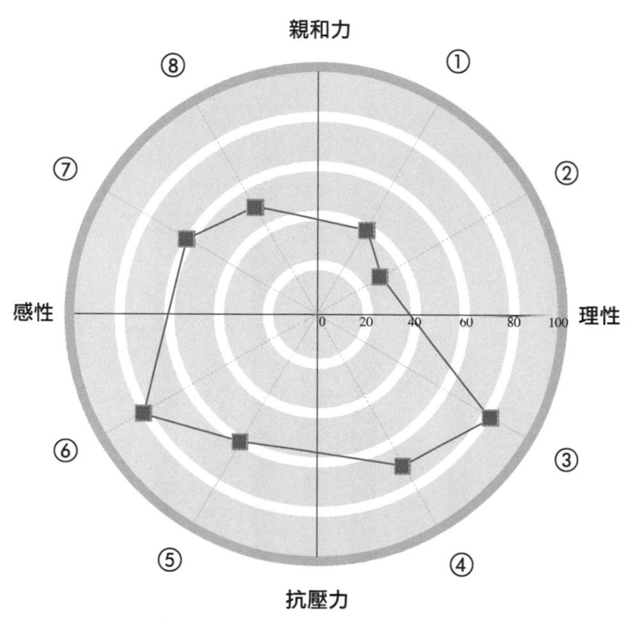

① 親和程度——40分
② 感性反應——30分
③ 理性直覺——80分
④ 叛 逆 性——70分
⑤ 抗壓能力——60分
⑥ 學習能力——80分
⑦ 情緒控管——60分
⑧ 表達能力——50分

圖說：司庫星＋總管星位於 III 或 IX 區塊，性向分析表

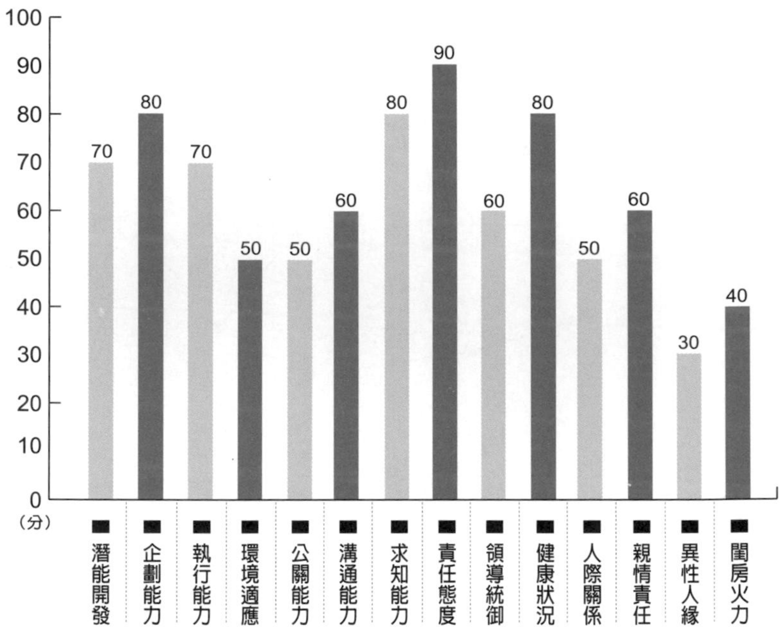

圖說：司庫星＋總管星位於Ⅲ或Ⅸ區塊，人格特質表

特別的是，司庫星＋總管星的雙重特質也會反映在工作與生活中，像是身兼二職，而工作類型截然不同；或是工作與生活完全切割，工作時是一隻迅猛龍，下班後變身花蝴蝶，白天嚴謹晚上享樂。當然也可能是邊工作邊進修，完全符合司庫星＋總管星愛賺錢也愛學習的特色。

這樣難以捉摸的個性不說別人搞不懂，連他們自己恐怕都難以控制，心情好的時候態度溫和，熱心又容易心軟；情緒不對的時候就像刺蝟一樣，一言不合馬上翻臉，又挑剔又囉唆，性格起伏落差大，不過可以確定的是，司庫星＋總管星吃軟不吃硬，硬碰硬絕對只有反效果。

司庫星＋總管星．男性性格特徵

司庫星＋總管星個性較特別，司庫星原有的直爽會被總管星的柔性弱化，剛毅不留情面的特質也會被包裝起來，原來司庫星不解風情的特徵也不那麼嚴重了，所以在感情方面，司庫星＋總管星的男性會比司庫星一顆星獨守的人來得好很多。

一般來說，司庫星＋總管星男性身材不高，較沉默少言，做事認眞敬業，不過司庫星＋總管星性格有兩面，他有服務熱忱，但他只對有錢賺、或看得順眼的人服務；司庫星喜歡賺錢，有專業能力也有理財能力，但總管星的隨性會在花錢支出上較難控制，錢財流動率較高，好在司庫星＋總管星仍懂得盤算，不會浪費時間在無法回收的人事物上。

司庫星＋總管星．女性性格特徵

司庫星＋總管星女性是集溫柔心軟、剛強固執、務實精明和感性優柔於一身，在物質面上相當有危機意識，懂得努力求財以防不時之需；感情上則是精挑細選，只要入她的眼，便會認眞付出，長線經營。

但因爲司庫星＋總管星性格極端，個性難搞，在職場上該沉穩時反而暴衝，該理智時偏偏感情用事，且表情控管不佳，喜怒形於色，有時不自覺的擺出一張臭臉，容易讓人誤會。在感情遇到問題時，有時莫名的固執堅持，有時又猶豫不決甚至見異思遷，這樣矛盾的個性讓人相處疲憊，也讓自己白白浪費許多無謂的時間。這種雙星組合，女性性格反差甚大，白天在學校上課晚上到酒店上班也不稀奇。

司庫星組合 3．司庫星＋總管星

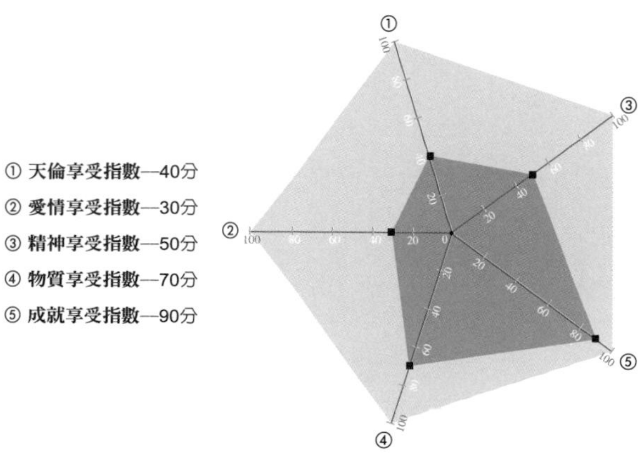

圖說：司庫星＋總管星位於 III 或 IX 區塊，性向指數表－男

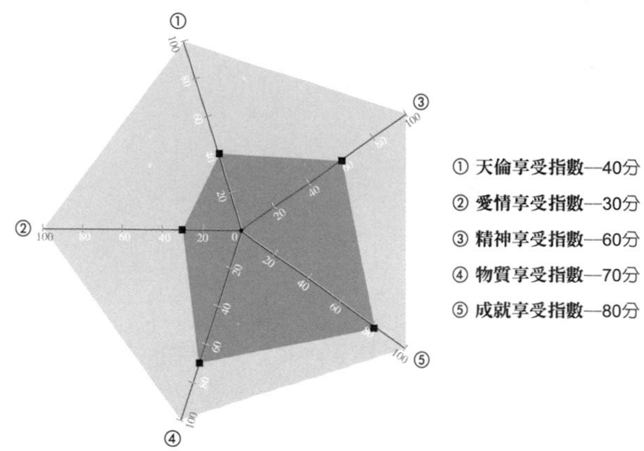

圖說：司庫星＋總管星位於 III 或 IX 區塊，性向指數表－女

司庫星組合4

司庫星＋將軍星於Ⅳ、Ⅹ區塊

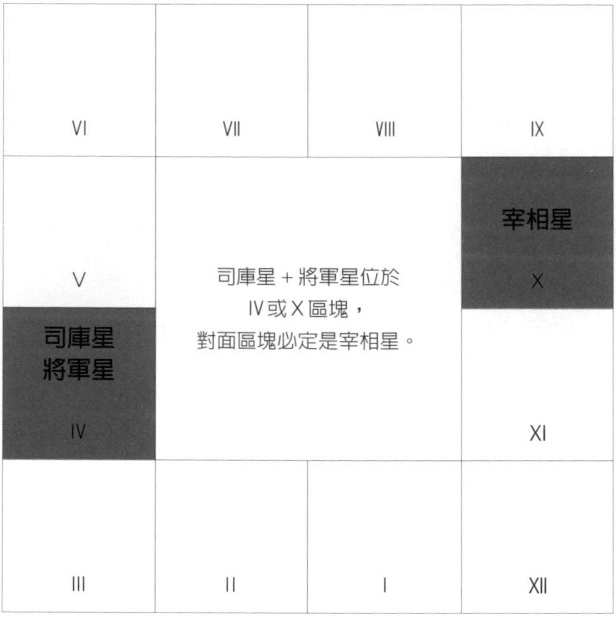

VI	VII	VIII	IX
V	司庫星＋將軍星位於Ⅳ或Ⅹ區塊，對面區塊必定是宰相星。		宰相星 X
司庫星 將軍星 IV			XI
III	II	I	XII

圖說：司庫星＋將軍星位於Ⅳ或Ⅹ區塊

司庫星＋將軍星．特質分析

司庫星單純耿直、勤勞努力、務實節儉的優點，只要與將軍星或前鋒星會合時，就會被降低或掩蓋，並且把將軍星或前鋒星的破壞力凸顯出來，甚至直接影響司庫星這顆財星的好運，造成錢財流失、不利感情，以及大大增強人生的波折起伏度。

司庫星與將軍星的組合，會讓性格變得更急躁衝動、欠缺規劃力和判斷力，就像懶得負重卻又只能繼續往前走的直衝駱駝，定不下心來規劃路線，欠缺耐性，導致常常走錯或迷失方向，反而無謂的蹉跎了許多人生寶貴時間。因此司庫星＋將軍星人最需要的，就是設定目標，不管目標明不明確，或者暫時只是一個輪廓，都比無頭蒼蠅盲目亂衝來得好，然後認清自己的優缺點，培養個人專長，這樣才能減低將軍星或前鋒星的破壞力，爲自己打好基礎。

只要有司庫星入總部的人，財運多半不差，但加上將軍星之後，破壞力不可小覷，只要一進帳就容易破財，看到喜歡的不買不行，或是莫名多出許多額外支出，左手進右手出，形成散財的格局。若是司庫星＋將軍星再逢煞星或阻礙星，組合更不利，不僅衝動之外，還多了投機心態，總想著以小搏大、一夜翻身，甚至因爲一時貪念而反被詐騙，損失財物不說，亦可能引來財務糾紛。

由於司庫星＋將軍星的星性不穩定，自制力較低，所以年輕時不宜給予太多資源，讓他誤以爲錢財或成功得來容易，不僅容易自我膨脹，也會因此喪失拚搏的動力，甚至沉迷於某些娛樂中或養成不良習慣。司庫星＋將軍星人年輕時若願意腳踏實地，吃苦耐勞、默默打拚，那麼中年過後的運勢通常都能穩健成長，漸入佳境。

司庫星＋將軍星都不喜歡遇到煞星或阻礙星，若是這樣的組合位於Ⅳ區塊，且遇到馬前卒星，可能有因財被劫的意外；而若是司庫星遇到阻礙星，則會讓聲音變得沙啞。在第一冊《東方星理學1——單星篇》中提到過，運走將軍星或前鋒星時，幾乎沒有人存得了錢，而且運勢起伏大，若沒有危機意識的話，爬得越高跌得也越重，這是沒有僥倖、不能投機的時期，必須提前做好風險管理。

而若是剛好可以遇到庫銀星則最好，運勢穩定和緩許多，雖然衝勁相對減低，但也可避免大起大落甚至血本無歸的刺激局面。

司庫星組合 4 · 司庫星＋將軍星

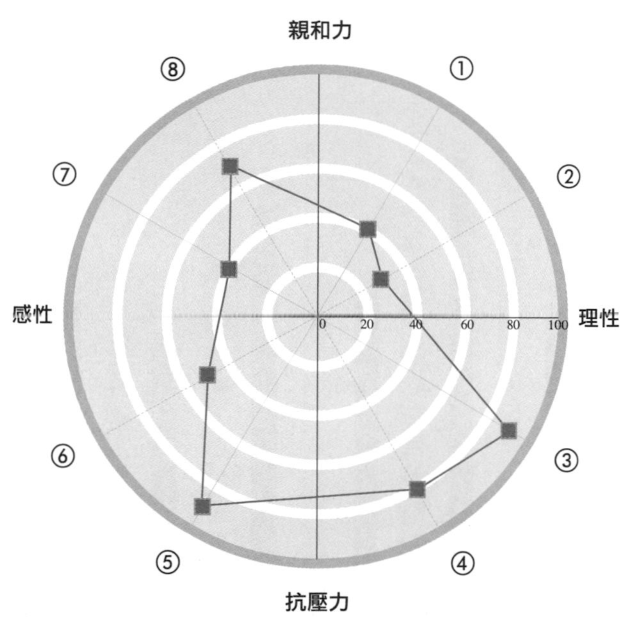

① **親和程度**——40分
② **感性反應**——30分
③ **理性直覺**——90分
④ **叛 逆 性**——80分
⑤ **抗壓能力**——90分
⑥ **學習能力**——50分
⑦ **情緒控管**——40分
⑧ **表達能力**——70分

圖說：司庫星＋將軍星位於Ⅳ或Ⅹ區塊，性向分析表）

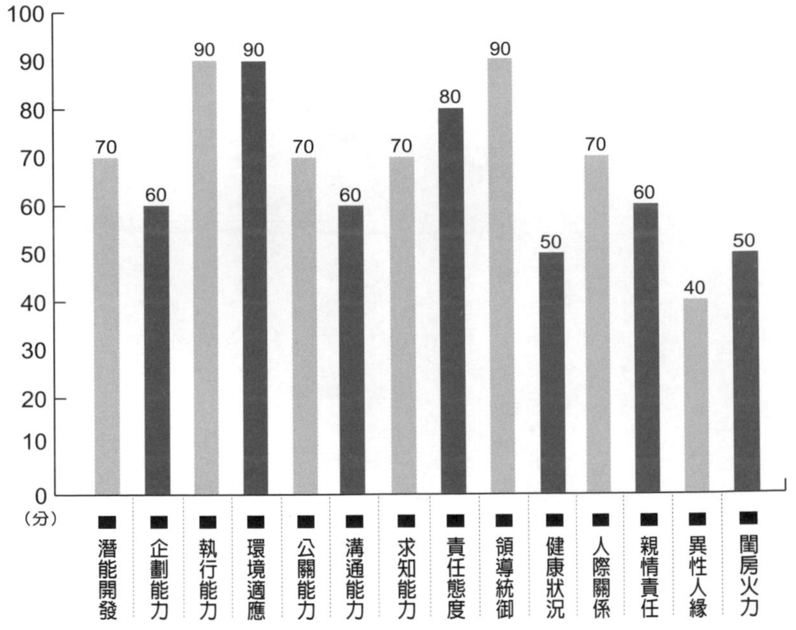

圖說：司庫星＋將軍星位於Ⅳ或Ⅹ區塊，人格特質表

司庫星＋將軍星．男性性格特徵

司庫星和將軍星的屬性都是金，都屬於將星，重義氣和固執是特色，爲了賺錢可以吃苦耐勞，但賺到之後卻又留不住，忍不住到處散財，賺錢和花錢的本事都屬一流。

這樣剛強的兩顆將星的組合，可以想見個性必定是直來直往，主觀意識強烈，不懂得換位思考。與司庫星＋將軍星男性溝通，必須簡單、直接、清楚，不要委婉模糊，以免造成誤解；此外，這樣固執的組合當然吃軟不吃硬，若用指使的口氣或指責的態度，或許表面上他會暫時忍下，但其實內心抵觸排斥，一句也聽不進去。

司庫星＋將軍星男性心地善良，有衝勁、認眞爲生活打拚，認定的人事物就不會輕易改變，只是對待感情總是少一根筋，須小心防範甜言蜜語所設下的陷阱。

司庫星＋將軍星．女性性格特徵

個性直接爽朗，喜怒形於色，脾氣來得急去得也快，因爲言行舉止大而化之，有時難免給人不懂察言觀色、比較粗線條的印象，在她身上很難看到所謂的溫柔體貼、輕聲細語，是個一心只想賺錢的女漢子。

司庫星＋將軍星女性個性強勢、主觀，加上直接單純又耳根軟，所以激將法或蜜糖攻勢對她都很有用，尤其是對甜言蜜語獻殷勤沒有抵抗力，更難抵抗顏值與物質的誘惑，感情上不要太衝動死心眼，多聽聽朋友的意見較保險。

司庫星組合 4．司庫星＋將軍星

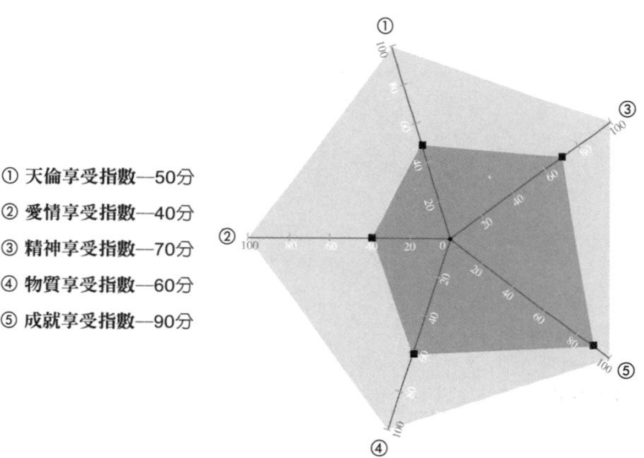

圖說：司庫星＋將軍星位於Ⅳ或Ⅹ區塊，性向指數表－男

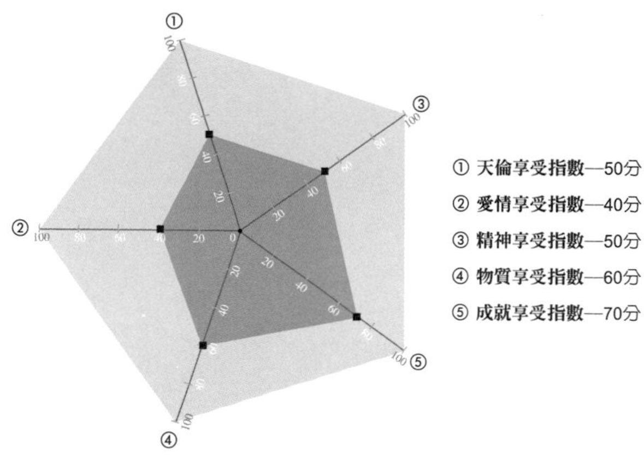

圖說：司庫星＋將軍星位於Ⅳ或Ⅹ區塊，性向指數表－女

司庫星組合5

司庫星單守於V、XI區塊

VI	VII	VIII	IX
司庫星 V	司庫星單守於V或XI區塊， 對面區塊必定是近侍星。		X
IV			近侍星 XI
III	II	I	XII

圖說：司庫星單守於V或XI區塊

司庫星單守·特質分析

司庫星單守於Ⅴ或Ⅺ區塊，同樣屬於司庫星＋近侍星的組合，只是位於Ⅱ或Ⅷ區塊的是雙星組合，而Ⅴ或Ⅺ區塊的是司庫星單守，與近侍星對照。司庫星單守的人性格剛毅內斂，直爽重義氣，有責任感、重承諾，邏輯能力和數字敏銳度都不錯，除了務實愛賺錢之外，個性單純無心機，知恩圖報重情義，且賺錢不怕辛苦，耐力與抗壓力皆強。

在Ⅴ或Ⅺ區塊單守的司庫星，會比司庫星＋近侍星入同區塊的人更多一點坦白眞誠、謹愼自持和忠厚的氣質。由於司庫星單守的外緣區塊必定是近侍星，意味著出門在外人緣不錯、好相處，若是團隊中再有吉星加持，且不要遇到煞星，司庫星單守會比雙星組合的人更有毅力，感情上也較專一。但不論司庫星＋近侍星是分開對照、還是同入一個區塊，都有明事理、善於察言觀色，以及舉止得宜的特色。

司庫星位於Ⅴ或Ⅺ區塊，團隊中的近侍星、使節星和總管星可爲司庫星帶來才藝與人氣，對於交友圈的擴展與人脈經營更加有利，人脈便是錢脈，這樣的團隊組合更擅於有計劃的結合身邊資源，累積成自己的人脈存摺。不過司庫

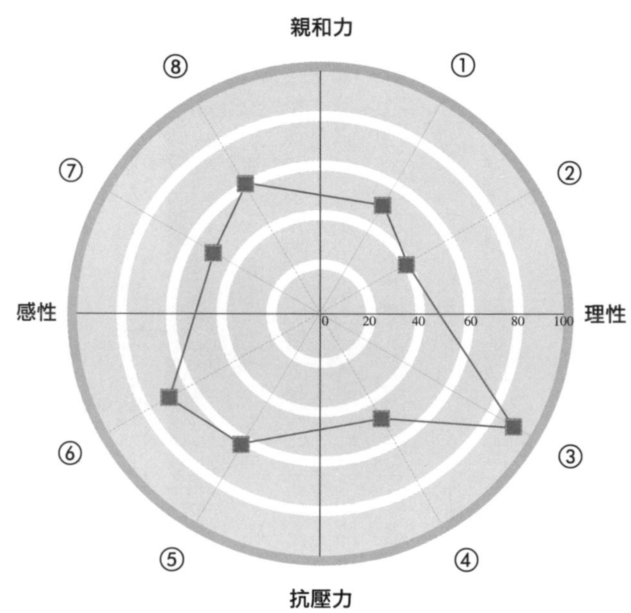

① 親和程度——50分	⑤ 抗壓能力——60分
② 感性反應——40分	⑥ 學習能力——70分
③ 理性直覺——90分	⑦ 情緒控管——50分
④ 叛 逆 性——50分	⑧ 表達能力——60分

圖說：司庫星單守於Ｖ或XI區塊，性向分析表

司庫星組合 5 · 司庫星單守

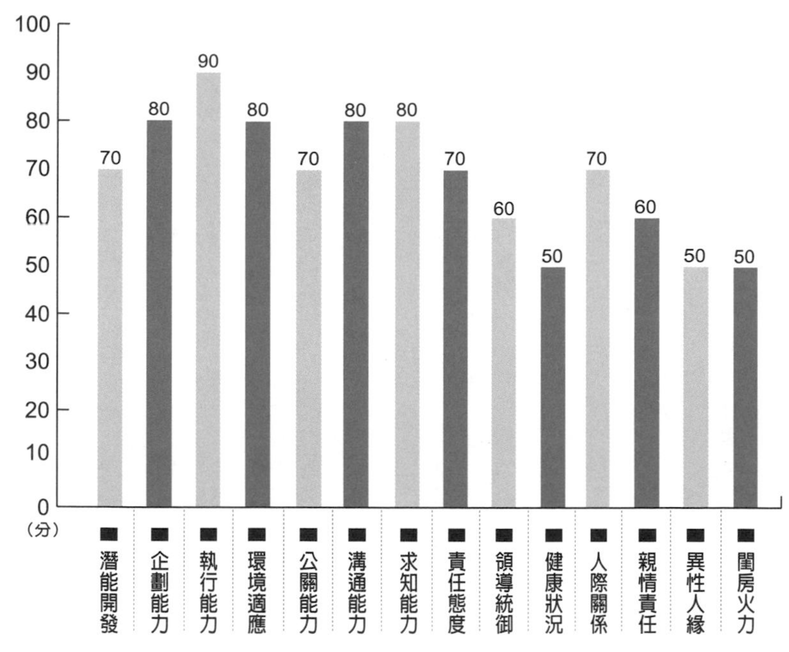

圖說：司庫星單守於Ⅴ或Ⅺ區塊，人格特質表

星本就帶點孤僻特性，有煩惱時不會輕易透露，感情上又是死心眼，若是遇到解不開的感情問題，恐怕一時很難放得下。

司庫星位於Ⅴ或Ⅺ區塊，行政區塊必定是皇帝星＋宰相星的雙強結合，前面提到過，這樣的組合實在是旺過頭了，反而沒有想像中的一路順遂，必須經過打磨、蟄伏之後才能得以開展。而且還需看皇帝星＋宰相星是否有會到左、右護法星，若是沒有，那麼可能也只是表面風光而已。

司庫星與近侍星對照，同樣屬於「不發少年」的組合，年輕時跌跌撞撞四處摸索，容易遭遇阻礙波折，但這些都是必須經歷的過程、必須繳的學費，辛苦耕耘之後的琢磨，才是日後發光的基礎。年輕時若能不斷的推倒重來，勤奮不放棄，那麼中年後必能有所成，在領域中有一席之地。

司庫星單守．男性性格特徵

司庫星男性坦蕩直爽，有主見、有毅力、有耐力，務實，是實用主義者，主觀意識強且固執，有企圖心，對數字和金錢有天生的敏銳度，判斷力強，脾氣硬但溫和，不會隨便動怒，若真的惹毛了司庫星人，脾氣不發則已，一發驚人，火氣相當猛烈。

司庫星男性雖然人生目標在追逐利益，一生爲財奔走努力，但外緣區塊的近侍星還是可以爲司庫星帶來一些調劑和樂趣，除了金錢遊戲之外，朋友間的互動和情義也是司庫星人生相當重要的一部分。

司庫星單守．女性性格特徵

司庫星單守的女性，基本上和溫柔、性感、嬌媚沾不上邊，司庫星女性走的是一種颯爽的路線，乾脆俐落、直接爽朗，同樣務實，不僞裝自己追求金錢財富的欲望，在職場上靠自己的努力和人脈資源不斷往上爬，不虛華也不做作，雖然賺不了投機財，但一分努力就有一分的回報，是努力自成豪門的典型。

如此精明的司庫星女性，吸金能力和開創力皆強，但在感情上卻只懂得單向付出，不擅於溝通或揣摩對方心思，因此年輕時跌跌撞撞，難免受傷。歷練過後，便懂得爲自己的人生打拚、爲自己而活才是最重要的，感情是對等的，付出的同時也要懂得自我保護。

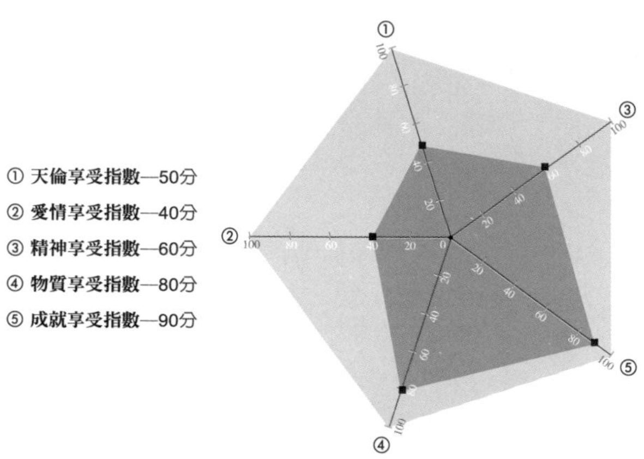

圖說：司庫星單守於Ⅴ或XI區塊，性向指數表－男

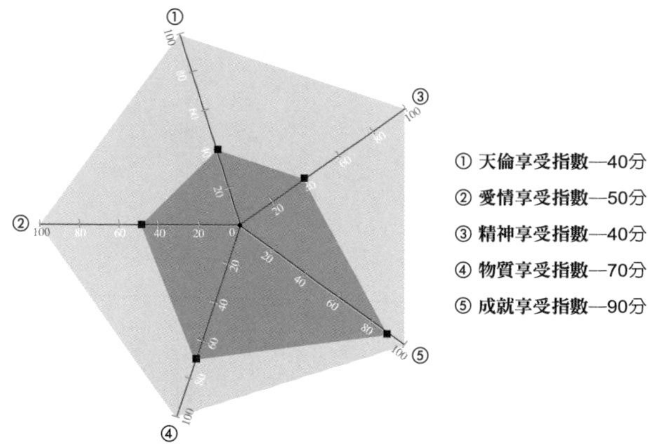

圖說：司庫星單守於Ⅴ或XI區塊，性向指數表－女

司庫星組合 6 司庫星＋前鋒星於VI、XII區塊

司庫星 前鋒星 VI	VII	VIII	IX
V	司庫星＋前鋒星位於VI或XII區塊，對面區塊必定是總管星。		X
IV			XI
III	II	I	總管星 XII

圖說：司庫星＋前鋒星位於VI或XII區塊

司庫星＋前鋒星．特質分析

司庫星＋前鋒星的組合，原本誠懇勤奮的司庫星特質，會被前鋒星的衝勁與魄力掩蓋大半，這樣的組合，無論男女，也不論外型是粗獷、俊美、颯爽或嬌美，只要一開口多多少少都帶有一股江湖味。性格坦率灑脫、不拘小節，有話直說不拐彎抹角，聽風就是雨的衝動個性，以及放飛的自我，常常會做出一些明知不可爲的事情，喜歡與眾不同、特立獨行，不按牌理出牌，不論後果，只顧當下，這就是司庫星＋前鋒星的特性。

司庫星這顆財星，搭配只攻不守的前鋒星，財星逢破，花錢速度是其他單星或雙星組合都望塵莫及的。愛玩、喜歡享受、喜歡時尚名牌，更喜歡刺激的遊戲和花錢的快感，前鋒星沒有煞車的個性充分反映在花錢的速度上，除非分部落在宰相星，或是團隊中遇到庫銀星、或澇神星、糾纏星，否則收入趕不上支出，花錢爽快，甚至在事業上也會有不計成本、未賺先賠的狀況發生。

司庫星＋前鋒星組合，不少比例是富二代或是官二代，天生有資源可以揮霍。司庫星＋前鋒星若在Ⅵ區塊，花錢速度會比落在Ⅻ區塊要來得更快更多！因爲司庫星＋前鋒星在Ⅵ區塊時，星盤中的王爺星和皇后星都在旺地，意味著

司庫星組合 6．司庫星＋前鋒星

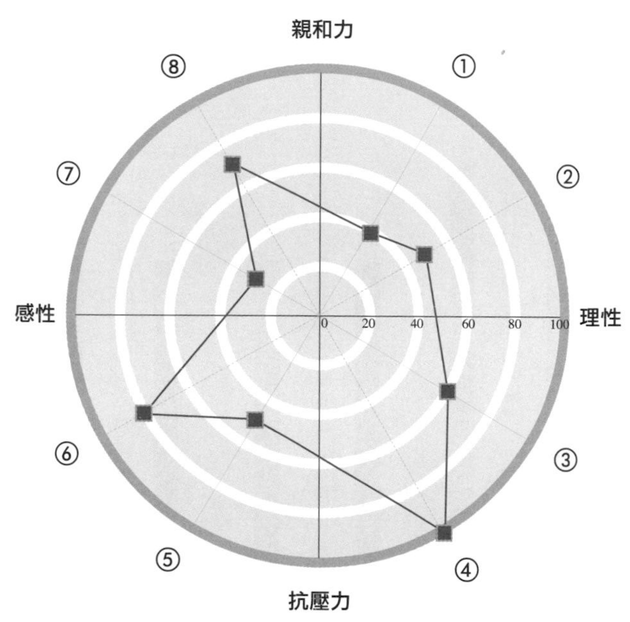

① **親和程度**——40分

② **感性反應**——50分

③ **理性直覺**——60分

④ **叛 逆 性**——100分

⑤ **抗壓能力**——50分

⑥ **學習能力**——80分

⑦ **情緒控管**——30分

⑧ **表達能力**——70分

圖說：司庫星＋前鋒星位於Ⅵ或Ⅻ區塊，性向分析表

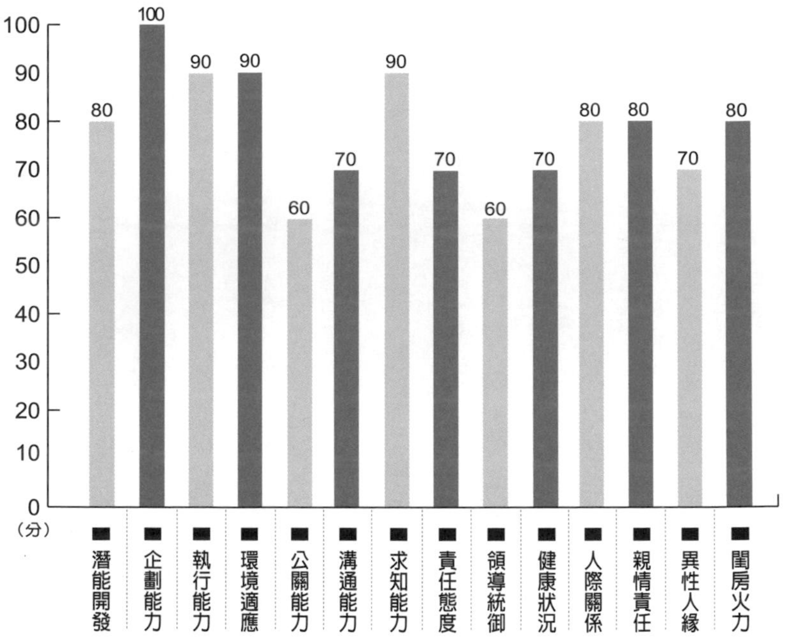

圖說：司庫星＋前鋒星位於VI或XII區塊，人格特質表

資源較多，更多本錢可以消耗。

而若是前鋒星＋掌握星，前鋒星的破壞力會轉化爲改造力，像是承擔家族重任、突破舊制重整新局，或是摧毀重建等等，前鋒星耗星的特質不變，卻可轉變爲有建設性的破壞，前破後立，屬於比較好的組合模式。但如果司庫星＋前鋒星又逢煞星或阻礙星時，只顧衝刺不懂停損，只顧花錢爽快不管後果，破耗的習性沒有節制，甚至變本加厲，除非同時遇到吉星，或是司庫星＋資源星，或是前鋒星＋掌握星，這樣才可能有從頭再來的機會和承擔責任的勇氣，否則花費無節制，後果堪憂。

司庫星＋前鋒星．男性性格特徵

司庫星＋前鋒星，等於財星與耗星的組合，司庫星的務實特質被大打折扣，個性變得更衝動、急躁、叛逆，好勝心強，沒有耐性一步一腳印慢慢來，喜歡參與冒險投機、高投資報酬的金錢遊戲。這樣組合的男性，豪邁灑脫、海派大方，有一種江湖大哥的味道，喜怒形於色，好惡分明，喜歡的就很喜歡，看不順眼的連理都懶得理，發怒時更是口不擇言，一生運勢多起伏，開創有餘，守成不足，屬於不求人生平順，只求及時行樂、活得精彩的類型。

司庫星＋前鋒星．女性性格特徵

司庫星＋前鋒星組合的女性，不拘小節、大方豪爽，同樣的好惡分明、性急火爆，花錢不手軟，喜歡時尚名牌、美食享受，有收集癖，而且動作豪邁、坐姿不雅，所以穿著打扮多以中性或俐落褲裝為主。若是司庫星＋前鋒星逢庫銀星、或是滂神星、糾纏星，那麼性格和行為作風會較收斂、溫婉一些，一樣愛購物，但消費力道保守許多，相對的衝勁也較弱。

司庫星＋前鋒星女性敢愛敢恨，喜歡一個人時不一定會要求對方的經濟能力，但看重對方能不能順她的意、討她的歡心，或是能不能以她為重心，談戀愛嘛！高興最重要，合則聚不合則散。雖然瀟脫，但當她認定一個人時也會全心投入，重情重義，屬於只求曾經擁有，不在乎天長地久的感情態度。

司庫星組合 6．司庫星＋前鋒星

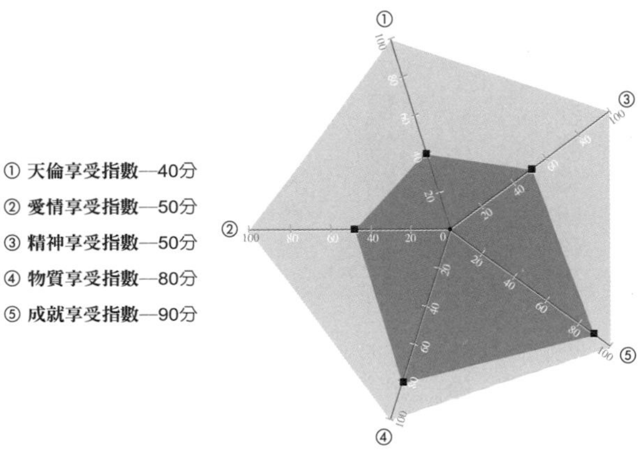

圖說：司庫星＋前鋒星位於Ⅵ或Ⅻ區塊，性向指數表－男

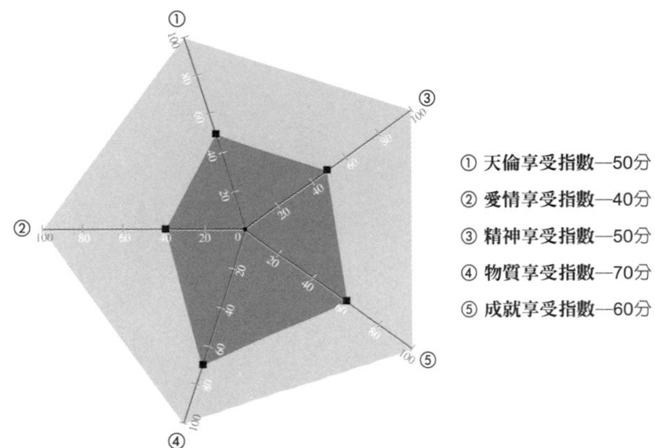

圖說：司庫星＋前鋒星位於Ⅵ或Ⅻ區塊，性向指數表－女

近侍星組合

Emperor bodyguard／皇帝のボディーガード
原為：貪狼星
動物代表：孔雀
八面玲瓏，學習力強

所屬團隊

紫微垣系統。

近侍星特質

1 近侍星是一顆八面玲瓏的星宿，學習力強，好奇心重，言語傳遞、感情表達的能力一流。學什麼都快，可舉一反三，但皆三分鐘熱度，持續力不夠，因此涉獵廣泛，看似博學，但專精的較少。

2 個性活潑、較衝動，喜歡新鮮、刺激，愛幻想，凡事都喜貪多，熱衷追求各種欲望，對人、對事都有比較心，嫉妒心強，想成爲主角和眾人注目的焦點。

3 近侍星心性難穩定，既現實又念舊，忍不住追逐新鮮感情，卻又捨不得舊有情分；注重外表、懂得展露自身優點，擅長有意無意的放電，尤其在異性面前更是不由自主的展現個人魅力。

4 善於察言觀色、揣摩人心，多才多藝、肢體語言豐富，交際手腕相當圓滑，八面玲瓏善於累積人脈。

5 近侍星在外表現總是自信滿滿、意氣風發、左右逢源，其實天生膽子小，遇到危險時能很快分辨情勢，閃躲的速度和技術一流。

近侍星的組合有六種：

- 近侍星單守於Ⅰ、Ⅶ區塊
- 近侍星＋司庫星位於Ⅱ、Ⅷ區塊
- 近侍星單守於Ⅲ、Ⅸ區塊
- 近侍星＋皇帝星位於Ⅳ、Ⅹ區塊
- 近侍星單守於Ⅴ、Ⅺ區塊
- 近侍衛星＋使節星位於Ⅵ、Ⅻ區塊

近侍星屬木，根為水，帶有桃花之意，代表動物為孔雀，孔雀外型絢麗奪目，大家都知道孔雀開屏原因有二，一是為了求偶，展現自身長處用來吸引異性，而另一個原因則是遇到危險、被驚嚇時，才會抖動繽紛絢麗的大尾屏來嚇跑敵人。近侍星也是如此，喜歡披著絢麗外衣穿梭在人群中，藉由他人的目光來增強自我價值感；善於人際往來，嘴甜、善應對，懂得適時奉承灌迷湯，沒有架子、身段軟，遇到麻煩事也都能有人脈支援，或是巧妙運用以柔克剛的應變力來化解，因此近侍星又稱為「解厄之星」，常常可以逢凶化吉便是這個原因。

欲望多多，嚮往精彩人生

近侍星也是「欲望之星」，而且可說是集人性所有欲望於一身的特殊星宿，毫不掩飾本性的衝動欲望，對感情、財富、物質享樂、才藝、知識等等，無一不貪。喜歡光鮮亮麗、時尚名牌，喜歡成為群體中的焦點，最討厭與人撞衫，更無法忍受有人搶去自己的風采；不管有沒有興趣，對異性總習慣性搞曖昧，言語和肢體都很容易讓人誤會，天生帶桃花的體質，可為自己帶來豐富多

彩的生活，但也可能因爲太過博愛甚至濫情，惹來一身麻煩。

近侍星不只對感情有貪慾，對財富、物質也一樣貪，近侍星貪便宜和貪財的程度不輸司庫星，但不同的是司庫星講義氣、重原則，但近侍星卻捨不得把錢花在別人身上，除非是有興趣的異性，否則休想讓近侍星人買單。

涉獵廣泛，博而不精

近侍星熱愛美食、美酒和光鮮生活，喜歡人際往來和聚會，爲了與人交流時什麼話題都能跟得上，近侍星樂於廣泛吸收新知、學習多種才藝、參與諸多社團，十分享受這種什麼都會、什麼都懂的感覺。不過近侍星有興趣的目標太多了，時間和熱情卻有限，因此很難專精於一項。近侍星唯有逢「澇神星」或加「庫銀星」時才能改善這種不安定的個性。

近侍星天性喜歡比較，比外型打扮、比人脈、比工作待遇，還要比誰比較受上司老闆的器重。有競爭的地方就有糾紛，近侍星總能有意無意的凸顯自己、壓制別人，再加上嘴甜、敢於表現，往往能讓上司主管留下深刻的印象，但自己卻是頗難搞的同事。

桃花多，吃喝玩樂第一名

使節星、近侍星、皇后星、貴妃星都是相當懂得玩樂和生活的星座，如果這幾顆星再與「正學士星」或「副學士星」同區塊，除了口才一流，滿口甜言蜜語之外，吃喝玩樂更是在行，甚至把談戀愛當作人生重心。近侍星若再加上任何一顆桃花星、或是加上「馬前卒星」或「後衛兵星」，桃花太旺，簡直是處處開花。

積極主動、樂於表現是近侍星的特質，對於喜歡的對象，近侍星同樣喜歡採取主動攻勢，或是設計機會、營造氣氛，提供讓對方可以靠近的機會。近侍星會細心觀察對方好惡，無怨無悔付出，並依照喜歡對象的喜好自我調整，不管是習慣或是打扮都可以隨對方而改變。

當然近侍星也有專情不花心，或是努力刻苦的類型，端看近侍星配上什麼星座，如果逢「庫銀星」或「滂神星」，桃花特質大減，性質則轉為品味生活、喜愛欣賞美的事物；近侍星加上「掌握星」，則可以把不專心的性格加以收斂集中，在某領域深耕而成為專業人士。

VI	皇帝星 VII	VIII	IX
V	近侍星位於 I 或VII區塊， 對面區塊必定是皇帝星。		X
IV			XI
III	II	近侍星 I	XII

圖說：近侍星單守於 I 、VII區塊）

近侍星單守・特質分析

近侍星單守於Ⅰ、Ⅶ區塊，對面區塊必定是皇帝星，因此顯得斯文、端莊、帶點傲氣，不笑的時候有點酷，這是屬於內桃花的類型，外型看來斯文或端莊，其實內在還是近侍星，仍然是一顆長袖善舞的桃花。這類型的人會有兩面性，對自我要求高，不能忍受丟臉沒面子，工作上表現得細心周到，在眾人面前總是維持不錯的形象。不過遇到狀況時仍難免衝動，帶有叛逆性格，熟識之後才會展現出愛玩、愛耍寶的一面，私生活相當精彩。

近侍星的屬性相當特別，由於本性屬桃花，而且性格多面、前衛、喜歡新鮮刺激，無論男女都對多金、多情、善於營造氣氛的人缺乏抵抗力，重視外在、不善於經營長久的關係，加上有「親疏遠近」的特性，所以對待家人或親近的人反而較不在意和看重。

近侍星的性格難以忍受挫折，也較難控制欲望，就算有對象了也仍然喜歡嚐鮮。交際公關手段一流，憑藉三寸不爛之舌，什麼話都能臉不紅氣不喘地說出口，這樣的特質反而不喜歡會到「正學士星、副學士星、科舉星、貴人星、左護法星、右護法星」，或是位於同區塊，這樣會更容易把近侍星的桃花本性

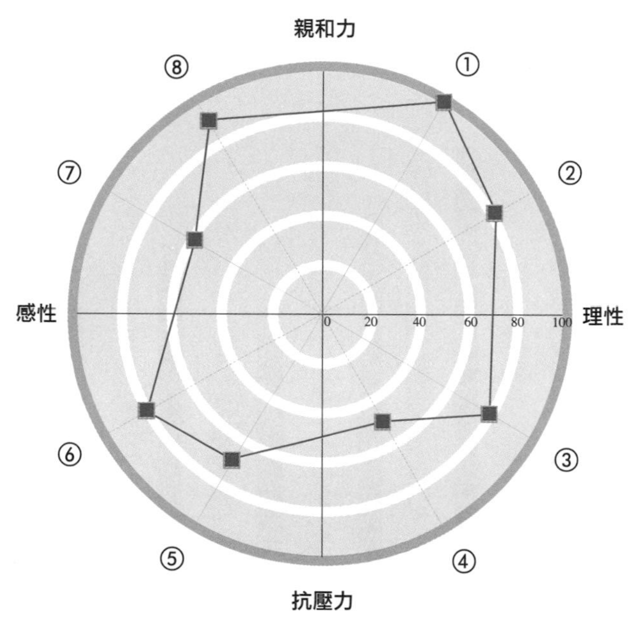

① **親和程度**——100分	⑤ **抗壓能力**——70分
② **感性反應**——80分	⑥ **學習能力**——80分
③ **理性直覺**——80分	⑦ **情緒控管**——60分
④ **叛 逆 性**——50分	⑧ **表達能力**——90分

圖說：近侍星單守於Ⅰ、Ⅶ區塊，性向分析表

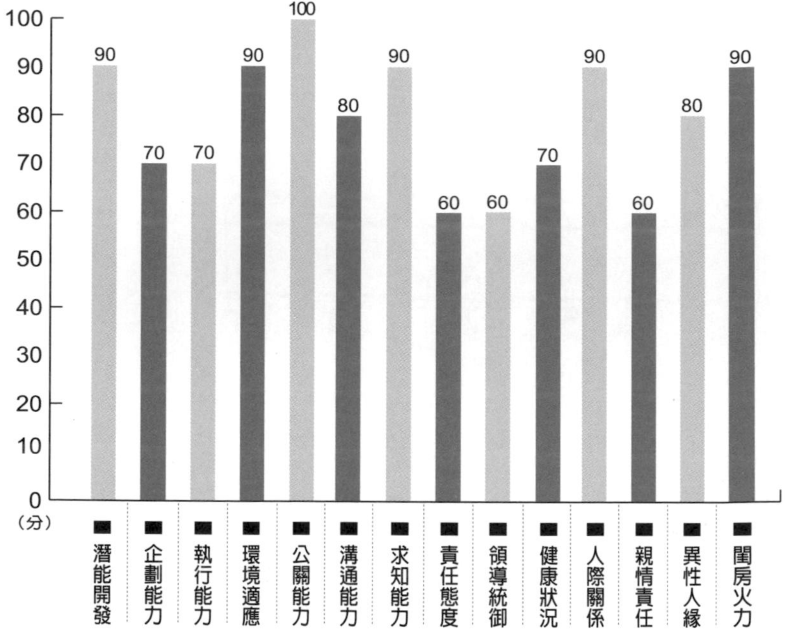

圖說：近侍星單守於Ⅰ、Ⅶ區塊，人格特質表

加乘表現出來。

近侍星會到「正學士星」或「副學士星」時屬於外桃花，不論男女都懂得展現自己特長，女性有求於人時更懂得撒嬌示弱來達成目標，沒事的時候則是高冷的皇帝星，喜歡聽好聽的話、偶爾還喜歡挑剔找人麻煩；加上「科舉星」或「貴人星」時，人前看來忠厚老實，其實私生活可能相當精彩。

近侍星喜歡會到「左護法星」或「右護法星」，不宜同區塊，因爲這兩顆星與什麼星座在一起就會助長這顆星的特質，若是與近侍星同區塊會讓它的貪性更加膨脹。

近侍星單守於Ⅶ區塊，稱作「木火通明」，有機會掌握大權和財富。而近侍星逢「庫銀星」或「滂神星」時才能習正，優點展現而貪性減弱，呈現出努力、正直的正面特性，並且對哲學、五術或宗教較有興趣。但如果三方四正又會到「姻緣星」或「才藝星」，如此一來就算逢「滂神星」也沒用了，只會讓近侍星看起來乖，私底下其實照玩不誤，依舊抵擋不住外來的誘惑。

近侍星單守．男性性格特徵

學習力強、反應快、腦袋靈活能夠舉一反三，可惜續航力不夠，做事或學習都容易三分鐘熱度，只要覺得不好玩就失去學習興趣了。個性喜歡熱鬧、喜歡受人注目，表達方式略浮誇，很會掌握氣氛和博人眼球，有近侍星在的地方就有笑聲。

人格魅力十足，也是相當好的業務人才；眼光總是盯著獵物，就算身邊已有對象了，仍會不由自主的亂放電，長袖善舞的特質不管在什麼領域都很吃得開。

近侍星單守．女性性格特徵

近侍星女性外表多屬豔麗或嬌俏類型，她們很清楚自己的優點，也不吝於展現出來。近侍星女性喜歡享受生活，不介意有人買單請客吃飯或送禮物。她也重感情，尤其人生不能沒有愛情，面對所有人的示好或追求時她都不會明顯推拒，每個都是好朋友，很懂得運用養魚策略；而遇到有興趣的對象時，則會巧妙的製造機會作爲主動追求的手段。

年輕時，近侍星女性多半是戀愛腦，常常沉浸在感情中而忽略工作，若能平衡戀愛和工作的比重，善於溝通和經營人脈的近侍星女性在職場上也能有很好的發展。

近侍星組合 1．近侍星單守

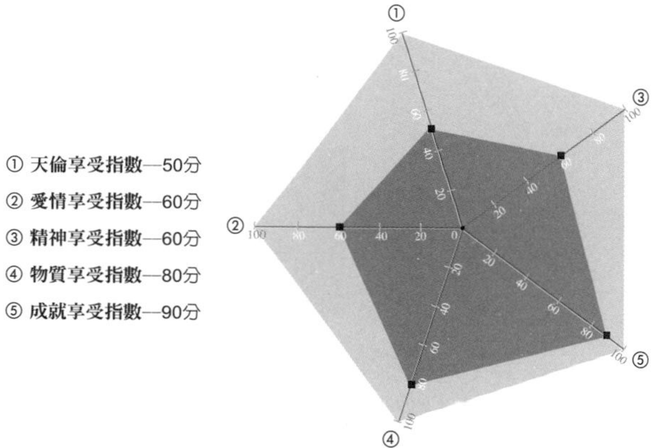

近侍星單守於Ⅰ、Ⅶ區塊，性向指數表－男

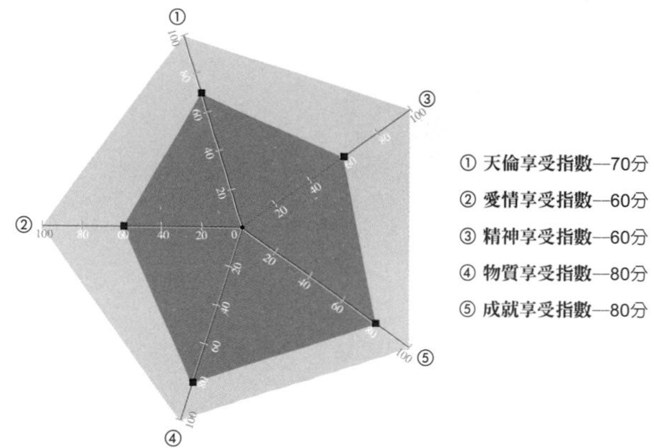

圖說：近侍星單守於Ⅰ、Ⅶ區塊，性向指數表－女

近侍星組合 2

近侍星＋司庫星於II、VIII區塊

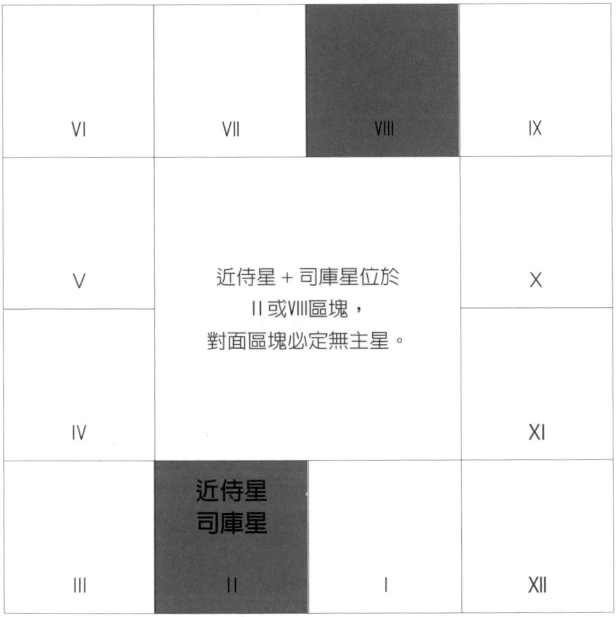

VI	VII	VIII	IX
V	近侍星＋司庫星位於II或VIII區塊，對面區塊必定無主星。		X
IV			XI
III	近侍星 司庫星 II	I	XII

圖說：近侍星＋司庫星位於II或VIII區塊

詳細說明請見〈司庫星〉章節內容（p.84）。

近侍星組合 3
近侍星單守於 III、IX 區塊

VI	VII	VIII	使節星 IX
V	近侍星位於 III 或 IX 區塊，對面區塊必定是使節星。		X
IV			XI
近侍星 III	II	I	XII

圖說：近侍星位於 III 或 IX 區塊

近侍星單守・特質分析

近侍星單守於Ⅲ、Ⅸ區塊，待人處事練達老成，人際往來活動頻繁，口齒伶俐、想法多變，思維邏輯性強，行事風格很有個人魅力，而且直覺敏銳，對於權勢、地位、財富和愛情等諸多人性欲望的追求相當熱衷。

這種組合的近侍星相當喜歡熱鬧氣氛，是獨樂樂不如眾樂樂的奉行者，也是相當好的業務人才。在商場上、公關、行銷、業務等等領域裡，通常都能有很好的表現。不過近侍星單守於Ⅲ、Ⅸ區塊的人太懂得觀察情勢、看風向，因此投機性較強，難以抗拒利益的誘惑，若是從政很難明哲保身。無論在事業、金錢、感情運勢上，這個組合的近侍星一生都有很大的起伏變化。

近侍星若單守於Ⅲ區塊，個性靈活善於應變，溝通力強，容易少年得志，年輕時就能展露頭角，相當風光。但這也使得近侍星容易心態膨脹，眼光和目標過於不切實際，手段過於冒險；也常因爲追求光鮮亮麗五光十色的生活而一擲千金，更可能在沉迷酒色之外又沾染賭與毒，所有的努力成果因此毀於一旦。

近侍星若單守於Ⅸ區塊，年輕時得經歷種種挫折磨練，需特別努力才能有所成，因而當事人的行事風格也較與眾不同，可能手段方式具有爭議性，或是

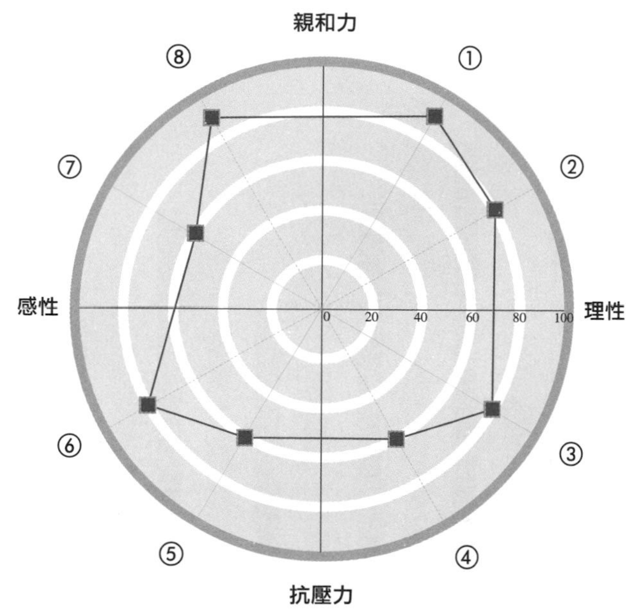

① **親和程度**——90分	⑤ **抗壓能力**——60分
② **感性反應**——80分	⑥ **學習能力**——80分
③ **理性直覺**——80分	⑦ **情緒控管**——60分
④ **叛 逆 性**——60分	⑧ **表達能力**——90分

圖說：近侍星位於 III 或 IX 區塊，性向分析表

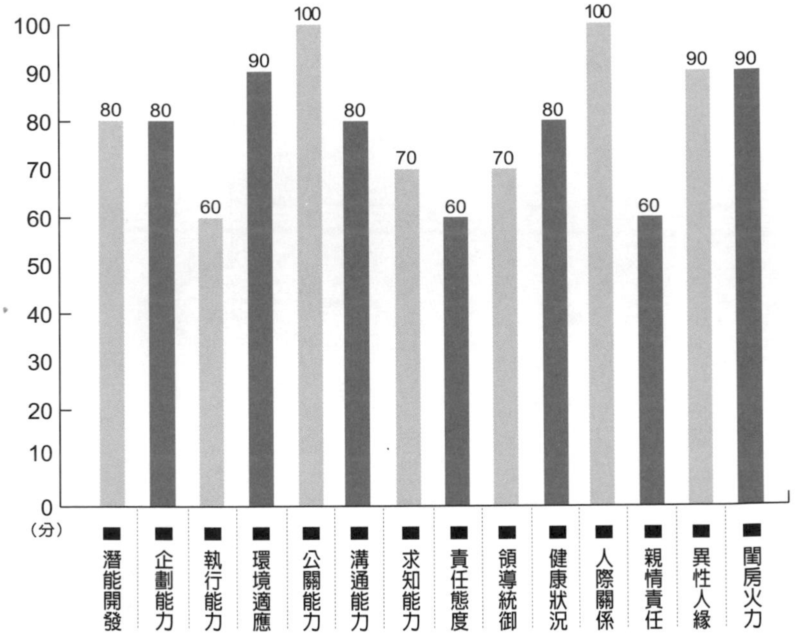

圖說：近侍星位於Ⅲ或Ⅸ區塊，人格特質表

爲達個人最大利益而捨棄原則，無論運用何種方式，都能達成目標、風光一時。但同樣的，近侍星單守於IX區塊的人也難免因不良嗜好而破敗，尤其是賭，近侍星貪性太重，若一時克制不了欲望，沾染上賭與毒就是敗家沉淪的開始。

近侍星凡事貪多的特性若是會到「正學士星」或「副學士星」，除了桃花隨身之外，更可能有機會因桃色事件而登上媒體版面。近侍星若與「馬前卒星」或「後衛兵星」同區塊，自己愛玩之外，也不忘呼朋引伴一起玩樂；而近侍星會到「馬前卒星」或「後衛兵星」，則是酒肉朋友、外在環境的引誘，而引動了近侍星的玩興。若是近侍星與「火神星」或「旱神星」同區塊，一樣重視玩樂，但偶爾還會想到必須賺錢牟利，只是抵抗力不夠，吃喝玩樂仍然是重心之一。

近侍星單守．男性性格特徵

總部有近侍星，其三方組合星座必定強勢，學習力強、聰明也愛表現，多半能有所作爲。可惜的是常常聰明反被聰明誤，因爲凡事太容易上手，養成了不求甚解也不必太認眞的習慣，再加上本性貪玩愛享受，若再加上狐朋狗友的招引，沒有節制的話很容易沉迷惡習。

近侍星若是沒有遇到「庫銀星」或「澇神星」來制守，性格會顯得虛浮誇大、不切實際，想得總比做得多，說得天花亂墜但執行力卻不夠，容易被欲望牽引，難免投機。

近侍星單守於III、IX區塊的男性較缺乏謹慎處理金錢和感情的能力，愛表現、喜歡引人注目，和異性的互動總是有點曖昧、界線模糊，難免讓人覺得是個慣於到處捻花惹草的花心男。

近侍星單守．女性性格特徵

近侍星單守於III、IX區塊的女性，開朗不扭捏、俏麗可愛，喜歡復古的外型打扮，作風大方，善於展露自己的優點。愛交朋友、喜歡與各種領域各式各樣的人交往，喜歡新鮮事物，嚮往精彩充實的生活，不過本性中仍有貪懶怠惰的一面，遇到挫折時容易放棄，堅持力不夠。

近侍星女性天生容易吸引異性目光，也樂於享受被追求的感覺，有心計的近侍星並非無腦花瓶，她懂得用無害的笑容包裝企圖心，展現個人特色和魅力爲自己謀福利，必要時身段時而柔軟、時而堅毅，可以爲了達成目的把傲氣和原則暫時放在一邊，若可運用在商場上，絕對是行銷公關的一流人才。

近侍星組合 3・近侍星單守

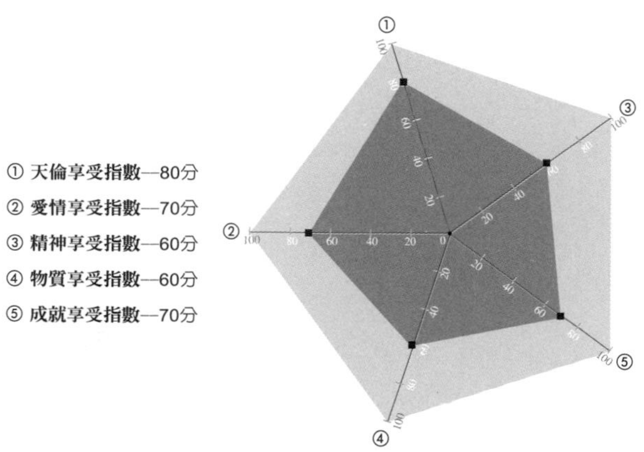

圖說：近侍星位於 III 或 IX 區塊，性向指數表－男

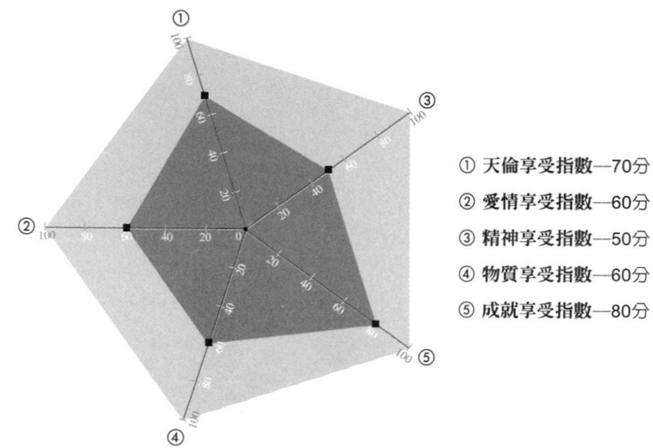

圖說：近侍星位於 III 或 IX 區塊，性向指數表－女

近侍星組合 4

近侍星＋皇帝星於Ⅳ、Ⅹ區塊

詳細說明請見〈皇帝星〉章節內容（p.51）。

VI	VII	VIII	IX
V	近侍星＋皇帝星位於Ⅳ或Ⅹ區塊，對面區塊必定無主星。		X
近侍星 皇帝星 IV			XI
III	II	I	XII

圖說：近侍星＋皇帝星位於Ⅳ或Ⅹ區塊

近侍星組合 5

近侍星單守於Ⅴ、Ⅺ區塊

VI	VII	VIII	IX
近侍星 V	近侍星單守於Ⅴ或Ⅺ區塊， 對面區塊必定是司庫星。		X
IV			司庫星 XI
III	II	I	XII

圖說：近侍星單守於Ⅴ或Ⅺ區塊

近侍星單守．特質分析

近侍星貪性重，唯一會講義氣的只有單守於Ⅴ、Ⅺ區塊的近侍星。因對面區塊是樂於積極賺取錢財的財星——司庫星，因此愛表現的近侍星除了聰明伶俐之外，還多了幾分直爽坦白。個性倔強剛直，嗓門不小，處事軟中帶硬，比起其他近侍星組合的愛玩樂、愛享受，單守於Ⅴ、Ⅺ區塊的近侍星較為收斂，不過並不是不愛玩或欲望較少，而是因為花錢會心痛，所以只好暫且忍耐。但只要有錢了、發達了，便會顯露本性，投機冒險、吃喝玩樂照來不誤。

Ⅴ、Ⅺ這兩處屬於天羅地網的區域，位於Ⅴ、Ⅺ區塊的近侍星被約束了，再加上近侍星＋司庫星的組合（同區塊，或分屬對面區塊都算）屬於晚發，往往必須先貧後富，年輕時受一些挫折和磨練，中年後才會開始覺醒，明白了自己的實力和目標，也才有發揮的空間。單守於Ⅴ、Ⅺ區塊的近侍星只要年輕時肯吃苦、肯打拚、不放棄，中晚年必可享財富；相反的若年少時耐不了苦，養成虛華或抄捷徑的習慣，中晚年後更難有所發展。

在《東方星理學2——區塊篇》中提到過，外緣區塊是一個人隱藏的個性，近侍星單守於Ⅴ、Ⅺ區塊時，對面是司庫星，喜歡享受玩樂找刺激的近侍

近侍星組合 5・近侍星單守

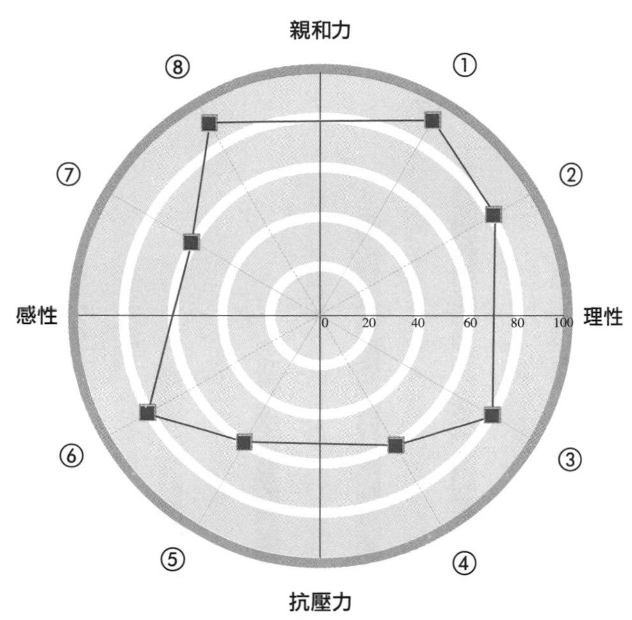

① **親和程度**——90分
② **感性反應**——80分
③ **理性直覺**——80分
④ **叛 逆 性**——60分
⑤ **抗壓能力**——60分
⑥ **學習能力**——80分
⑦ **情緒控管**——60分
⑧ **表達能力**——90分

圖說：近侍星單守於Ⅴ或Ⅺ區塊，性向分析表

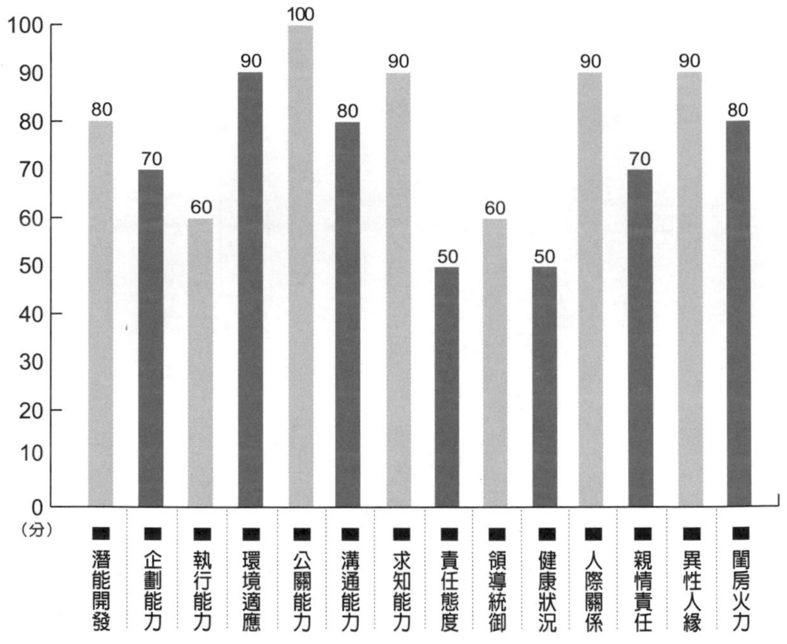

圖說：近侍星單守於Ⅴ或Ⅺ區塊，人格特質表

星，這時轉變成凡事以賺錢、享樂為目的，既在乎錢，但又忍不住消費，常常掙扎在花與不花之間，最後錢沒少花，糾結的時間倒是多了不少。

近侍星在總部單守時，如果分部是將軍星，這樣的組合年輕時總是眼高於頂、什麼都看不上的驕傲樣，卻是標準的勞碌命，到老都還在打拚，因此寧可將軍星位總部，也不要位於分部，太過操勞。但若是近侍星在總部單守，前鋒星位於分部的話，欲望之星加上破耗之星，吃喝玩樂嫖賭都有可能，人生之精彩不言可喻。若是配合順時針行運的話，走到第五個大運總部遇到將軍星時，必會遇到一大挫折，這也是所謂的「竹籮三限」，意即將軍星、前鋒星、近侍星分占三區塊，運走到時若不是事業破敗，就是身體出狀況或是破大財，絕無好事，防不勝防。當然，若是「竹籮三限」加上「澇神星」或「糾纏星」則可壓制凶險，負負得正反而無事。

近侍星單守．男性性格特徵

近侍星位於Ⅴ、Ⅺ區塊的男性，通常男性特徵明顯，像是手腳體毛旺盛，或是可能留著有型的鬍子。個性愛熱鬧，朋友多，活動和聚會也不少，具有獨特的風格魅力，懂得自我包裝，省吃儉用也要配一些可以彰顯品味的時尚行頭，就算新的買不起，用二手的也不錯。

位於Ⅴ、Ⅺ區塊的近侍星帶有傲氣，在同儕中不喜歡矮人一截或屈居下風，因此有時說話較誇大，若是三方再加上其他副星造成不良組合，也可能變成浮誇不實的吹牛大王。

近侍星單守．女性性格特徵

近侍星位於Ⅴ、Ⅺ區塊的女性，多半有水汪汪的眼睛，如同眉目含情一般，外型嬌俏，但表達方式卻相當直爽直白，動作有點粗心和粗魯。性格爽朗，不愛計較，但一談到錢則不得不精打細算。想法多、鬼點子更多，消息靈通，喜歡探聽八卦，常給人沒什麼心機的感覺。

近侍星位於Ⅴ、Ⅺ區塊的女性同樣重感情，對甜言蜜語沒有抵抗力，鮮花、巧克力、禮物和溫馨接送，都是擄獲芳心的標準配備。

近侍星組合 5．近侍星單守

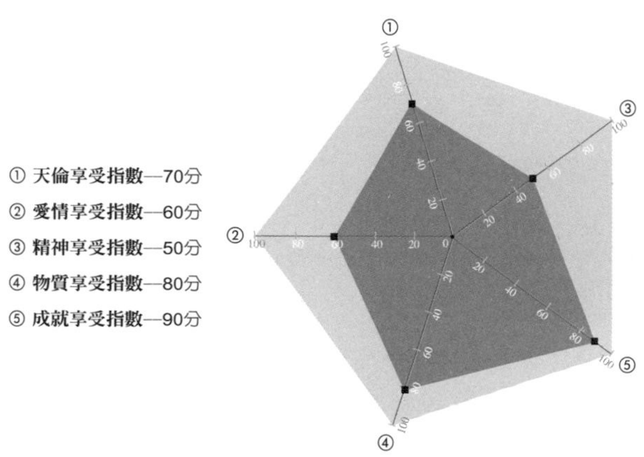

圖說：近侍星單守於Ⅴ或XI區塊，性向指數表－男

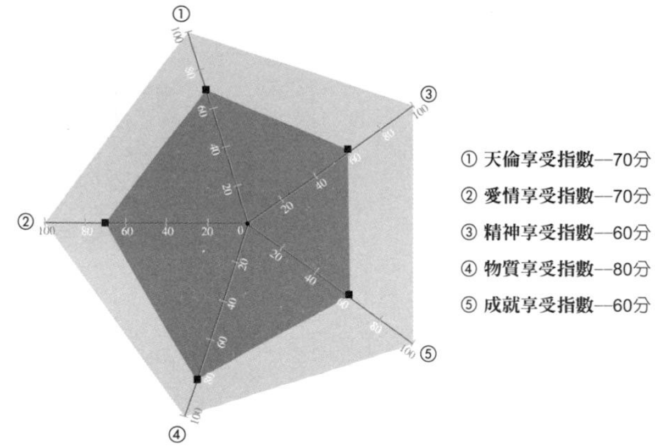

圖說：近侍星單守於Ⅴ或XI區塊，性向指數表－女

近侍星組合6

近侍星＋使節星於VI、XII區塊

近侍星 使節星 VI	VII	VIII	IX
V	近侍星＋使節星位於VI或XII區塊，對面區塊必定無主星。		X
IV			XI
III	II	I	XII

圖說：近侍星＋使節星位於VI或XII區塊

近侍星＋使節星．特質分析

使節星＋近侍星於Ⅵ或Ⅻ區塊，等於大小桃花星同區塊，性格敢愛敢恨、不服輸、愛面子，重視物質享受，感性重於理性，對於喜歡的人事物，只論好惡和不分是非對錯。使節星＋近侍星人際關係好，善於經營人脈，反應快、敏銳度高，處事老練，相當懂得人情世故。

使節星＋近侍星的組合多半容貌出眾，不論男女都是放電高手，個人魅力十足，異性緣相當好。不過這種組合的佔有慾特別強，只准我負人，不准人負我，自認專情，但卻很少有空窗期，有時甚至會不小心多線同時進行。而使節星＋近侍星的外型看來像是別人的獵物，其實他們也是高明的獵人，若是使節星＋近侍星再加上桃花星（正學士星、副學士星），不僅桃花更多，感情糾葛更多，自己理都理不清。若是再加上煞星（馬前卒星、後衛兵星、火神星、旱神星），則需特別小心酒、色、毒、賭的誘惑，以免自毀前程。

使節星＋近侍星天性本質浪漫、多才多藝，重享樂，愛美食、美酒、美景、美麗的人事物，生活上喜歡時尚名牌、吃喝高檔精緻，因此花錢不手軟，很容易財來財去。但如果使節星＋近侍星逢「澇神星」、「糾纏星」，不僅桃

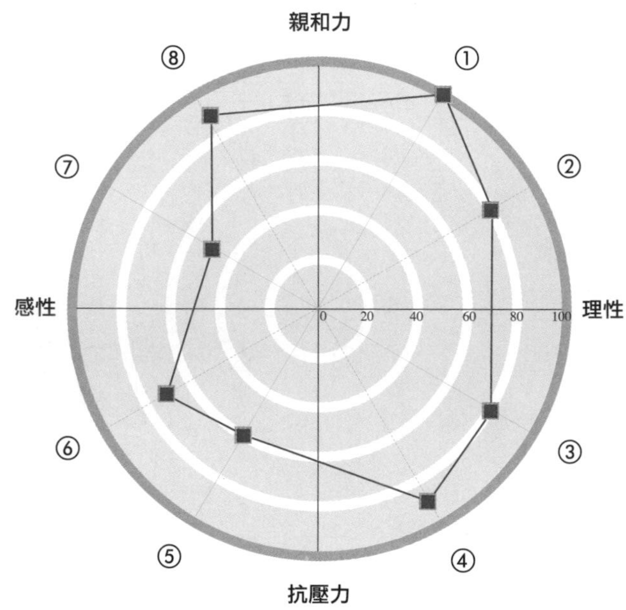

① **親和程度**——100分
② **感性反應**——80分
③ **理性直覺**——80分
④ **叛 逆 性**——90分
⑤ **抗壓能力**——60分
⑥ **學習能力**——70分
⑦ **情緒控管**——50分
⑧ **表達能力**——90分

圖說：近侍星＋使節星位於VI或XII區塊，性向分析表

近侍星組合 6．近侍星＋使節星

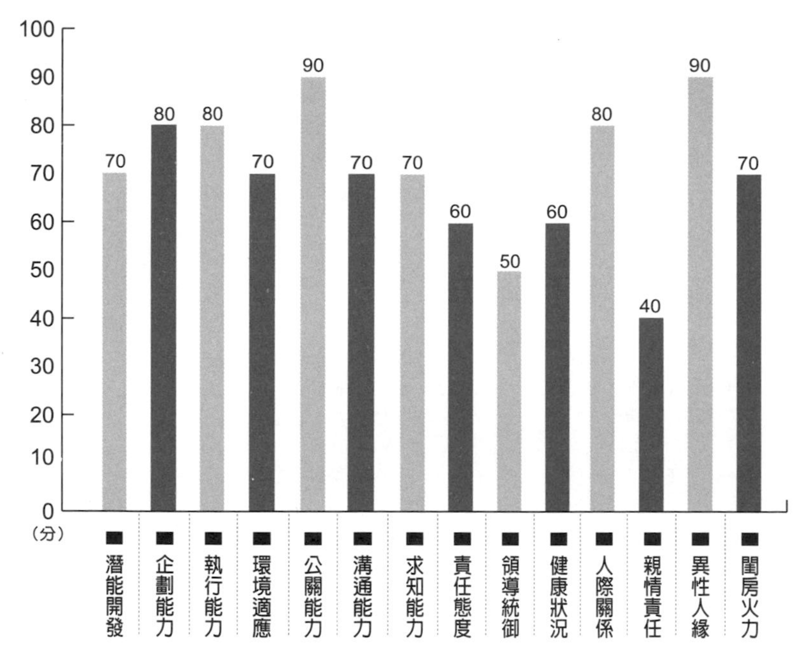

圖說：近侍星＋使節星位於Ⅵ或Ⅻ區塊，人格特質表

花會被壓制，甚至連八面玲瓏長袖善舞的的特質也沒有了，幾乎可說是感情絕緣體。

使節星＋近侍星本性圓滑，有赤子之心，但多半意志力薄弱，欠缺毅力與執行力，可說是計劃的巨人，行動的侏儒，常常虎頭蛇尾，說得很漂亮，但始終沒下文。使節星＋近侍星位於Ⅻ區塊時稱作「絕處逢生」的格局，人生中必會遇到重大災難，雖不至於致命，但多會留下不可抹滅的深刻記憶，尤其是區塊內再有煞星或「阻礙星」的話，必須遇「庫銀星」和「座騎星」才能消災解厄免去一劫。其實不只使節星＋近侍星位於Ⅵ或Ⅻ區塊如此，使節星＋將軍星位於Ⅱ或Ⅷ區塊也不喜歡逢煞星，以免遭受意外災害。

近侍星＋使節星・男性性格特徵

使節星＋近侍星的男性，感性、敏銳，善於觀察和揣摩人心，還有神祕的第六感。感性浪漫，再加上出眾的外表和氣質，這是標準的桃花格局，異性緣通常相當好，就算不是超級大玩咖，平常吃喝玩樂聚會的機會肯定也不少。

但若是使節星＋近侍星遇到「澇神星」、「糾纏星」，容貌氣質扣分，也比較不重視衣著外型打扮，桃花少，原本的魅力四射變成了悶騷，不過工作上

的衝勁和表現則相對較好。

近侍星＋使節星．女性性格特徵

使節星＋近侍星的女性多半容貌姣好、身材火辣，獨特的風格和魅力免不了招來許多異性獻殷勤。但在異性中吃得開，同性難免眼紅，加上使節星＋近侍星的女性個性較強勢倔強，認定的事情往往不顧一切，憑一時衝動行事，因此在同性較多的場域中常常變成箭靶，難免受到批評中傷。

使節星＋近侍星的女性同樣重感情、重享受，嚮往多采多姿的生活，但若是遇到「澇神星」、「糾纏星」，同樣桃花魅力大打折扣，感情上不是一片空白，就是容易愛上不該愛的人，情路頗為坎坷。

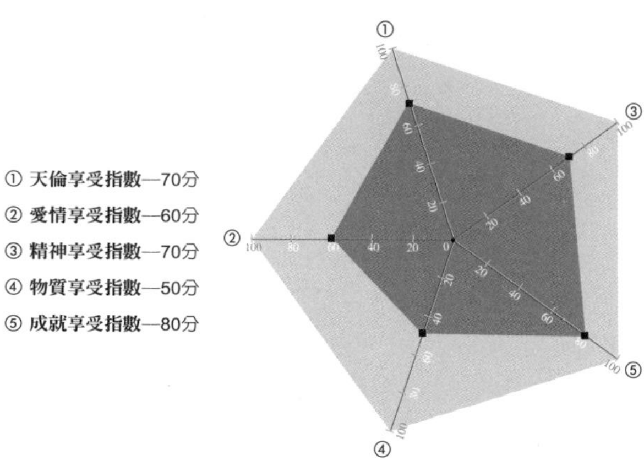

圖說：近侍星＋使節星位於Ⅵ或Ⅻ區塊，性向指數表－男

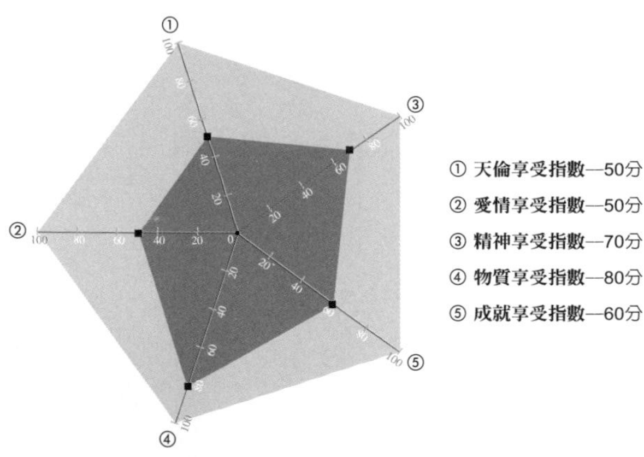

圖說：近侍星＋使節星位於Ⅵ或Ⅻ區塊，性向指數表－女

使節星組合

Ambassador／大使
原為：廉貞星
動物代表：變色龍
公關高手，性格多面

所屬團隊

紫微垣系統。

使節星特質

1 使節星喜歡新奇多變的事物，不喜一成不變，新鮮事物接受度高。

2 行事風格前衛，其實內在保守念舊；個性兼具理性與感性，不喜歡受拘束，愛恨強烈，好惡分明，追求激情享樂。

3 幽默風趣，聰明反應快，隨機應變能力強，看來粗曠，其實心思細膩善於觀察，肢體語言豐富，具有敏銳的第六感，公關能力超強。

4 風格獨特，不在乎他人眼光，性情亦正亦邪，溫柔敏感和衝動暴烈的特質並存。

5 使節星對自己習慣省吃儉用，但對喜歡的人卻相當慷慨。

使節星的組合有六種：

- 使節星＋總管星位於Ⅰ、Ⅶ區塊
- 使節星＋將軍星位於Ⅱ、Ⅷ區塊
- 使節星單守於Ⅲ、Ⅸ區塊
- 使節星＋前鋒星位於Ⅳ、Ⅹ區塊
- 使節星＋宰相星位於Ⅴ、Ⅺ區塊
- 使節星＋近侍星位於Ⅵ、Ⅻ區塊

性格具雙面性，特立獨行

使節星的星性是東方星理學十四顆主星中最難以理解和掌握的一顆星，也可以說是集所有主星優缺點之大成的星座。使節星的星性衝突矛盾，往往是最極端的兩項特質相互拉扯，例如使節星既注重品德秩序，卻又討厭守規矩；知

法犯法遊走法律邊緣；或是看來灑脫，卻有某種難解的自我束縛。使節星號稱爲次桃花星，既可以是苦守寒窯的癡情種，也可以是博愛天下的花心人；可以是八面玲瓏的公關高手，卻又不喜團體合作，天生帶有一種孤僻性；喜歡探索新鮮潮流，卻又對盲目流行嗤之以鼻；喜歡獨特性而討厭固定的規矩。

使節星的多面性和複雜性讓人難以捉摸，其奸巧、鑽牛角尖的一面，與理智和果敢判斷力，以及情感豐富內在柔軟和決絕的暴烈，都是讓人無法掌控預料的多面個性。使節星也常有別人想不到的靈感和點子，擅長表演、肢體語言豐富，不按牌理出牌，有時也愛捉弄別人或搗亂。

多情但不濫情，佔有慾強

使節星的星性爲火，帶有陰柔的特質，單純的使節星男性會有翩翩的紳士風度，女性亦有獨特的動人神采，但星性畢竟屬火，剛烈且特色鮮明，會依使節星所搭配的主星或副星而產生不同的性格變化。因此，使節星可以幽默風趣、聰明伶俐，重視精神生活和感情，有藝術氣息，擅交際，對異性特別溫柔體貼，但同時也有堅毅剛強、豪氣瀟灑、暴躁強硬、好計較、愛競爭、嫉妒心強、狂放不羈和佔有慾強烈的一面。

使節星雖然屬火，但帶有水的成分，所以歸類於桃花星，就好像近侍星屬木但根為水一般，有著雙重甚至多重性格。近侍星博愛多情，喜新也戀舊，尤其喜歡古董等有年代的物品；而使節星雖情感豐富，卻往往只針對單一目標。使節星的桃花多運用在社交公關與人際往來，擅長經營人脈，不會輕易得罪人，外在剛強其實內在相當柔軟，理性與感性兼具的個性，讓使節星有相當敏銳的第六感，對人事物都有很強的感受力。使節星多情、長情，但不濫情，身邊多是認識很久的老朋友，而唯一會讓使節星抓狂翻臉的狀況就是感情出問題，因為使節星對待感情的態度是全心全意，除非自己放棄，否則好勝、不服輸、佔有慾強的使節星很難放手，剛烈的個性很難跳出鑽牛角尖的漩渦，嚴重的話甚至會選擇和對方同歸於盡。

不宜與吉星或煞星同區塊

性情灑脫愛好自由的使節星不喜歡被限定在固定的框架裡，討厭規矩、不喜歡一成不變，像是不耐煩排隊，卻喜歡運用公關能力耍特權插隊。由於使節

星亦是「囚星」，人生總難免觸碰到法律問題，原因多半是憑藉小聰明鑽漏洞而引發的是非糾紛，使節星若是與宰相星同區塊，引發糾紛的可能性更大，使節星若加上「阻礙星」時同樣也要特別注意。而使節星加上「左護法星」或「右護法星」時會加重囚性，官非難免；口才不錯的使節星不宜再與「正學士星」或「副學士星」同區塊，反而削弱能力。

使節星屬火，加上屬金的「馬前卒星」或「後衛兵星」時，火剋金反成爲衝力，使節星與「馬前卒星」同區塊時，總會帶頭往前衝，成爲帶領的角色；使節星與「後衛兵星」同區塊時，則喜歡在幕後規劃操控，與軍師星相似。

使節星加上屬火的「火神星」則更不妥，脾氣更加暴躁，因爲屬火的雙星湊在一起太過暴烈，容易失去理智，想不開時甚至有自殘傾向，尤其感情受創時更難避免。使節星與「旱神星」同區塊時雖不會暴衝，較爲內斂，但不表示想得開，情緒放在心中悶燒，反而變得更加固執難搞。

使節星常給人錯誤印象，一般人多認爲使節星桃花多、人緣好、觀念前衛，作風肯定也很開放，殊不知使節星的想法歸想法、作法歸作法，觀念可以前衛，行爲卻很保守，尤其在感情上更是放不開，可說是優點亦是缺點。

使節星組合 1

使節星＋總管星於Ⅰ、Ⅶ區塊

VI	前鋒星 VII	VIII	IX
V	使節星＋總管星位於 I 或VII區塊， 對面區塊必定是前鋒星。		X
IV			XI
III	II	使節星 總管星 I	XII

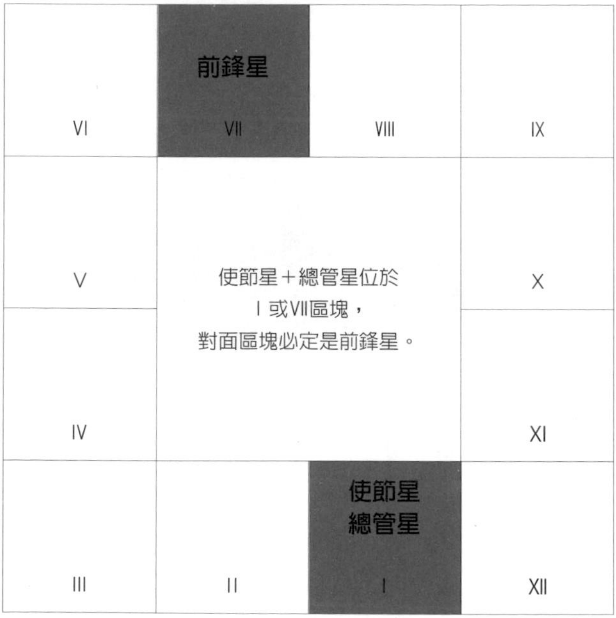

圖說：使節星＋總管星於Ⅰ、Ⅶ區塊

使節星＋總管星．特質分析

點子多、腦袋動得快的使節星，加上個性溫和穩重又熱心的總管星，讓使節星衝突的個性更多了幾重面向。使節星＋總管星若位於I區塊，I區塊屬水，總管星的特性較凸出，性格會更挑剔，桃花也更重；使節星＋總管星若位於VII區塊，VII區塊屬火，則使節星特性較強，善於謀略規劃，也更機智幽默。

這樣的組合風趣愛開玩笑、敏銳機智，臨場反應快，交際手腕好，對政治、社會現象、人性都有細膩的觀察力，可從小細節歸納出事情的關鍵。使節星＋總管星很重視自我形象，只要有機會就會盡力展現自己最優秀的一面，有風度、有傲氣、熱心且自我堅持，看來斯文冷靜的外表之下，其實內心情感澎湃，就算有怒氣也依然面不改色，很懂得隱藏情緒。

使節星＋總管星的組合，剛性被中和了，個性柔軟許多，並帶有一股特別的魅力，非常善於說服他人。不過這同樣也增強了多情浪漫的一面，較難抗拒誘惑，因此感情風波難免，偶爾也會有優柔寡斷、舉棋不定的現象。

使節星＋總管星本能的就善於觀察周遭人事物，心思細膩，有時很有耐心、愛心，但若是組合不良，加上煞星或「阻礙星」時，激烈的性格加倍，原本的斯文風雅也會變質，可能為了私利而顛倒是非、不擇手段，甚至踩紅線遊走法律邊緣。

屬水的總管星可以治使節星之惡，因此使節星＋總管星的組合多半個性溫和、形象佳，不過這個組合的三方必定會遇到司庫星、皇帝星＋宰相星、前鋒星，因此賺錢吸金能力很強，有威嚴感、重義氣，但被踩到地雷時脾氣也是一發不可收拾。再加上「欲望區塊」必定是將軍星，腦袋一刻都閒不住，嗡嗡嗡忙不停，標準的勞碌命。

使節星＋總管星若加入「正學士星」或「副學士星」，愛好文藝且桃花隨身；加上「左護法星」或「右護法星」時同樣桃花多多，且要留意官訟是非糾纏，特別是加入「左護法星」時更不吉。遇到煞星、「阻礙星」時，感情中容易有波折，亦要小心健康狀況；會到「科舉星」或「貴人星」時，個性會變得特別憨厚老實；加「馬前卒星」或「後衛兵星」反而可讓組合中的星性相互牽制，化解或壓制原本較暴躁的性格。

由此可知，星座的的特性不是一加一等於二這麼單純，兩顆星座的組合可能相互融合，也可能變異，一定要看組合落在什麼區塊、是什麼五行屬性，一一分解後才能通盤做出判斷。

使節星組合 1．使節星＋總管星

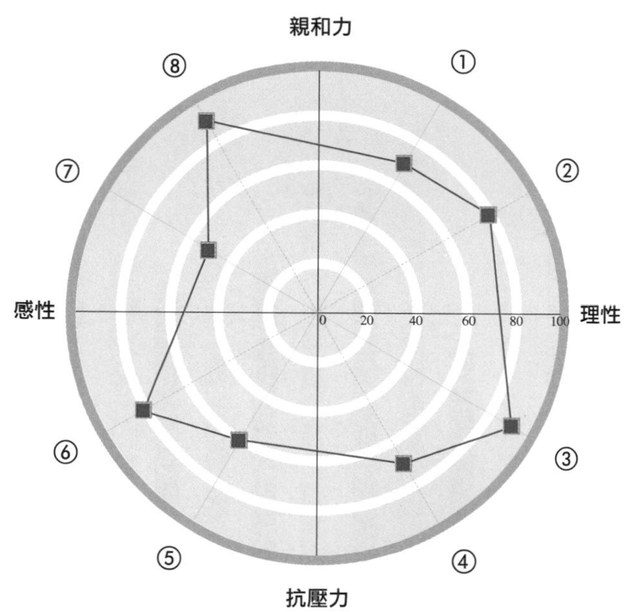

① **親和程度**——70分
② **感性反應**——80分
③ **理性直覺**——90分
④ **叛 逆 性**——70分
⑤ **抗壓能力**——60分
⑥ **學習能力**——80分
⑦ **情緒控管**——50分
⑧ **表達能力**——90分

圖說：使節星＋總管星於Ⅰ、Ⅶ區塊，性向分析表

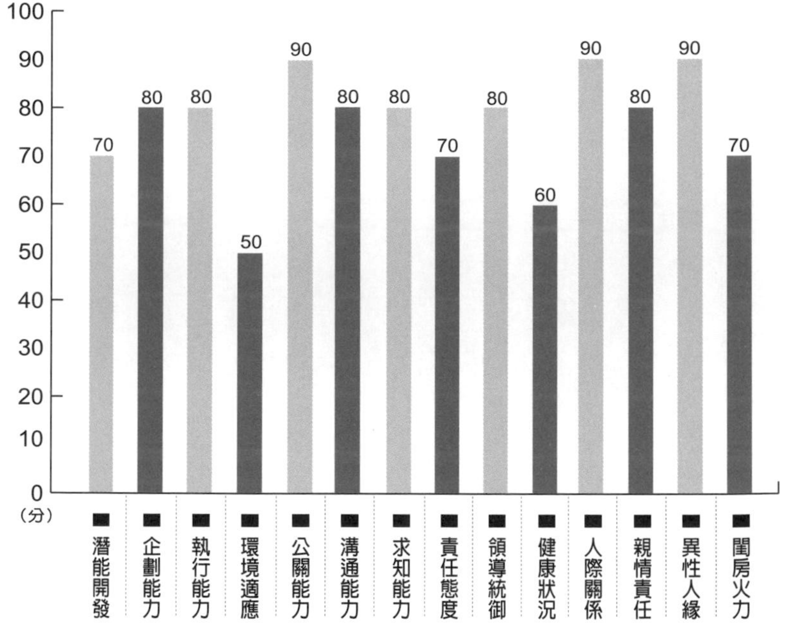

圖說：使節星＋總管星於Ⅰ、Ⅶ區塊，人格特質表

使節星＋總管星．男性性格特徵

這個組合有著多變的性格，有時是搞笑耍寶的風趣先生，有時是思慮周密的體貼好好先生，有時還可能是性格激烈、火爆衝動的大男人。時而內斂溫柔，時而堅強好勝的戰鬥力和耐性，自尊心強又愛面子，複雜的個性實在讓人難以捉摸。

使節星＋總管星腦袋靈活、想法多，有股傲氣，常常是刀子嘴豆腐心，一邊嫌棄的同時一邊又熱心的幫忙張羅，與人來往不拘小節、大而化之，但心思卻很細膩，大多時候都是熱心慷慨好相處，但只要踩到他的地雷，則毫不留情立刻翻臉拉黑。

使節星＋總管星．女性性格特徵

重視自己的容貌和外在形象，愛享受、喜歡用好東西，外在柔美內在剛強，耐性不佳，對他人的標準較高。使節星＋總管星女性的工作能力雖強，但企圖心不高，反倒比較注重人脈的經營和感情的維繫。對命理或神祕事物很有興趣，人緣、桃花緣都很好，不論有意或無意，都易結交工作能力強、社經地位高、或財力雄厚的朋友；容易得到異性的幫助，有桃花帶財的機運，但對於得不到的感情卻特別執著。

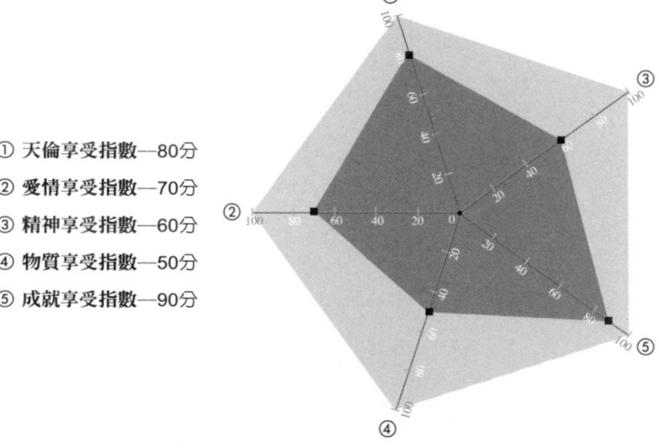

圖說：使節星＋總管星於Ｉ、VII區塊，性向指數表－男

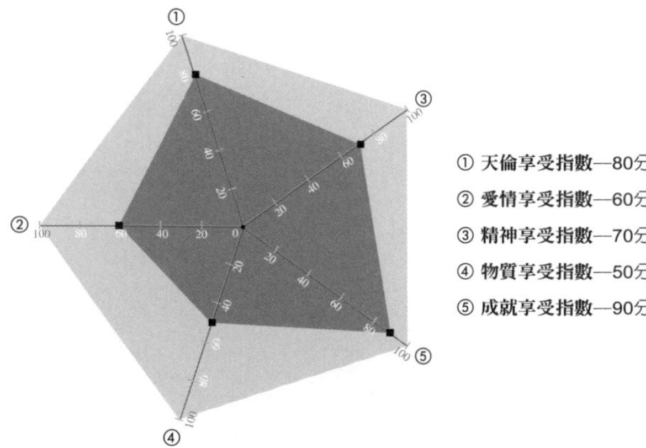

圖說：使節星＋總管星於Ｉ、VII區塊，性向指數表－女

使節星＋將軍星於 II、VIII 區塊

		宰相星 VIII	
VI	VII		IX
V	使節星＋將軍星位於 II 或 VIII 區塊，對面區塊必定是宰相星。		X
IV			XI
III	使節星 將軍星 II	I	XII

圖說：使節星＋將軍星位於 II 或 VIII 區塊

使節星＋將軍星．特質分析

這樣的組合多半性格強悍、好惡分明，沒耐性，作風強硬、強勢，面惡但心善，語速或反應動作不一定很快，但常會突如其來的一針見血，第六感相當敏銳，有時感覺是個奇才，有時又感覺很憨厚甚至有點呆；同樣理性和感性並存，外表看來保守有自制力，其實內在性急躁動不安定，而且固執內斂又強勢。

使節星＋將軍星的組合多半敢於發言和表現，但如果三方中有其他星座加入，可能會使得幽默感降低，講的都是自以為有趣的冷笑話，看來嚴肅但偶爾又很天眞，不經意時又露出精明幹練來，看起來一點也不糊塗。邏輯性強、堅毅、不拘小節、不在乎穿著打扮，就算在意，表現出來的風格也較「特殊」，個人品味相當獨特。喜歡獨當一面掌控全局，較缺乏與人合作的團體精神，這樣的組合也是勤勞節儉的積富格局，不適合從事冒險投機遊戲。

使節星的感性與將軍星的衝勁，相加在一起容易產生矛盾性，所以一般人能忍的時候他不願意忍，常因一時衝動產生決裂念頭；但眞正該衝、該奮起改變的時候又留戀安逸，或是猶豫不決難以決定，常常處於自我糾結、相互拉扯

使節星組合 2．使節星＋將軍星

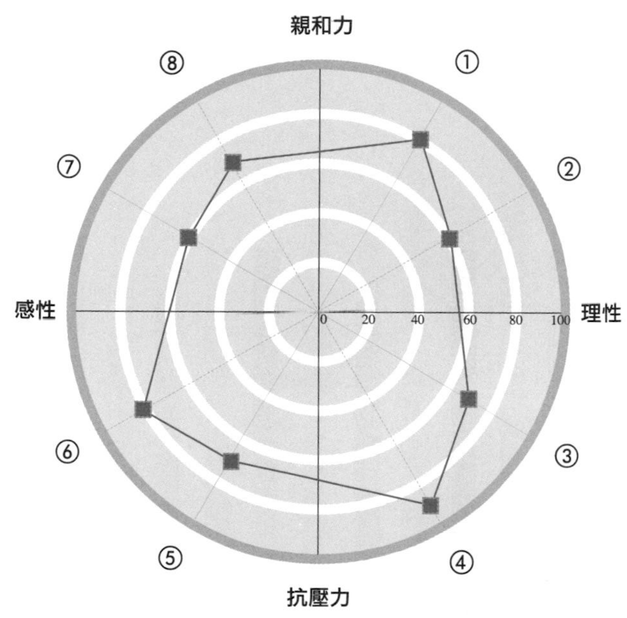

① 親和程度——80分　　⑤ 抗壓能力——70分
② 感性反應——60分　　⑥ 學習能力——80分
③ 理性直覺——70分　　⑦ 情緒控管——60分
④ 叛 逆 性——90分　　⑧ 表達能力——70分

圖說：使節星＋將軍星位於 II 或VIII區塊，性向分析表

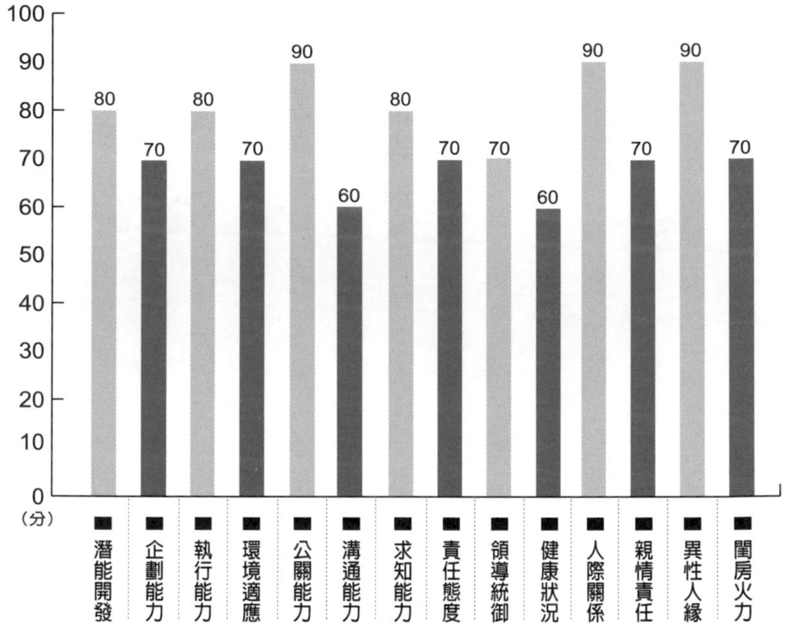

圖說：使節星＋將軍星位於II或VIII區塊，人格特質表

的狀態中。

這樣的組合特別重視感情、在乎另一半，使節星＋將軍星以及使節星＋庫銀星的組合都特別專情，相當支持另一半的愛好和決定，而且平時自己省吃儉用，但對另一半卻相當大方捨得花錢。

使節星＋將軍星的三方必是「行政區塊」的司庫星＋前鋒星、「財政區塊」的皇帝星＋近侍星、「外緣區塊」的宰相星，其中司庫星＋前鋒星的衝勁和耐力強，工作領域中有魄力，人生注定相當忙碌，且花錢不手軟，進財和破財的機會都很多；皇帝星＋近侍星的特質會讓使節星＋將軍星在感情上變得更加柔軟，性格雖強勢但懂得包裝，人際往來有一套，爲了工作或賺錢也肯放軟身段；宰相星的特徵是喜歡當老大，喜歡扛責任，更喜歡被看重、受愛戴的感覺，同時亦有管理天份。因此這樣的組合不僅工作職務上多奔波，使節星＋將軍星隱藏的暴衝性格，如果再加上煞星的話，必須特別留意交通安全，以免發生意外狀況。

使節星＋將軍星．男性性格特徵

這個組合的外型較粗獷有型，看起來忠厚老實、舉止穩重不浮躁，其實個性同樣很急，腦袋一樣古靈精怪。性情相較內斂一些，必要時其實也蠻幽默會耍寶的，有時直白不修飾的說話方式反而讓人覺得有種特別的喜感。喜怒形於色，高興的時候表現得相當直接天眞，不高興時情緒也完全表現在臉上，可能乾脆表達不滿，也可能悶不吭聲但表情態度十分不耐，好惡喜怒很好辨識。

這樣的組合是屬於刻苦打拚、勤儉有成的格局，人生機遇常有較大起伏。使節星＋將軍星的男性對自己的吃住花用都很隨性，但對另一半相當大方慷慨，只要對方開心，自己省吃儉用都無所謂。對待感情不會刻意表現，而是在生活上的付出和承擔，身爲使節星＋將軍星的另一半相當幸福，也很有安全感，不過當他成功時難免會有自動靠上來的桃花，必須小心提防。

使節星＋將軍星．女性性格特徵

女性只要三方四正中遇到將軍星，多是性格果決、處事俐落明快，聰明獨立且工作能力強。傳統中，使節星＋將軍星具有「代夫行權」的意涵，意即可以獨當一面，甚至比男人更加能幹可靠。這樣組合的女性對外的社交能力、職場上拚搏的衝勁、精打細算和賺錢的本事都屬一流，不只工作上能擔當重任，在家庭中也是不可或缺的頂樑柱。

使節星＋將軍星女性的性格並不是絕對的強勢強硬，只是不喜歡認輸，加上個性較倔強、有毅力，組織力和管理能力都不錯，凡事自己能做的都習慣靠自己，所以在職場上容易被發掘，也是老闆喜歡託付重任的對象。

沒有耐性，討厭等待，喜歡握有主控權，與使節星＋將軍星女性相處只要不與她爭強，事事交給她安排決定，心情好的時候她偶爾也會表露出嬌憨的一面，大而化之頗容易相處。

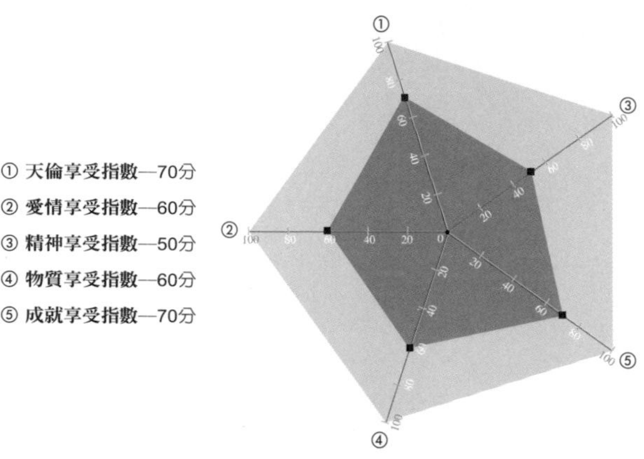

圖說：使節星＋將軍星位於II或VIII區塊，性向指數表－男

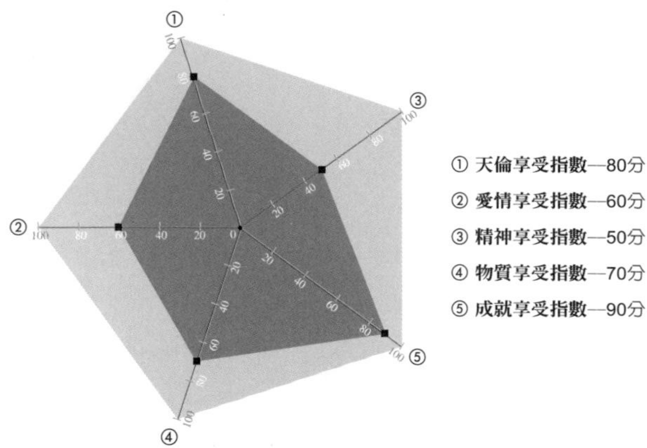

圖說：使節星＋將軍星位於II或VIII區塊，性向指數表－女

使節星組合 3
使節星單守於Ⅲ、Ⅸ區塊

VI	VII	VIII	近侍星 IX
V	使節星位於III或IX區塊，對面區塊必定是近侍星。		X
IV			XI
使節星 III	II	I	XII

圖說：圖說：使節星單守於III或IX區塊

使節星單守．特質分析

使節星單守於III或IX區塊，三方有皇帝星、總管星、司庫星、宰相星來拱，屬於非常強勢的格局，代表這種格局屬性的人絕不是可以任人擺佈的性格，自我意識強烈，有主見、固執倔強，同時也代表運勢晚發。

個性幽默風趣、精明、直覺性強，洞察力敏銳、善於觀察，看似漫不經心卻又好像默默的都看在眼裡，懂得察言觀色、探查風向，常常是八卦流通中心；很會舉一反三、隨機應變，並深諳人情世故，爲目的也可以放下身段。雖然言行舉止看來穩重自持，其實愛享樂、愛聊天八卦、喜歡熱鬧炒氣氛，玩開之後比誰都瘋，能言善道葷素不忌，愛玩又敢玩。

使節星的特質之一是雙重性格，在愛玩愛熱鬧之外，他的另一面就是獨來獨往，行爲獨樹一格，強悍的個性下有著防備心與傲氣；衝動、倔強好強，喜歡悶著頭做自己的事，愛恨分明、醋勁強、嫉妒心重也會記仇，容易受刺激，情緒多變，不順心時可以瞬間翻臉，加上本就不在乎他人眼光，表現方式較激烈，甚至讓人覺得狠心絕情、不留情面。

使節星對神祕事物特別好奇，自己也有一股特別的吸引力，常不自覺放

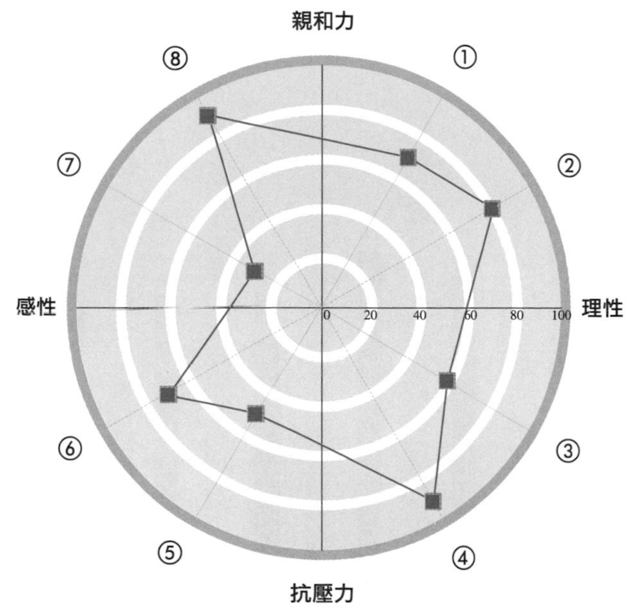

① 親和程度——70分　　⑤ 抗壓能力——50分
② 感性反應——80分　　⑥ 學習能力——70分
③ 理性直覺——60分　　⑦ 情緒控管——30分
④ 叛 逆 性——90分　　⑧ 表達能力——90分

圖說：使節星單守於 III 或 IX 區塊，性向分析表

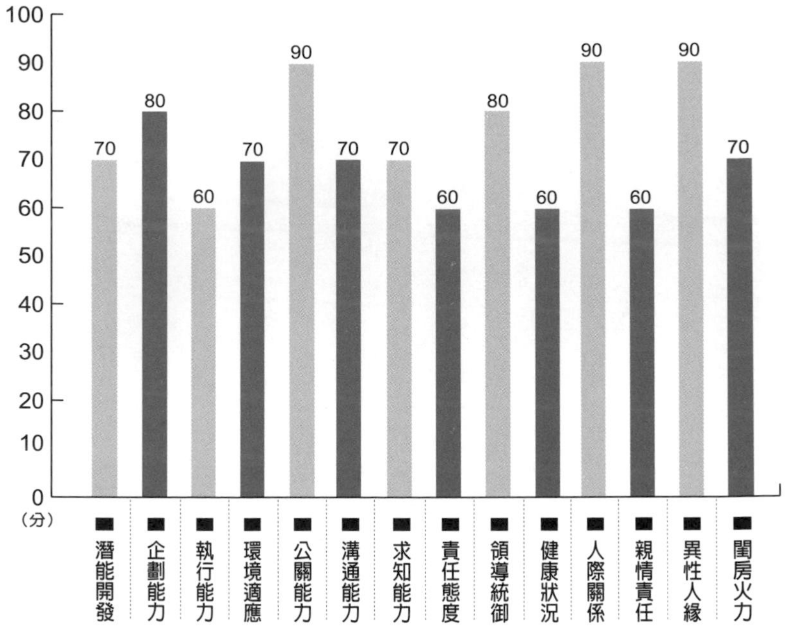

圖說：使節星單守於Ⅲ或Ⅸ區塊，人格特質表

電，或是喜歡逗弄別人。生命中常有特殊際遇，亦常遇貴人，朋友圈廣泛，會以才華、外表、社經地位、財富狀況來予以區分類別。使節星人不一定長得帥或美，但相當注重自己的外在穿著、儀態和質感，而且在大小桃花星的威力加乘之下，使節星人魅力十足，對異性相當有吸引力，因此感情困擾不少，甚至可能影響事業發展。

在星盤組合中，只要三方四正遇到的星座越多，個性就越複雜、越難以捉摸，因爲每一顆星都可能在不同狀況中凸顯出來。使節星在Ⅲ或Ⅸ區塊時，會到的星座都相當強勢，「行政區塊」有司庫星＋宰相星，這個組合旺過了頭反而辛勞晚發；「外緣區塊」有近侍星，行銷、公關、業務能力強，喜歡到處跑、四處交際應酬，善於人脈拓展；「財政區塊」是皇帝星＋總管星，喜歡高檔名牌或是有質感的物品，只不過使節星畢竟是對自己勤儉的「積富之星」，用在自己身上的有限，只是對外大方，要注意量力而爲才好。

使節星單守．男性性格特徵

開朗風趣，自信有魅力，富有個人獨特風格，不盲目跟隨潮流，不在乎他人眼光，更不喜歡受制式規範的約束，做自己、倔強霸道、傲氣狂放，八面玲瓏、多情善變，這些都是使節星男性的特質。

豪邁的行事作風與機敏、善觀察風向的冒險性格，很適合在爾虞我詐的商場中鑽營。使節星注重物質、在乎生活品味，若是總部的三方組合格局較高的話，中年後多半是商場或專業領域中的佼佼者，社交圈和朋友圈的層次也較高；若是總部三方搭配的星座或格局較差，那麼使節星五湖四海豪放的個性仍在，但人生過程辛勞，感情糾葛、人生是非波折較多，個性也比較不易親近，負面的特質像是暴躁、激烈的一面會更明顯，爲了面子常會做出讓自己事後懊悔的決定。

使節星單守．女性性格特徵

天生的鬼靈精，精明銳利、處事靈活，天生內建八卦雷達，周遭的一切風吹草動似乎都逃不過她的訊息網，主觀強、愛批判、想像力豐富，只要稍微接收到零星訊息，就可以串連出生動的劇情，尤其是感情糾葛、職場鬥爭、金錢權力遊戲、人性黑暗面、甚至是神祕事件，都是使節星女性感興趣的範疇。

使節星女性公關力強，本能的眼觀四面、耳聽八方，善於見機行事、看場合說話。性格中同樣具有反覆的一面，有時情緒化得讓人難以捉摸，有時爲了

目的又可以放軟身段。個性中帶有傲氣和自信魅力，懂得自我經營，注重物質、金錢、名聲和形象，喜歡在人前表現出闊綽的一面。

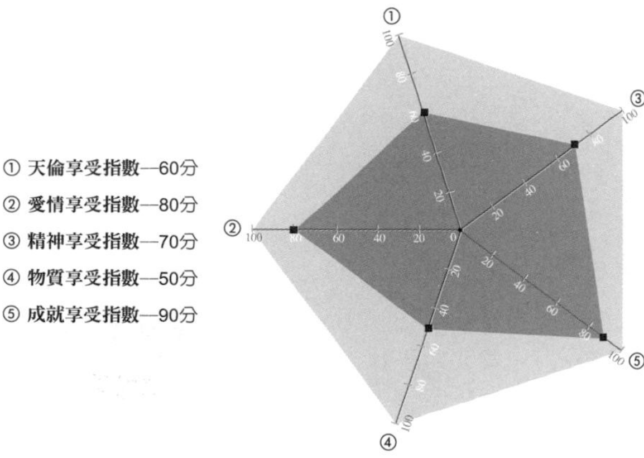

圖說：使節星單守於 III 或 IX 區塊，性向指數表－男

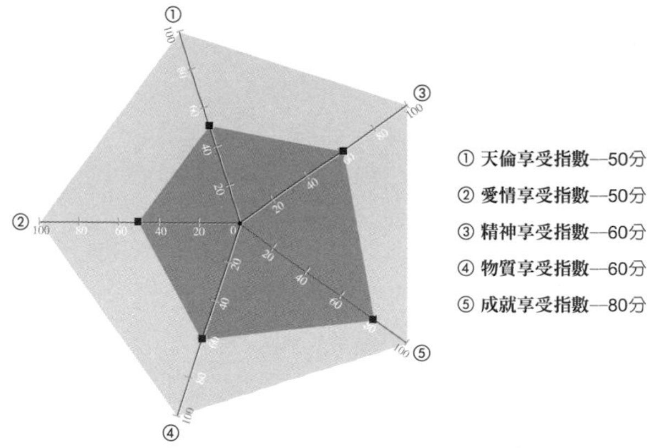

圖說：使節星單守於 III 或 IX 區塊，性向指數表－女

使節星組合 4

使節星＋前鋒星於Ⅳ、X區塊

VI	VII	VIII	IX
V	使節星＋前鋒星位於 IV或X區塊， 對面區塊必定是總管星。		總管星 X
使節星 前鋒星 IV			XI
III	II	I	XII

圖說：使節星＋前鋒星位於IV或X區塊

使節星＋前鋒星．特質分析

性格剛柔並存且幽默灑脫的使節星，加上我行我素、熱愛自由的前鋒星，融合成心性開放、我行我素、剛強好勝、喜歡刺激、變化、嚐鮮且愛憎分明的特質。這樣的組合具備細膩的觀察力、判斷力、思維力，以及流利的口才，個性率直自我，有時讓人覺得瀟灑狂放，有時又帶點赤子之心和天馬行空的創意。

使節星＋前鋒星天生抗壓性強，對於有興趣的項目和領域，都能深入鑽研闖出自己的一條路來；不服輸且不在乎他人眼光的性格，勇於做自己，很懂得自娛自樂，自嗨能力和炒熱氣氛的本事一流。不過這些都是使節星＋前鋒星必須再加上「資源星」或「掌握星」或是會到「庫銀星」才能產生的正面效應，組合好、格局漂亮，呈現出來的優點才會大於缺點。這種組合可以從事的是：公關人才、設計師、藝人、舞蹈家、頂尖藝術工作者、或是醫術高明的醫師。

但若是使節星＋前鋒星再遇到煞星、「阻礙星」的話，不良組合會讓個性中我行我素的特質變得更叛逆、更狂傲，喜新厭舊、愛搞破壞、猜忌心更強，喜怒隨心甚至翻臉跟翻書一樣快，尤其是行險機率高，步入黑道走江湖路也不足爲奇。這種固執霸道、獨斷獨行，總是要與眾不同、突破傳統的個性，讓使節星＋前鋒星人勇於走自己的路，不在乎世俗眼光，只許自己不屑他人，不准他人看扁或輕蔑自己，做事不顧後果且不計成本，破耗性強，如果能把這樣的特質用在突破現狀、開創新局，絕對可以爆發出許多讓人驚豔的創意作品。

使節星＋前鋒星若會到「庫銀星」，個性變得能屈能伸，因爲前鋒星屬於耗星，原本就是破壞大於建設，但加上厚重的「庫銀星」反而可以節制。而使節星＋前鋒星若加上煞星，暴躁激烈和薄情寡義的一面更加凸顯，感情對象來者不拒；遇到「火神星」或「旱神星」時容易產生灰色思想，偏激時甚至可能自殘。

使節星遇四化（資源星、掌握星、顯耀星、阻礙星）的反應很大，像是加上「資源星」或「阻礙星」都容易構成感情困擾，只不過加上「資源星」時是對象太多，感情糾葛多；加上「阻礙星」則容易爲情所困，老是愛上不該愛的人，單戀或苦戀的機會居多，或是不小心成爲第三者。而使節星＋前鋒星會到「庫銀星」或「澇神星」、「糾纏星」時，都會把原有的貪念降低，原來的精明幹練也淡化了，反而變成好相處不愛計較的好好先生或傻大姐。

使節星組合 4．使節星＋前鋒星

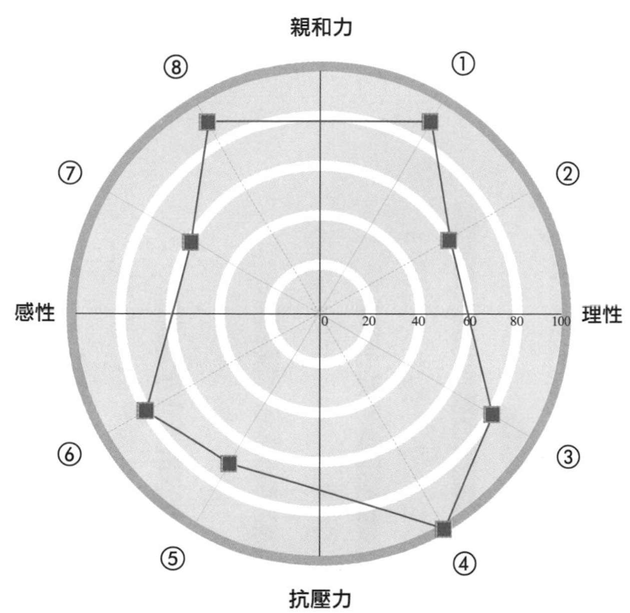

① 親和程度——90分
② 感性反應——60分
③ 理性直覺——80分
④ 叛 逆 性——100分
⑤ 抗壓能力——70分
⑥ 學習能力——80分
⑦ 情緒控管——60分
⑧ 表達能力——90分

圖說：使節星＋前鋒星位於Ⅳ或Ⅹ區塊，性向分析表

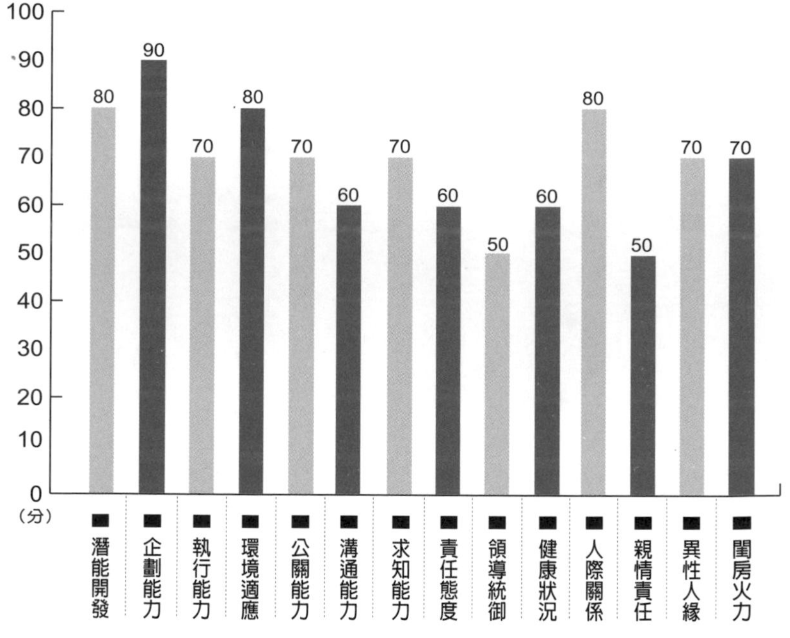

圖說：使節星＋前鋒星位於Ⅳ或Ⅹ區塊，人格特質表

使節星＋前鋒星．男性性格特徵

想法多、反應快、創意新穎且幽默風趣，看似不修邊幅、漫不經心，卻又好像涉獵廣泛，什麼都懂一點，舉手投足十分瀟灑海派。這樣的組合在感情和朋友方面各有不同表現，對待朋友時相當爽朗大方，在朋友圈中他是個有才華、人脈廣、有情有義的好兄弟；面對異性時可以立刻轉型成風度翩翩的紳士，甚至若有似無的放電，對於主動或被動而來的桃花多半不會抗拒，是個多情體貼、喜歡營造驚喜和浪漫氣氛的好情人。

若是使節星＋前鋒星沒有遇到「庫銀星」，卻遇到煞星或「阻礙星」干擾，個性會顯得十分偏執、狂妄、霸道，城府深、容易翻臉無情，對於別人的付出視爲理所當然，沒有同理心且不懂得感恩回饋。

使節星＋前鋒星．女性性格特徵

使節星＋前鋒星女性多半擁有不錯的容貌或儀態，重視穿著打扮、儀容體態，總會要求自己維持在不錯的狀態。喜歡美麗的人事物，要求自己要維持美美的，穿的、用的、看到的也希望都是美的，重顏值、重外在，是標準「以貌取人」的類型。

看起來愛玩、愛花錢，其實個性剛直率眞、愛好自由，善良熱心、有正義感，非常重視朋友，樂於爲朋友奔走或處理疑難雜症，可惜常被利用，破財又傷心。

若是組合不佳，不逢「庫銀星」之外又加上煞星、「阻礙星」，那麼負面特質會更凸顯，脾氣壞、疑心病重、嫉妒心和虛榮心強，而且喜歡四處交流八卦，感情路也波折重重。

使節星組合 4．使節星＋前鋒星

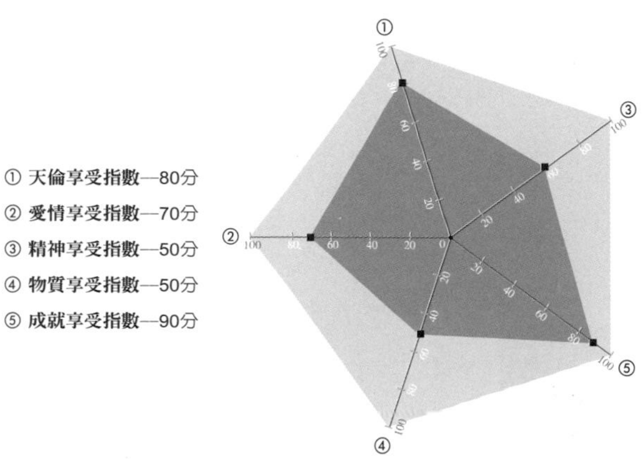

圖說：使節星＋前鋒星位於Ⅳ或Ⅹ區塊，性向指數表－男

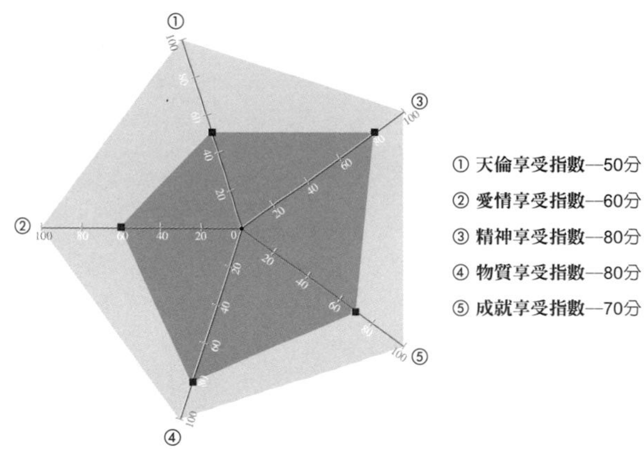

圖說：使節星＋前鋒星位於Ⅳ或Ⅹ區塊，性向指數表－女

使節星組合5

使節星＋宰相星於V、XI區塊

VI	VII	VIII	IX
使節星 宰相星 V	使節星＋宰相星 位於於V或XI區塊， 對面區塊必定是將軍星。		X
IV			將軍星 XI
III	II	I	XII

圖說：使節星＋宰相星於V或XI區塊

使節星＋宰相星・特質分析

機智精明的使節星加上霸氣十足的宰相星，個性好強不服輸、聰明善算、有謀略，目標理想高，自我要求也高，很在意自己的表現，內在自負、虛榮，自尊心強，重視排場、氣勢，喜歡名牌光環。這樣的組合相當精明能幹，有毅力、肯堅持，天生帶有藝術氣息，也具備組織管理天賦；重視實際性，個性強悍，堅毅獨立，樂觀爽朗，追求精神與物質並重；喜歡被讚美、被看重，樂於追求上流生活，與人合作的團體熱誠度高，多半可身居要職，與其他使節星組合相比，使節星＋宰相星的組合在性格上顯得更加穩重。

同樣腦袋靈活、創意多多，但比較務實、行事風格不疾不徐、不油腔滑調，很能主動掌握狀況和節奏，喜歡主控大局的感覺。夠堅持、有耐性和毅力，願意為了理想目標長時間打拚；心思敏銳、好逞強，看起來有種不怒自威的威嚴感，男性多半剛中帶柔，穩重有禮的態度中隱含堅毅；女性則柔中帶剛，外型端莊卻又帶了一點霸道氣魄。

使節星＋宰相星具備領導統御的能力，精明務實的特質在商場上顯露無遺，永遠追求更有利的條件、追求更高的利潤，對待感情時的態度也一樣，既

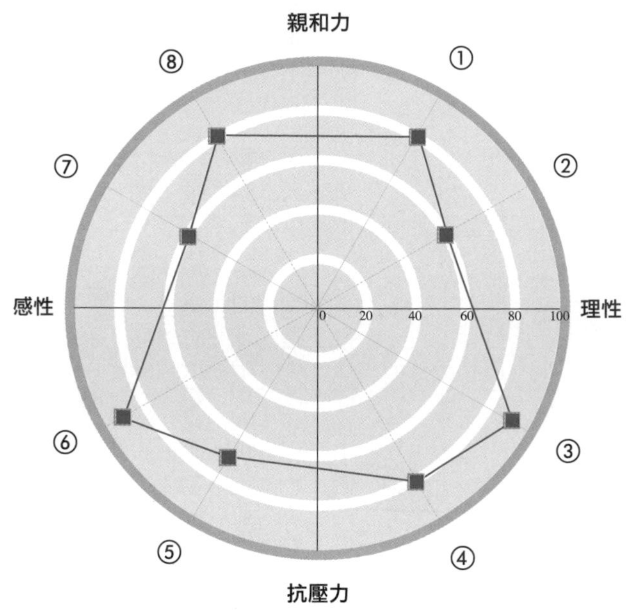

① **親和程度**——80分	⑤ **抗壓能力**——70分
② **感性反應**——60分	⑥ **學習能力**——90分
③ **理性直覺**——90分	⑦ **情緒控管**——60分
④ **叛 逆 性**——80分	⑧ **表達能力**——80分

圖說：使節星＋宰相星於Ⅴ或Ⅺ區塊，性向分析表

使節星組合 5．使節星＋宰相星

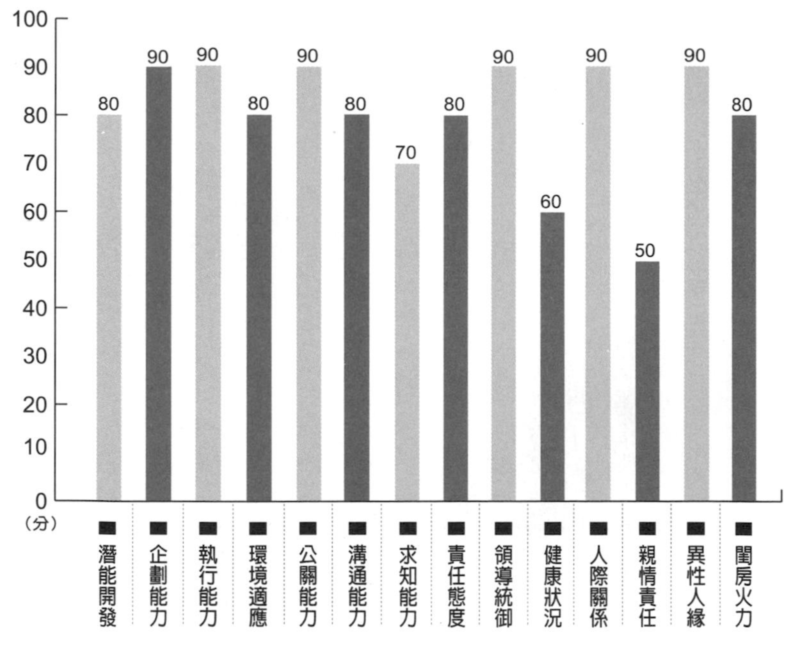

圖說：使節星＋宰相星於Ⅴ或Ⅺ區塊，人格特質表

看重顏値，也看重附加價値，人財兩得是使節星＋宰相星的最高追求。這樣的組合相當務實和重顏面，凡事講求公平不吃虧；重感情，嫉妒心強，吃醋時判若兩人，若是與另一半或朋友決裂的話則難以挽回。

使節星＋宰相星．男性性格特徵

使節星＋宰相星的男性對自己有一定的要求，他的人生目標是成爲大家都認可的成功人士，最好可以躋身上流階層，過著人上人的生活，爲此他願意奮力打拚、不斷自我砥礪向上，而他的交友圈中也少有可以閒聊玩樂的朋友，大多是工作上有助益的長官或前輩。

在未成功之前，待人處事周到得宜，聰明的腦袋加上踏實肯拚的特質，很容易遇到貴人提攜，漸漸往社會高層邁進；待到成功之後，態度往往變得驕傲自負，囂張霸道的另一面開始展露，只願爲了金錢和權勢低頭，而只有在遭受挫折或打擊之後，才會回復到原來的溫文儒雅和周到體貼。

使節星＋宰相星．女性性格特徵

使節星＋宰相星女性獨立直率，敏感又聰慧，帶有天眞浪漫和務實的雙重

想法；對自我要求很高，處事能力強，具有專業才華，在職場上多半是獨當一面的管理人才。嬌氣和傲氣兼具，還帶有一點粗枝大葉，就算外型不凸出，也自有一股獨特的氣質。

這種組合的女性特別愛美食、美酒、注重口腹之慾，喜歡時尚高雅的事物，對待金錢的態度看似大方，其實心裡錙銖必較，卻總是要表現出對錢不以爲意的感覺。使節星＋宰相星的組合傲氣更甚，容易眼高於頂、自認爲高人一等，言談舉止中難免流露出比較名牌、吹噓品味的態度，久而久之難免讓人反感。

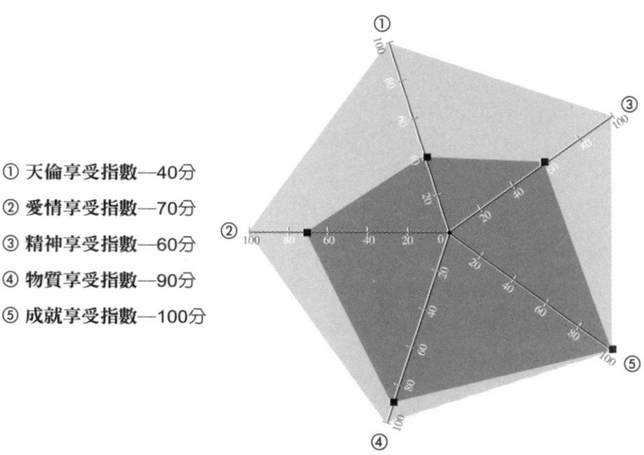

圖說：使節星＋宰相星於Ⅴ或Ⅺ區塊，性向指數表－男

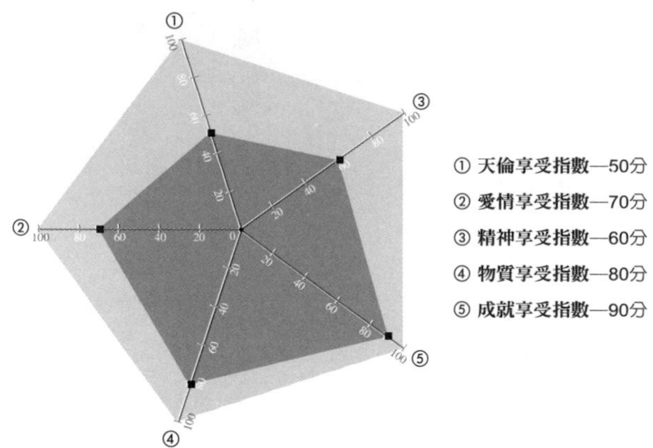

圖說：使節星＋宰相星於Ⅴ或Ⅺ區塊，性向指數表－女

使節星組合 6

使節星＋近侍星於VI、XII區塊

使節星 近侍星 VI	VII	VIII	IX
V	使節星＋近侍星位於VI或XII區塊，對面區塊必定無主星。		X
IV			XI
III	II	I	XII

圖說：使節星＋近侍星位於VI或XII區塊

詳細說明請見〈近侍星〉章節內容（p.148）。

密探星組合

Spy／スパイ
原爲：巨門星
動物代表：蠍子
深藏不露，防禦性強

所屬團隊

紫微垣系統。

密探星特質

1 密探星性情內斂深沉、多疑防備、極端又固執，自我保護力強。

2 喜怒哀樂不形於色，極重隱私，不善於主動與人交往，更不會虛僞敷衍，話少，有時說話太過直接犀利、不懂修飾，容易令人誤會。

3 外在冷漠，內在敏感脆弱，害怕受傷，用強悍冷靜來武裝自己。不相信別人、亦不合群，是懷疑主義者，凡事都存有疑慮，話多易惹是非。

4 頑固倔強，不怕辛勞，一旦相信或接受某人、事、物就會堅持到底，

無論如何都堅信自己的眼光和選擇。

密探星的組合有六種：

- 密探星單守於Ⅰ、Ⅶ區塊
- 密探星＋貴妃星位於Ⅱ、Ⅷ區塊
- 密探星＋王爺星位於Ⅲ、Ⅸ區塊
- 密探星＋軍師星位於Ⅳ、Ⅹ區塊
- 密探星單守於Ⅴ、Ⅺ區塊
- 密探星單守於Ⅵ、Ⅻ區塊

多疑敏銳、言詞犀利

密探星屬水，化氣爲「暗」，是顆孤獨之星。個性內斂善於隱藏情緒，多疑、喜怒哀樂不形於色，看待事物習慣從負面角度出發，即使看到別人的優點或善意也會存疑。觀察力敏銳，往往可以洞察人、事、物的核心，但因爲不擅言詞、不會主動釋放善意與人交流，甚至常言詞尖銳直指他人缺失，引起不必要的心結與糾紛，不僅爲自己引來是非，甚至埋下種種後患。

密探星就像蠍子一般，怕光，隱蔽和幽暗的角落可以給他帶來安全感，不喜歡被打擾，天生對危險有敏銳的偵測力，只要感覺到威脅就會立刻豎起防備，並且伺機反擊。標準外表強硬、內在柔軟，因爲害怕受傷所以總是與外界保持一段距離，築起高牆以自我保護。

深藏不露、防禦性強

個性深謀遠慮、外冷內熱，才華內藏而不外顯，不太理會外在看法；平時看似順從沒意見，其實內在堅毅頑固，情緒敏感，對任何事物都抱持猜疑心，怕受傷所以防備心強讓人難以接近，更不會輕易敞開心扉對他人傾訴，讓人難以捉摸。密探星思慮縝密、口才不錯，但提出建議批評時總太過直接犀利，讓人臉上無光、難以接受，因此密探星易惹是非口角，人緣也受到影響。

自尊心強的密探星只要不逢煞星、「阻礙星」而造成不良組合，本性其實是相當柔軟善良的，待人體貼、溫暖而不刻意，善觀察的密探星會在反覆確認，認定對方沒有敵意、值得結交之後，便百分百付出與投入。

密探星逢「正學士星」、「副學士星」等善於表達的星座時，可以中和原本封閉、不善表達的特質，並且把天生的懷疑主義轉化成善用邏輯批判思考，思辨力和觀察力更佳，同時將密探星原本的特質優化了，比起沒有會到「正學士星」、「副學士星」的密探星來說，個性可說有一百八十度的不同。沒有會到「正學士星」、「副學士星」的密探星若再逢煞星的話，除了疑心病重之外，心胸狹小，愛挑剔、愛記仇，是非糾紛也特別多。

密探星加上「左護法星」或「右護法星」，心腸特別軟；若加上「科舉星」或「貴人星」則變得敦厚老實；密探星加上「馬前卒星」，會對親情、自己的健康或運勢產生不良影響，除非有其他區塊的組合更差，才會先顯現其他區塊的缺憾；密探星加上「後衛兵星」，易有意外發生，大運走到同論。密探星加「旱神星」會有惡疾，多是肺部問題或癌症；密探星加「火神星」則要注意各種高溫環境，易有祝融之災或被燙傷。

密探星雖然常禍從口出，但卻是最適合從事靠嘴吃飯的行業。密探星靠的不是舌燦蓮花、顛倒黑白的本事，而是發揮多疑、不妥協、喜歡追根究底的特質，並把別人的是非化為己用，例如：律師、法官、命理師或老師等等，都是可將密探星特色發揮出來的行業類型。

密探星組合1

密探星單守於Ⅰ、Ⅶ區塊

圖說：密探星單守於Ⅰ、Ⅶ區塊

密探星單守．特質分析

密探星單守於Ⅰ、Ⅶ區塊，外型忠厚誠懇，多有專業才華和學識，有毅力，做事或研究都能專注堅持，像是一塊樸石，必須經過時間的捶打和磨練，累積的才學和實力才能被看見。這個組合的密探星通常從事與媒體、傳播有關的行業，可憑藉敏銳的觀察力與判斷力，犀利的目光、口才或文筆，成爲相當出色的媒體工作者。

密探星心思細膩、低調沉著，加上「外緣區塊」是軍師星，這個組合相當聰明靈活，城府深、善於謀劃，除了在工作事業上用盡心機，對待感情的態度也常是忽冷忽熱、設下重重考驗關卡，和密探星談戀愛一定要經得起時間的考驗，因爲密探星在完全投入之前仍然多疑、戒心重，愛憎分明的他/她一旦感覺不對就會縮回自己的堡壘；而若是感覺對了、認爲可以信任，便會敞開心胸完全接納，忠心不二。

密探星最不擅長的就是公關與經營人際關係，因爲疑心重、防備心強，對於不熟悉、不認同的人事物就不會付出，顯得較吝嗇小氣，與人往來時斤斤計較、不夠大方。密探星孤僻的性格習慣於埋頭苦幹，在沒沒無聞時相當認眞勤

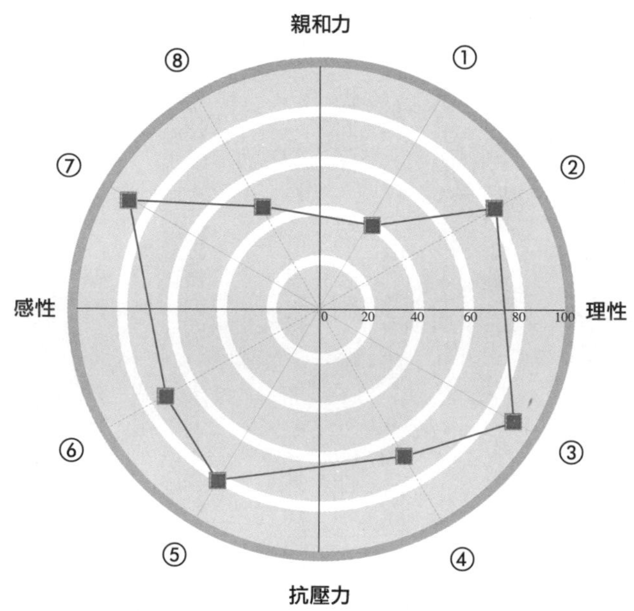

① 親和程度——40分
② 感性反應——80分
③ 理性直覺——90分
④ 叛 逆 性——70分
⑤ 抗壓能力——80分
⑥ 學習能力——70分
⑦ 情緒控管——90分
⑧ 表達能力——50分

圖說：密探星單守於Ⅰ、Ⅶ區塊，性向分析表

密探星組合 1．密探星單守

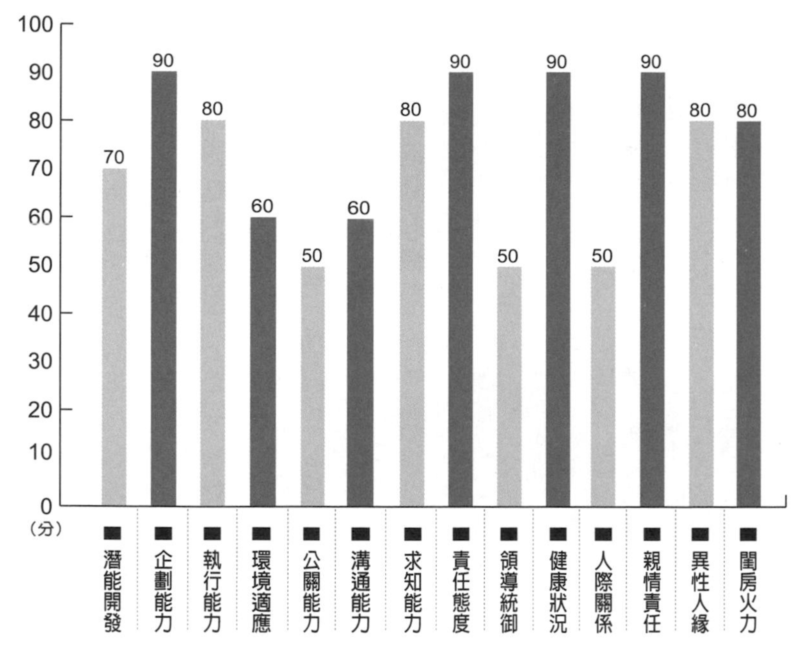

圖說：密探星單守於Ⅰ、Ⅶ區塊，人格特質表

奮，兢兢業業默默努力，等到有所成時則一改低調，甚至變得驕傲狂妄，銳氣外露而不謙虛，認爲自己最行、一切都是靠自己的拚搏努力，強悍、好勝的隱藏性格顯露無遺。

密探星有縝密的思考力，亦有細膩的觀察力，在呈現自己的專業時相當有自信，但批評時咄咄逼人的態度，言詞不夠委婉，甚至是犀利不留情面的指正，就算言之有理也令人難以坦然接受，因此密探星人際關係不佳，一不小心就得罪人，甚至引發口角糾紛，一生風波不少。

密探星單守．男性性格特徵

頑固倔強，善於觀察小細節，習慣隱藏心思，情緒不輕易外露，其實內心善妒又易怒，若是密探星不逢煞星，本質善良溫暖，心思細膩善於規劃，在逆境中可不畏辛苦默默付出努力，如同璞玉一般終會發光。

密探星男性的精明是內斂而不張揚的，很多情緒和欲望也慣於僞裝隱藏，身爲他的朋友才能感受到他的眞誠和用心；若是他的對手，只會感受到他的得理不饒人、只顧自己利益不顧他人，甚至爲達目的可以設計陷阱、搬弄是非，無所不用其極。

密探星最需要加強的就是人際關係，時時提醒自己抱持謙虛和感恩的態度，話出口前先想幾秒，少一個敵人就等於多一個朋友，何必爲逞一時口快而引來無謂的糾紛呢？

密探星單守．女性性格特徵

密探星女性同樣心思細膩冷靜，淡漠的表情看不出她的情緒，但憑藉眼神就可以感受到彼此間的距離。個性壓抑多疑，對諸事抱持不信任的態度，喜歡默默觀察，執著、耐性和韌性皆強，縱使情緒澎湃也不會輕易表露於外。

密探星女性外型冷豔，與人總帶有疏離感，和她談工作事業，密探星女性可以頭頭是道自信表達，針對事件亦可精準判斷、語露鋒芒，只是一談到感情就容易口是心非，必須對方不斷地釋放善意、熱情和關懷，才能慢慢融化密探星這個冰山美人，更需要正面與樂觀的態度和想法，來轉移她內在的負面灰色想法。

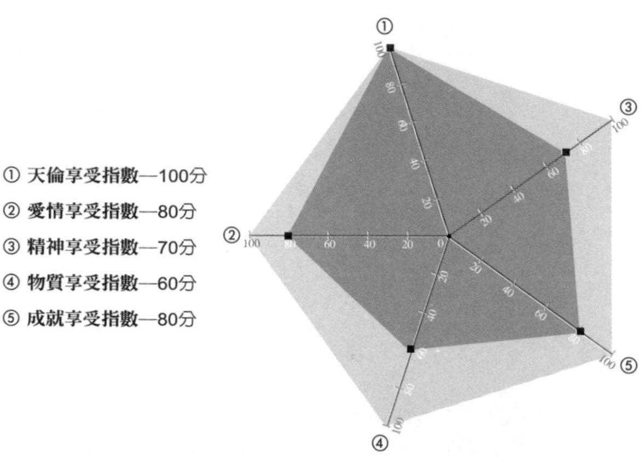

圖說：密探星單守於Ⅰ、Ⅶ區塊，性向指數表－男

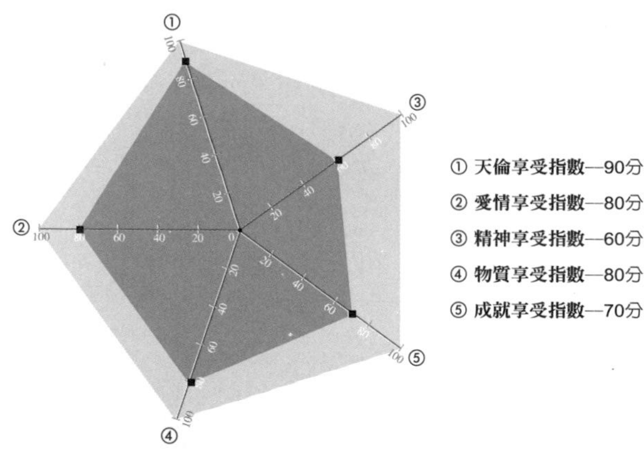

圖說：密探星單守於Ⅰ、Ⅶ區塊，性向指數表－女

密探星組合 2 密探星＋貴妃星於Ⅱ、Ⅷ區塊

VI	VII	VIII	IX
V	密探星＋貴妃星位於 II 或VIII區塊，對面區塊必定無主星。		X
IV			XI
III	密探星 貴妃星 II	I	XII

圖說：密探星＋貴妃星位於 II 或VIII區塊

密探星＋貴妃星．特質分析

感情豐富、活潑愛熱鬧的貴妃星，遇上心思細膩、封閉內斂的密探星，兩個星宿個性南轅北轍、格格不入，加在一起等於有苦說不出。因爲密探星習慣把不如意的事和情緒內藏，尤其是對私事，更不會輕易敞開心胸與他人分享，再加上凡事多從負面思考，不管是愛在心裡口難開還是遇到感情問題解不開，只會自己悶著頭傷腦筋，遇上單純感性的貴妃星更容易讓情緒氾濫，因此感情多困擾，婚姻也較坎坷。

星宿與星宿的組合千變萬化，尤其是五行的影響力很大，例如貴妃星重感情，卻不宜加上「正學士星」或「副學士星」，會變得太過於感性，感情線更加複雜；不過密探星卻很喜歡「正學士星」和「副學士星」，除了可降低密探星的疑心病之外，亦可讓表達力變得較好、說話較動聽，還可把思想轉爲邏輯力。只不過要特別注意的是，密探星容易與藥品有關，因此任何未經醫囑的藥品都要盡量避免，不要接觸違禁藥物，更不要一時想不開而亂服藥物。

密探星＋貴妃星的組合，只要格局不破，三方有吉星相助，那麼憑藉自身的實力和眼光，在工作、財務方面都可以有不錯的成績，行至中年多可小富，

密探星組合 2．密探星＋貴妃星

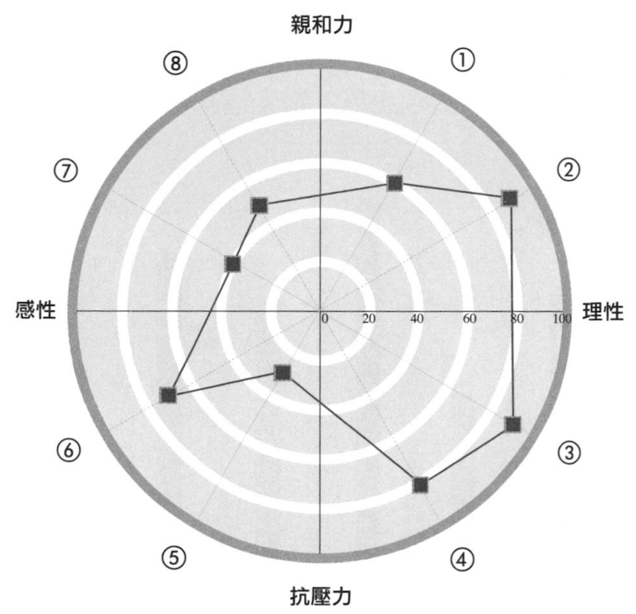

① 親和程度——60分
② 感性反應——90分
③ 理性直覺——90分
④ 叛 逆 性——80分
⑤ 抗壓能力——30分
⑥ 學習能力——70分
⑦ 情緒控管——40分
⑧ 表達能力——50分

圖說：密探星＋貴妃星位於 II 或VIII區塊，性向分析表

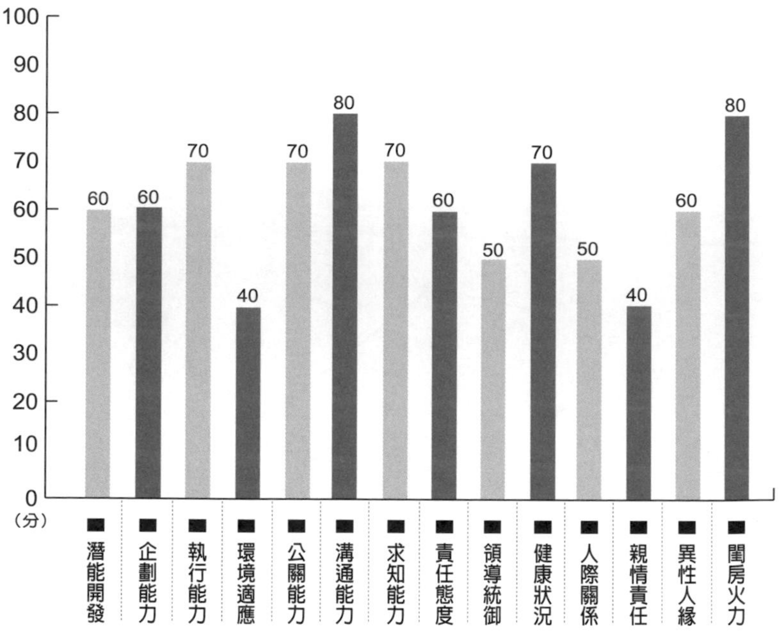

圖說：密探星＋貴妃星位於II或VIII區塊，人格特質表

在事業上也有一定成就，甚至可能因爲另一半留有遺產而致富。不過這樣的命格卻往往心中有缺憾，因爲有錢有閒卻沒有感情，對重感情又感性的密探星＋貴妃星來說才是人生最大的遺憾！

這個組合也很怕煞星干擾，密探星＋貴妃星再加上「後衛兵星」容易有意外發生，容貌也會打折扣；加上「火神星」會讓皮膚變差；若是加上「旱神星」則要特別小心用火，以免有燒燙傷的意外事件發生。

密探星＋貴妃星．男性性格特徵

貴妃星的溫和天眞加上孩子氣的柔弱特質，遇到多疑、內斂、自我保護且細膩深沉的密探星，融合成情感脆弱但固執內斂的矛盾性格。由於本性多情卻又過於壓抑，情緒起伏大，猜疑心、嫉妒心、佔有慾都很強烈，只要遇到感情挫折就很難承受，心中苦悶又不知怎麼表達，因此感情的表現和處理方式都會比較扭曲。

與這個組合的男性往來，無論是交朋友、談工作、談戀愛，都需要給他一段時間的觀察期，建立信任感之後，還需要經歷考驗期，這樣才能讓他降低防備，並且形成安全感。否則與密探星＋貴妃星打交道，你總會覺得很客氣疏遠，表面雖熱絡，但永遠有隔閡感，難以交心。

密探星＋貴妃星．女性性格特徵

這個組合的女性乍看有點高冷不容易親近，實則溫和、有文藝氣質，內在感情豐富、心思細膩、對待感情相當忠誠；內在主觀、固執，辦事能力強，帶有灰色思想，看待事物習慣以負面角度爲出發點，習慣隱藏情緒，一般人難以窺探她的眞實情感。

密探星的觀察力強，但表達力較弱，有時好心想提醒別人注意，態度上又容易讓人誤會是在指責，所以常有天下人都不了解我的感嘆。處理公事俐落，面對私領域的感情部分則一言難盡，忠心守護感情卻得不到同等回報，經常爲情苦惱。

比較特別的是，密探星女性多帶有美女基因，與貴妃星同處更是名符其實的美魔女。

密探星組合 2 · 密探星＋貴妃星

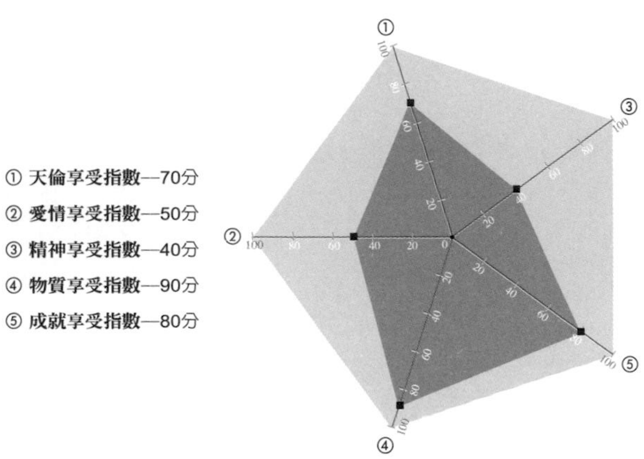

圖說：密探星＋貴妃星位於 II 或VIII區塊，性向指數表－男

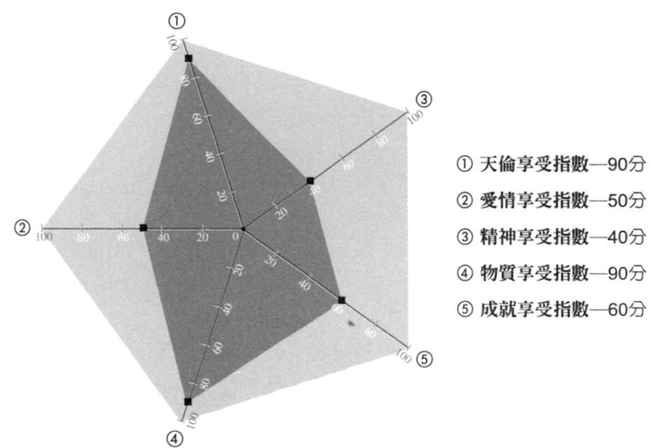

圖說：密探星＋貴妃星位於 II 或VIII區塊，性向指數表－女

密探星＋王爺星於Ⅲ、Ⅸ區塊

VI	VII	VIII	IX
V	密探星＋王爺星位於III或IX區塊，對面區塊必定無主星。		X
IV			XI
密探星 王爺星 III	II	I	XII

圖說：密探星＋王爺星位於III或IX區塊

密探星＋王爺星．特質分析

密探星最喜歡會到位於旺地的王爺星（王爺星在Ⅲ～Ⅷ都屬於旺地），不僅可以驅密探星的暗，亦可讓密探星本質中的多疑、猜忌減低，卸下層層防護戒備，因此密探星與王爺星同區塊時，照理說應該是兼具密探星的細緻敏銳，以及王爺星的熱情付出，但事實上卻不盡然。雖然密探星＋王爺星對工作同樣有雄心壯志，但密探星的謹慎和多疑仍在，反而相互牽制，使得當事人似乎很努力，但同時又顧慮太多，畫地自限而阻礙了發展。這樣的個性雖不至於封閉，但也絕不會輕易敞開心房接納別人，仍得要經過仔細觀察和考驗，覺得放心了才能進一步交往甚至交心。

密探星＋王爺星的組合，個性相當主觀，心直口快，脾氣硬且不好溝通，和家人講話也像是在吵架一樣，只有在另一半面前會表現出溫柔的一面。位於Ⅲ位的密探星＋王爺星個性較勤奮，在工作上肯踏實打拚，而位於Ⅸ位時則較無續航力，常虎頭蛇尾，自覺做得差不多就行了。密探星更喜歡會到「正學士星」或「副學士星」，可以緩和原有的疑心猜忌之外，還可讓當事人的理性思考邏輯能力更佳，不會那麼容易情緒化。

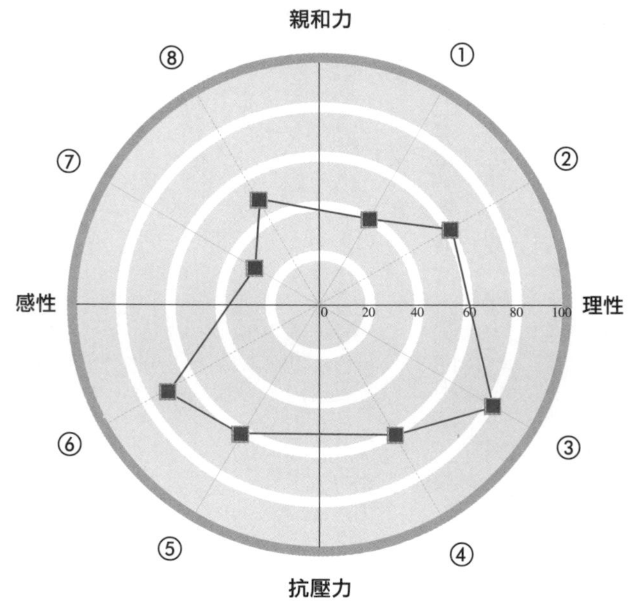

① 親和程度——40分
② 感性反應——60分
③ 理性直覺——80分
④ 叛 逆 性——60分
⑤ 抗壓能力——60分
⑥ 學習能力——70分
⑦ 情緒控管——30分
⑧ 表達能力——50分

圖說：密探星＋王爺星位於III或IX區塊，性向分析表

密探星組合 3 · 密探星＋王爺星

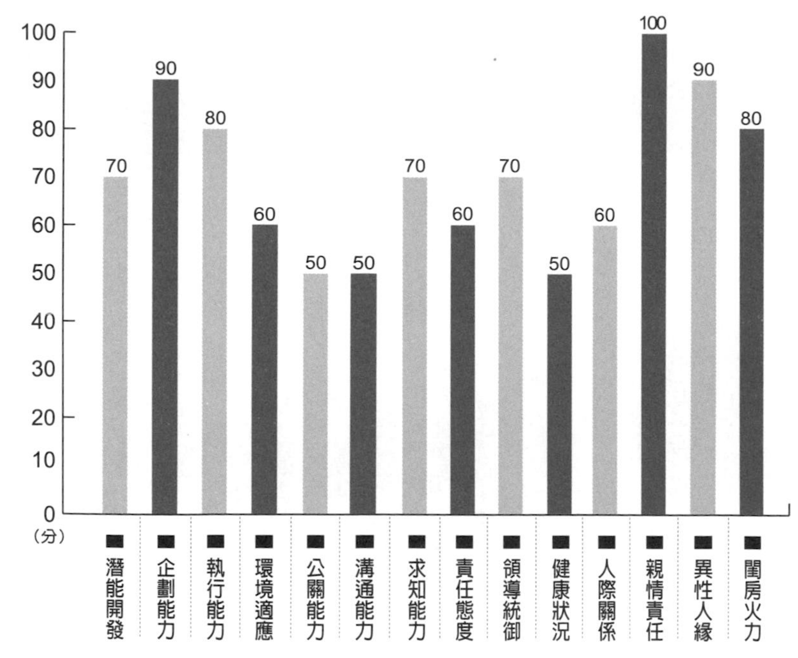

圖說：密探星＋王爺星位於Ⅲ或Ⅸ區塊，人格特質表

密探星＋王爺星的行政區塊必定是借皇后星＋貴妃星，財政區塊必定是借軍師星＋監察史星，總部的三方四正團隊中有會到王爺星和皇后星的人，相當大的概率都會從事與貿易相關的工作，奔波勞碌、勞心勞力，所以與其總部是密探星＋王爺星組合，不如總部無主星，借對面區塊的密探星＋王爺星來得較輕鬆，這樣既可有軍師星＋監察史星的辦事能力，又懂得撥出時間享受生活自我調劑，工作之外不忘娛樂，這才是懂得享受的人生。

若是總部爲密探星＋王爺星，而分部是貴妃星＋皇后星，這樣的組合相當衝突，可說是集天眞、保守、內斂、疑心等特質於一身，年輕時外放愛玩，步入婚姻後顧家戀家，婚前婚後差異大。由此可知，若要判斷一個人的個性特質，必須同時參看當事人的總部和分部星座組合，再加上年齡和當下環境等因素，多項訊息整合判斷，才能更接近當事人的本質特性。

密探星＋王爺星．男性性格特徵

處事風格內斂謹愼，表現在外有風度、有毅力、忠心耿耿，內在性格固執、堅持己見，言詞犀利、不善於包裝，更不會巧言阿諛奉承他人，不會主動佔別人便宜，但也絕不肯吃虧，感覺受到攻擊或侵犯時雖不一定會立刻反擊，

但一定會牢牢記在心上，等適當時機再一舉反擊。

密探星＋王爺星男性雖然有大男人主義，但對另一半的要求也多半有求必應，努力賺錢養家，雖不會甜言蜜語，但會以行動力表現；尤其是吃軟不吃硬的個性，若是要拜託他什麼事，客客氣氣溫溫柔柔的請託就對了！密探星＋王爺星男性外冷內熱，英雄多半過不了美人關，而且特別喜歡美食和肉食，幾乎已到了無肉不歡的地步。

密探星＋王爺星．女性性格特徵

密探星本就多美女，而王爺星女性又是桃花多多，因此密探星＋王爺星女性多半外型漂亮，異性緣也不錯。這樣的組合同樣防備心強、言語犀利，經常在不經意間開口得罪人；工作能力強，卻不見得熱衷於工作，除非從事變化多、有娛樂性，或是需要溝通、動口生財的工作，才較容易有所表現。

密探星＋王爺星女性腦筋動得快，講話聲音高亢、肢體動作較大，有時口直心快容易得罪人；喜歡新鮮事物、不喜歡受拘束，但又顧慮很多、規矩不少，所以在感情上最好找個性溫和、配合度高的另一半，個性互補才容易長久。

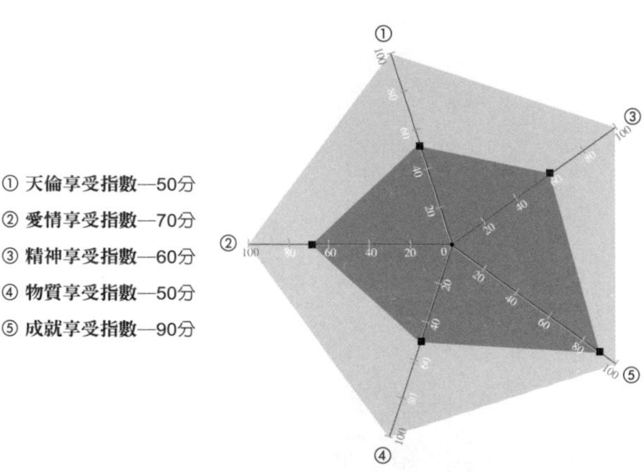

圖說：密探星＋王爺星位於 III 或 IX 區塊，性向指數表－男

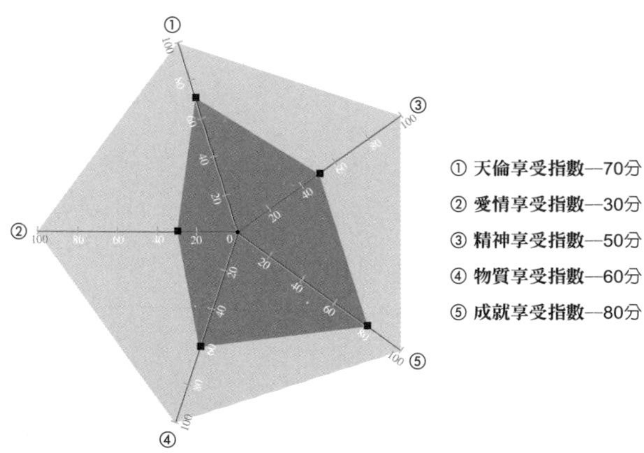

圖說：密探星＋王爺星位於 III 或 IX 區塊，性向指數表－女

密探星＋軍師星於Ⅳ、Ⅹ區塊

VI	VII	VIII	IX
V	密探星＋軍師星位於 Ⅳ或Ⅹ區塊， 對面區塊必定無主星。		X
密探星 軍師星 IV			XI
III	II	I	XII

圖說：密探星＋軍師星位於Ⅳ或Ⅹ區塊

密探星＋軍師星．特質分析

密探星＋軍師星，除了聰明機靈、謹慎固執之外，還加了冷靜、執著、犀利，以及恃才傲物等特質。自我覺察力相當高，主觀意識、分析力和研究心強，往往可很快從普遍模式中摸索出適合自己的一條路，即便行事態度不圓滑、不善外交辭令，也能因本身累積的實力而步步高升站上中高階層。這是絕佳的幕僚人才、研究人才、電腦工程或專業人士的組合，若能再逢吉星會合，則具有悲天憫人的胸懷。

若是自我覺察力較低的密探星＋軍師星，則常會自困於小是小非，受制於本身欲望的驅使，生活沒有方向，或是時常改變目標，過一天算一天，過著混水摸魚的日子，內心自覺高人一等，甚至把現實中的不順遂都推給外在環境，認爲諸人諸事都與自己格格不入，怨嘆時不我與。尤其是密探星＋軍師星再逢煞星、「阻礙星」時，更容易有心胸狹隘、自私嫉妒，以及自掃門前雪的心態，甚至放縱自己接觸毒或賭，對投機走偏門或是不當行爲的獲利都認爲無傷大雅，脾氣則是陰晴不定的古怪。

密探星＋軍師星在總部時，自制力較差，原因在於團隊的三方四正中會遇

密探星組合 4．密探星＋軍師星

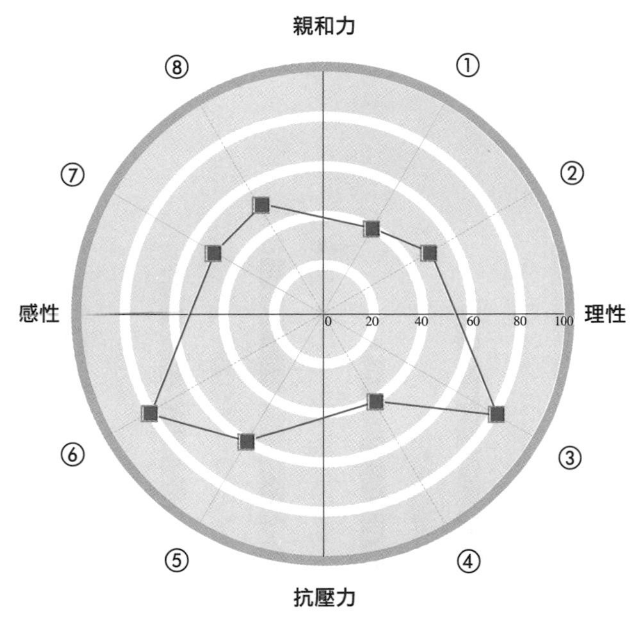

① **親和程度**——40分	⑤ **抗壓能力**——60分
② **感性反應**——50分	⑥ **學習能力**——80分
③ **理性直覺**——80分	⑦ **情緒控管**——50分
④ **叛 逆 性**——40分	⑧ **表達能力**——50分

圖說：密探星＋軍師星位於Ⅳ或Ⅹ區塊，性向分析表

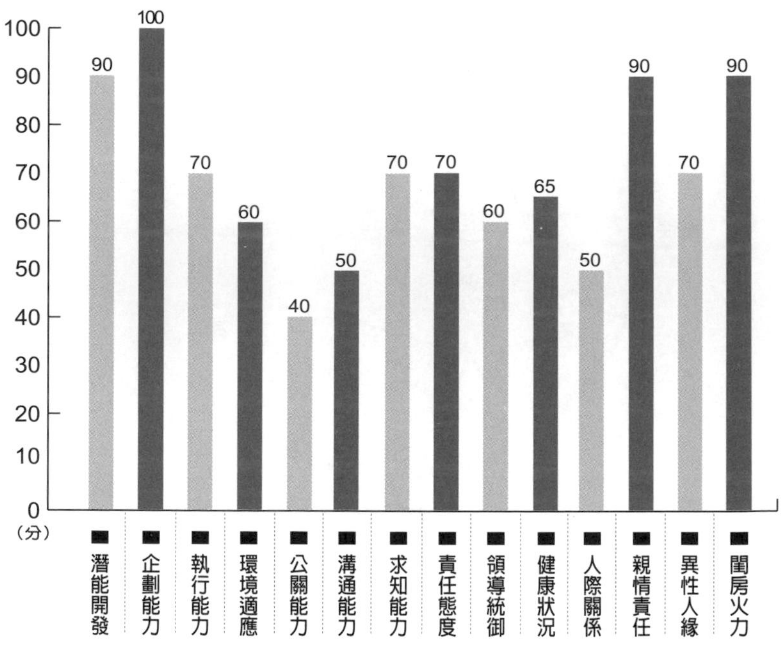

圖說：密探星＋軍師星位於Ⅳ或Ⅹ區塊，人格特質表

到兩個沒有主星的區塊，由於來自團隊的力量有限，所以當機靈愛走捷徑的密探星＋軍師星快走偏的時候，無法有其他的正面牽制力，便容易順著最方便、最享樂的方向走；但若是總部沒有主星，而是借外緣區塊的密探星＋軍師星時，原本自制力不足的影響較小，因為團隊三方會遇到監察史星、王爺星和皇后星，可加強自我的堅持力，不至於一被慫恿就冒險走捷徑。

密探星＋軍師星個性忽冷忽熱，喜歡動腦、鬥智、耍計謀，討厭麻煩事和不聰明的人。密探星喜歡加「正學士星」或「副學士星」，但若是密探星＋軍師星同時再加上這兩顆星，過猶不及，舌粲蓮花得太過分了，說話必須打折扣。而密探星＋軍師星的婚姻區塊則是王爺星＋皇后星，星性一明一暗，很容易上演劈腿的戲碼。

密探星＋軍師星．男性性格特徵

密探星＋軍師星男性個性較固執、不易交心，有曲高和寡的傾向，原因有兩種，一是聰明善觀察，看待世事透徹，所以難以同流合污；二是能力不夠卻眼高手低，喜歡自我膨脹、汲汲於躋身上流。

密探星＋軍師星若會吉星，研發能力強，做事認眞負責，重口慾也重財，但不重外表，物慾不高，較不容易被別人影響或慫恿，善惡道德觀念較強，不取不該得之物；但若是加煞星或「阻礙星」的密探星＋軍師星，則帶有自私、欺瞞、重物質、花天酒地的特質，且難以抵抗自身欲望的驅使，敗家指數高，更會利用自身的聰明來取巧，不當得利也不在乎。

密探星＋軍師星．女性性格特徵

密探星＋軍師星女性伶俐好辯，反應快、企劃能力強，情緒內斂而不易親近，很有自我主張，個性倔強且堅持。這種組合若是遇吉星，可發揮聰敏謹慎的思考力，辯才無礙，很有說服力。

但若是遇到煞星或「阻礙星」，則性格封閉，容易招惹是非，凡事挑剔，想法也較負面，人際往來不圓融，遇到不順遂的狀況容易鑽牛角尖，需有陽光正面、同時又能讓她信任的夥伴在旁耐心引導，才能讓她學習看向生活中的向陽面。

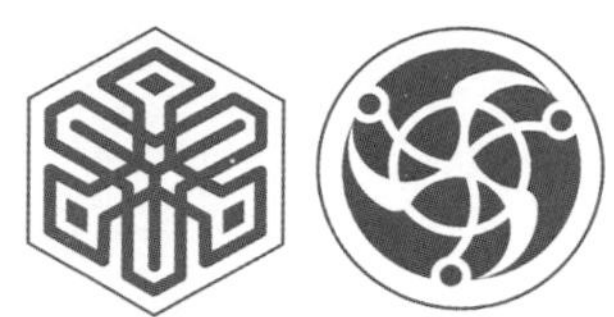

密探星組合 4．密探星＋軍師星

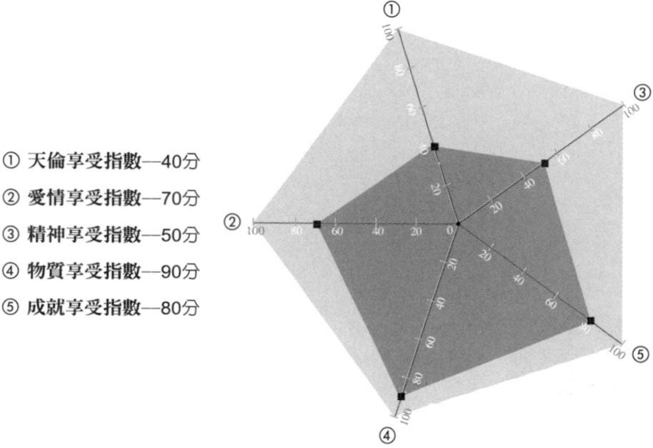

圖說：密探星＋軍師星位於Ⅳ或Ⅹ區塊，性向指數表－男

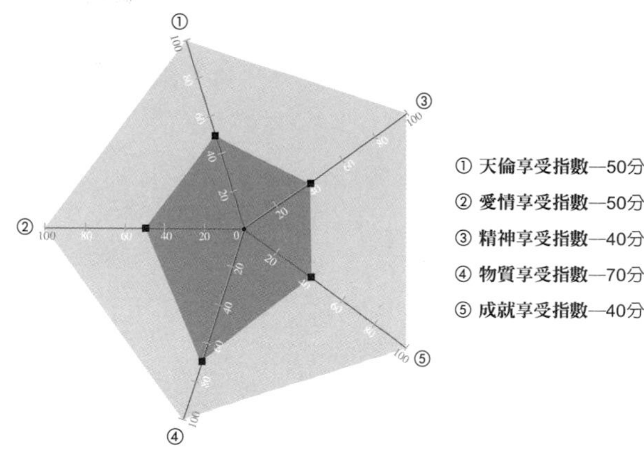

圖說：密探星＋軍師星位於Ⅳ或Ⅹ區塊，性向指數表－女

密探星組合 5

密探星單守於V、XI區塊

VI	VII	VIII	IX
密探星 V	密探星單守於V或XI區塊， 對面區塊必定是貴妃星。		X
IV			貴妃星 XI
III	II	I	XII

圖說：密探星單守於V或XI區塊

密探星單守．特質分析

位於Ⅴ或Ⅺ位的密探星，外緣區塊必定是貴妃星，兩顆星的性格相當兩極，一面是封閉性和防備心皆強的密探星，另一面則是愛笑、愛吃、愛到處玩樂旅遊，並且熱心、重視朋友、體貼會照顧人、不評論他人是非卻又愛說八卦的貴妃星。密探星若加上「資源星」或「正學士星」、「副學士星」時，個性更是活潑歡樂又外向，看來相當違背密探星封閉且不善交際的特質，其實這兩面特質並不衝突，只是在不同場合和狀況時，會有不同的特質發揮而已。

在工作上，密探星會發揮嚴謹務實的特質，精明的腦袋不會錯漏重要訊息，動作俐落且執行力強，能精準抓出重點，特別是在處理緊急事件時，固執、強硬，一副生人勿近的冷傲態度，這就是密探星的標準特色。

密探星在工作上思慮縝密，對待感情也同樣死心眼。位於Ⅴ或Ⅺ位的密探星，與位於Ⅱ或Ⅷ的密探星＋貴妃星一樣多有感情困擾，這是因爲外緣區塊多了顆感性又容易心軟的貴妃星，一遇到感情就難以理性判斷，同時也影響了選擇對象的能力，再加上密探星善於隱藏、很難對人掏心，一旦感情觸礁了又不懂得求救和傾訴，往往只能自苦。

密探星觀察力敏銳、直覺力強，是天生的探查高手，得知他人隱私時多半會不動聲色，亦善於保密，因此常常知道不少祕辛。內心雖常有負面想法，但對待家人和親近的人卻相當忠誠，且相當保護。

總部是密探星，若逢煞星，多半內心性格激烈，不過更需要注意的還是外緣區塊有煞星的密探星，因爲外緣區塊代表的是隱藏的個性，也是管控情緒的位置，如果有煞星，容易有意外事件和是非糾纏。

密探星位於Ⅴ、Ⅺ位時，團隊的三方中必定會遇到王爺星，如果密探星位於Ⅺ位，可會到旺地的王爺星，熱情四射的光芒可驅除密探星的負面能量，讓性格更光明磊落、更有愛心，也容易有貴人相助，外來資源較多；雖然財政區塊的旺地王爺星代表賺錢較辛苦，但工作事業會較順遂；密探星若位於Ⅴ位，會到的是陷地的王爺星，無法展露光芒，使得密探星的心性也轉爲陰沉，人生較辛苦之外，運勢起伏也較大。

無論位於哪個位置的密探星，都要謹記遠離賭與毒，特別是運勢不佳時，更要小心因爲意志不堅而被慫恿影響，一旦沉迷便是破敗的開始。

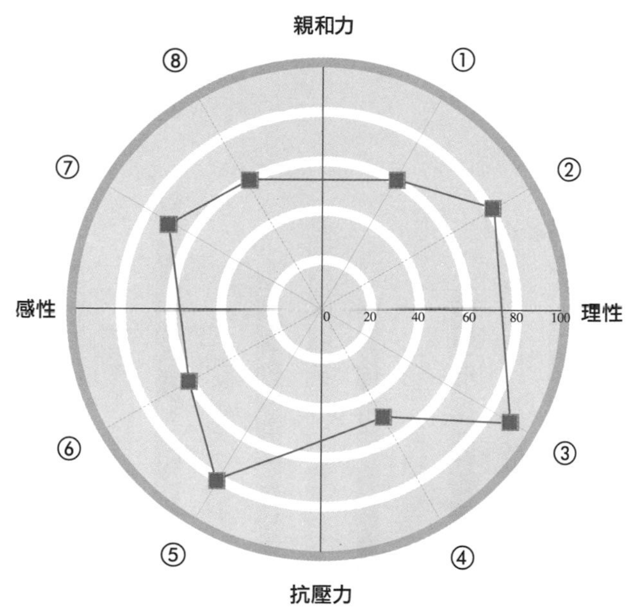

① 親和程度——60分	⑤ 抗壓能力——80分
② 感性反應——80分	⑥ 學習能力——60分
③ 理性直覺——90分	⑦ 情緒控管——70分
④ 叛 逆 性——50分	⑧ 表達能力——60分

圖說：密探星單守於Ⅴ或Ⅺ區塊，性向分析表

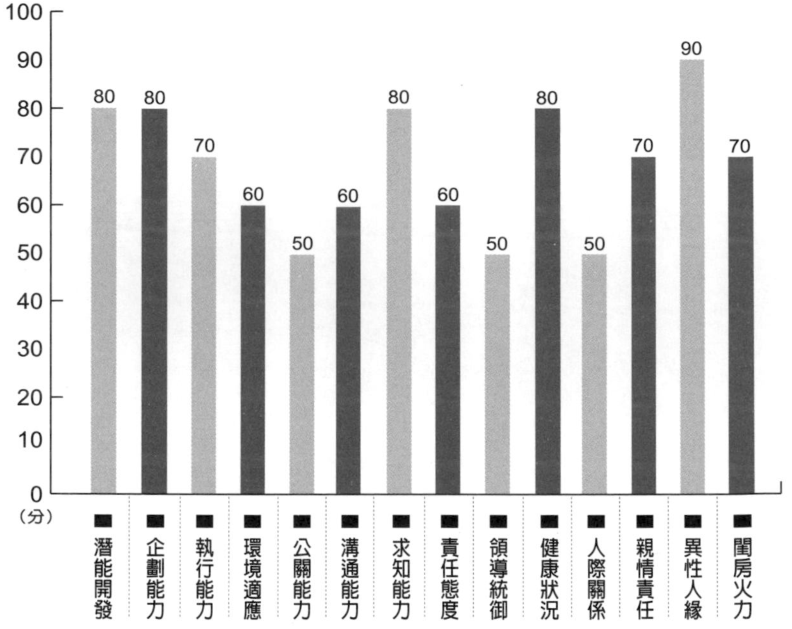

圖說：密探星單守於Ⅴ或Ⅺ區塊，人格特質表

密探星單守．男性性格特徵

這種組合的男性外表斯文，看來爽直豪邁、誠懇敦厚，像是體貼會照顧人的大哥一般；實際上密探星的個性有點霸氣和大男人，表現大度是因爲怕麻煩不想計較，其實心思細密且固執的密探星把很多事情都看在眼裡，並不像外表看來那麼人善可欺。

密探星善企劃、有才華，對自己的事業發展具有相當高的期待，雖然人生中總會遭遇挫折或是非，只要堅持初心、不投機抄捷徑，辛勤終能有所成。

密探星單守．女性性格特徵

位於V、XI位的密探星女性口才好、能言善道，外表看來好相處、喜歡開玩笑，其實內在個性固執倔強、小心謹慎，同時帶點情緒化。喜歡美食、美酒、旅遊玩樂，不過對於品質的要求頗高，並非來者不拒、有得吃就好，而是寧缺勿濫，屬於愛吃又懂吃的老饕類型。

在工作上，密探星女性能很快掌握重點，懂得靈活應變，企劃力和執行力都不錯；身邊多是相交多年的老朋友，但面對感情時往往感性大於理性，感情問題是難以說出口的地雷區。

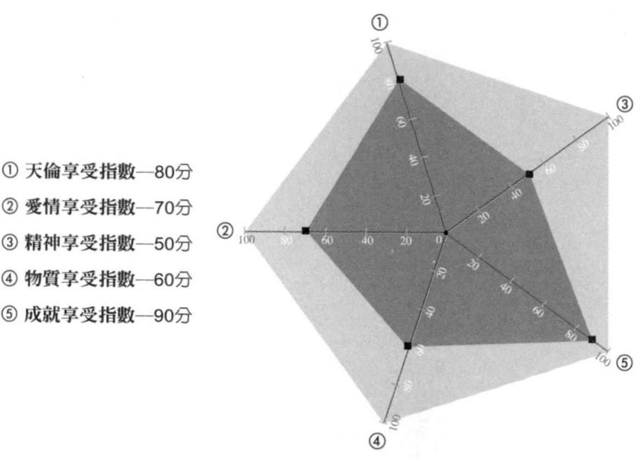

圖說：密探星單守於Ⅴ或Ⅺ區塊，性向指數表－男

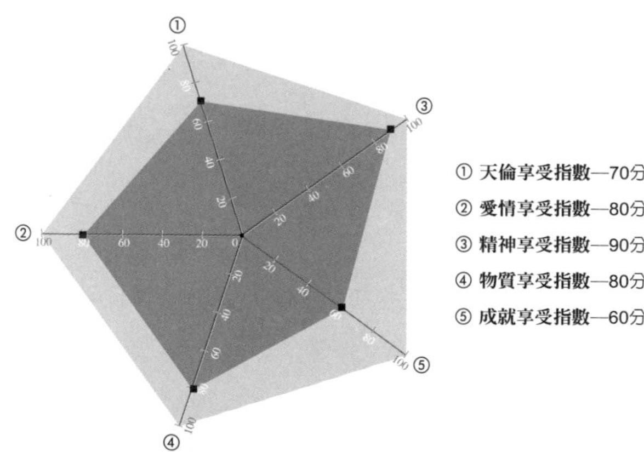

圖說：密探星單守於Ⅴ或Ⅺ區塊，性向指數表－女

密探星組合 6 密探星單守於VI、XII區塊

密探星 VI	VII	VIII	IX
V	密探星單守於VI或XII區塊，對面區塊必定是王爺星。		X
IV			XI
III	II	I	王爺星 XII

圖說：密探星單守於VI或XII區塊

密探星單守・特質分析

密探星擁有洞悉事物重點的能力，能見微知著、以小觀大，從小細節中察覺出眞相；天生有強烈的猜疑心和不安全感，不易相信他人，對別人釋出的善意或做事方式，常抱著懷疑和批判的態度。個性善於隱藏，無論內心多激動、憤怒或熱情，都會刻意掩飾自己的想法和眞正的欲望，讓外人猜不透他的心思，因此讓人相當有距離感。

密探星的優點是可長時間全神貫注於自己有興趣的事物上，利於鑽研專業知識和技能，也具有不按牌理出牌、出奇制勝的攻擊性。作風謹愼小心，極重隱私，但有時說話卻相當一針見血、毫不修飾，雖然有時是刻意爲之，但有時卻是衝動地脫口而出，讓人覺得說話不中聽、不討喜，因此多少會影響人際關係發展。同時密探星具有研究精神，擅長分析事物優劣點，批判能力強，加上個性好強又好勝，所以批評他人時覺得理所應當，一旦受到批評卻難以忍受，當下雖然不動聲色，但一抓住機會一定反擊或報復。

密探星的優點在位於Ⅻ時較能發揮出來，位在Ⅵ則會減弱。因爲密探星在Ⅵ位時王爺星必定位於對面的外緣區塊，王爺星位於陷地，黯淡無光，所以更

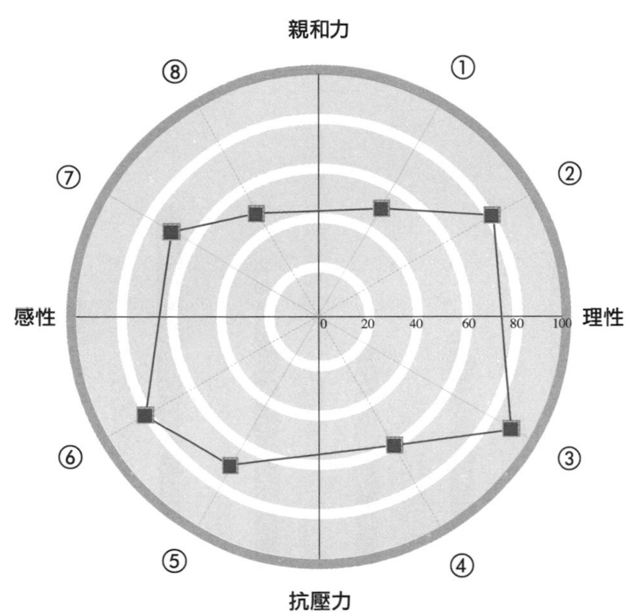

① **親和程度**——50分	⑤ **抗壓能力**——70分
② **感性反應**——80分	⑥ **學習能力**——80分
③ **理性直覺**——90分	⑦ **情緒控管**——70分
④ **叛 逆 性**——60分	⑧ **表達能力**——50分

圖說：密探星單守於VI或XII區塊，性向分析表

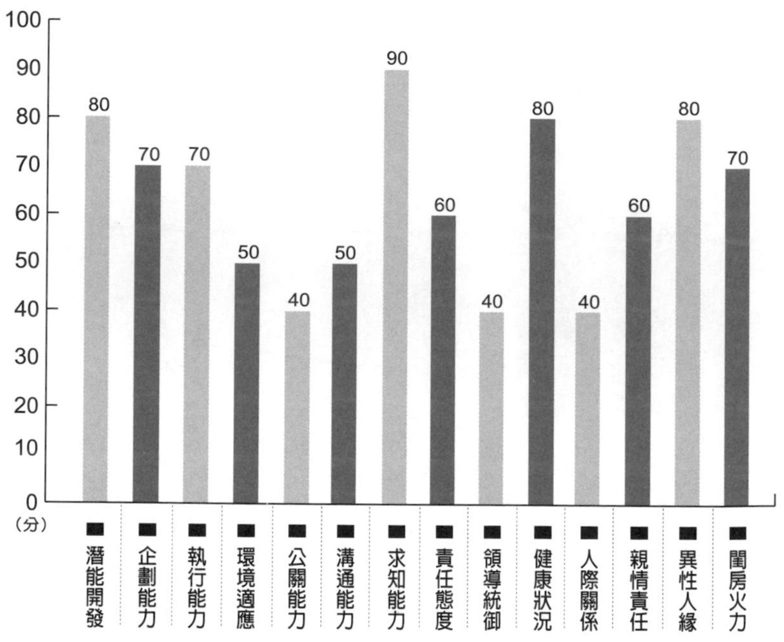

圖說：密探星單守於VI或XII區塊，人格特質表

無力驅趕密探星的暗黑，密探星的優點難以發揮，缺點被放大，導致VI位的密探星心性疏懶、不夠勤奮，來自家中的資源較少，凡事得靠自己打拚之外，成長過程的挫折也不少，對人生缺乏正面樂觀的態度；加上工作事業難免遇到是非波折，以致常常內心糾結，甚至走極端，或是傾向從事遊走法律邊緣的行業，一生行運的起伏大，是非不斷。

若是密探星位於XII位，外緣區塊的王爺星在旺地，光明燦爛陽光普照，可驅散籠罩著密探星的烏雲陰霾，不僅可以讓密探星發揮正面能量和優點，個性也相對較樂觀、主動、積極，可從事公眾行業、幕僚企劃、或是動腦或運用口才的行業，甚至也有好口福，對於美食和美酒都有很好的鑑賞力。

密探星單守．男性性格特徵

無論是位於VI或XII的密探星，外表看來都是一派爽朗，但內在性格差異頗大，一種是較欠缺積極行動力，開創力較弱，爭鬥心強，但做事的堅持度、續航力不足；另一種則是領導力強，重視名聲、樂觀進取，腦袋靈活應變力強、人際往來圓滑世故，懂得爲自己爭取更多資源和貴人，遇到挫折時也會以比較光明正面的態度面對。

這個組合的密探星同樣冷靜、謹慎、辯才無礙，愛面子、較難接受他人批評，但對其他人事物的批判卻不留情。自我防護力強，很念舊情，只要是他的家人或親近的人，絕對可以感受到他的照顧和保護。

密探星單守．女性性格特徵

這個組合的密探星女性笑與不笑的時候差異很大，笑起來溫暖可愛、大方親切，心情好時熱心助人，如冬日暖陽一樣讓人感到柔和舒服；但面無表情或心情不好時，除了明顯臉色難看之外，說出來的話更是犀利刺耳、句句見血，加上個性反覆多變，又喜歡講反話，心情不好的密探星實在讓人難以親近。

密探星女性處事能力強，機警敏銳，又有吃苦耐勞的精神，可以從容打理好份內工作；不過密探星天生缺乏安全感，內心多疑又容易負面思考，加上固執、死心眼，對感情總是拿捏不好分寸，容易在錯的時間遇到錯的人，即使有了另一半，也需要付出很多心力來經營關係，所以在愛情課題中常出現苦戀的辛酸和孤獨感。

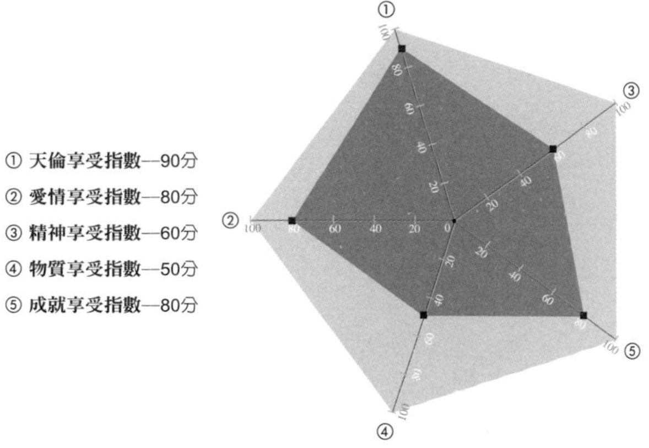

圖說：密探星單守於 VI 或 XII 區塊，性向指數表－男

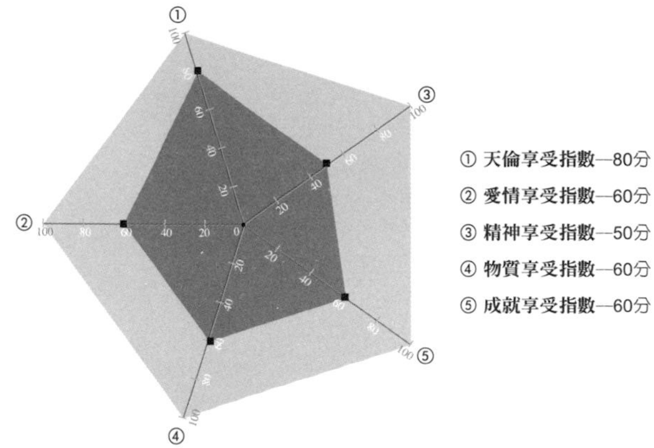

圖說：密探星單守於 VI 或 XII 區塊，性向指數表－女

前鋒星組合

Vanguard／ヴァンガード
原爲：破軍星
動物代表：貓
前衛神祕，獨特反骨

所屬團隊

紫微垣系統。

前鋒星特質

1 前鋒星是東方星理學中的耗星，屬於衝鋒殺將，行事不按常軌，有打破舊制、推倒重來的勇氣，敢於創新，不喜歡一陳不變，喜歡新鮮，熱愛冒險挑戰。

2 桀驁不馴，思想前衛，有創意，常有與眾不同的想法；主觀霸道，倔強執著，永遠有重新再起的衝勁與熱情。

3 個性自負、衝動，叛逆任性，愛挑剔，喜歡挑釁別人，永遠不按牌理出牌。

4 性格獨特，我行我素，不喜被約束，自主性強，有強烈好奇心，行爲作風特立獨行。

5 具有煽動力、蠱惑他人的魅力，對自己要做的事情十分堅定，可以不計代價的執行。

6 機警聰明，防衛心強，具有靈敏的直覺或特殊的感受能力。

7 時而孤僻，時而狂躁，不愛湊熱鬧，喜歡以居高臨下的姿態觀察周遭，喜歡在隱密的地方不被打擾。

前鋒星的組合有六種：

- 前鋒星單守於Ⅰ、Ⅶ區塊
- 前鋒星＋皇帝星位於Ⅱ、Ⅷ區塊
- 前鋒星單守於Ⅲ、Ⅸ區塊
- 前鋒星＋使節星位於Ⅳ、Ⅹ區塊
- 前鋒星單守於Ⅴ、Ⅺ區塊

●前鋒星＋司庫星位於VI、XII區塊

前鋒星無論與什麼星宿同一區塊，都會對另一顆主星產生相當的破壞力，同樣的，也對所入的區塊造成影響。前鋒星之所以是前鋒，就是因爲它有衝勁、有破除一切的勇氣，想法不守舊、不依循傳統，總有新想法和新創意，可以突破慣有的框架，並且永遠有重新再來的熱情。

因此，前鋒星最喜歡遇到庫銀星，有庫銀星相當於有資源和補給部隊，能讓只顧往前衝的前鋒懂得辨識方向、適時止損，規劃力和執行力兼具，能攻也能守，破壞之後懂得收拾戰場，重新建設。而若是前鋒星再加上煞星，如同跑車沒有煞車，只憑一腔熱血橫衝直撞，不僅無法自制，也聽不進別人的意見，人生之路高低起伏，十分驚險。

如貓般神祕、特立獨行

前鋒星的屬性是水，屬水的星宿情緒波動較大，對周遭人事物的變化較敏感，有相當敏銳的直覺力和觀察力。前鋒星的情緒難以捉摸，跳躍式思考，前

一刻的想法下一刻就推翻，轉瞬又有新的規劃，因此在職場上、生活上，感情上，前鋒星都給人無法定性、難以掌握的印象。

也正因前鋒星隨時有創新想法，腦袋閒不下來，行事不拘一格的特性，所以在工作上也有很大的彈性，只要有興趣，任何行業都願意嘗試進行。

喜歡挑戰刺激，率性隨意

前鋒星人一旦冒出新想法，便一股熱情往前衝，執著、專注，想做的事情千方百計也要達成，即使不擇手段、無人支持沒人看好，雖千萬人吾往矣！這種氣魄很可貴，但前鋒星人不顧一切、不計後果的態度總讓人膽顫心驚，而且前鋒星主觀、霸道、倔強，多情又喜新厭舊，難免消耗親人、愛人、朋友們的感情和耐性。

前鋒星人個性率性隨意，看似不拘小節，但同時又愛面子、挑剔；懂得經營和運用人脈，處事圓滑，行事具有投機性，爲了達到目的，可能不惜翻臉也要一意孤行。前鋒星人不喜歡原地踏步，總是不斷嘗試開創與改革，不僅喜歡挑戰，也追求那種自我突破的快感，正因爲無法安於平淡的個性，創新突破後又無法守成，人生暴起暴落、波動起伏大，除非分部搭配宰相星，或是逢滂神星、糾纏星，這樣才能放能收，否則大起大落，再多的資源也難免消耗殆盡。

前鋒星單守於Ⅰ、Ⅶ區塊

VI	使節星 總管星 VII	VIII	IX
V	前鋒星位於 I 或VII區塊， 對面區塊必定是 使節星＋總管星。		X
IV			XI
III	II	前鋒星 I	XII

圖說：前鋒星單守於 I 、VII區塊

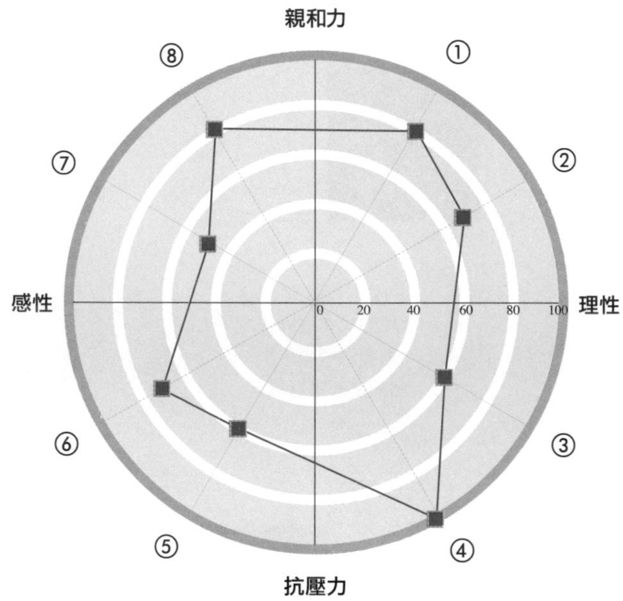

① 親和程度——80分
② 感性反應——70分
③ 理性直覺——60分
④ 叛 逆 性——100分
⑤ 抗壓能力——60分
⑥ 學習能力——70分
⑦ 情緒控管——50分
⑧ 表達能力——80分

圖說：前鋒星單守於Ⅰ、Ⅶ區塊，性向分析表

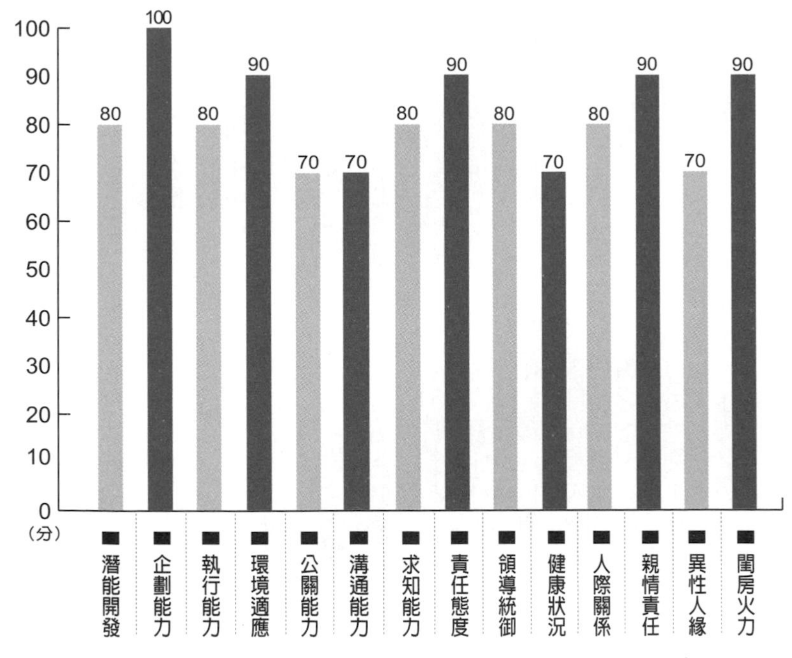

圖說：前鋒星單守於Ⅰ、Ⅶ區塊，人格特質表

前鋒星單守・特質分析

前鋒星有衝刺心與爆發力，有開創事業的魄力，喜歡冒險，正因為如此，造成人生曲線變動大，性格只懂強攻不善守成，且帶有投機心態，一旦與賭沾上關係，便是由成轉敗的開始。

前鋒星單守於Ⅰ、Ⅶ區塊，外緣區塊必定是使節星＋總管星，因此對外給人的印象多是溫和有愛心，主觀強、有主見，呈現穩重可靠的架勢，內在的急躁不會顯現出來，讓人誤以為前鋒星行事從容、脾氣不錯。

若是外緣區塊的使節星＋總管星再會到庫銀星，可謂是前鋒星組合中的頂配，有規劃力，也有熱情衝勁和執行力，大有作為。前鋒星單守於Ⅶ區塊會比位於Ⅰ區塊更優，亦是前鋒星六種組合中的最佳位置，雖然前鋒星個性仍不免急躁，但效率高、執行力強，策劃周全且具備宏大的眼光和開創力，能無中生有、創意無窮，憑實力在領域中佔有一席之地。

而前鋒星若位於Ⅰ區塊，王爺星和皇后星都不在旺地，雖然同樣有剛強果敢的氣魄和無窮的精力，但人生波折大，工作辛勞，且容易因一時誤判情勢而頹敗，也容易被小人牽累。

前鋒星可從事的行業彈性很大，任何可以不被約束、能夠放手衝刺的類型都可以勝任。不論是銷售、業務或買賣，電子業或餐飲服務、娛樂圈，或是設計裝潢業，都可做得有聲有色。

前鋒星單守於Ⅰ、Ⅶ區塊，無論男女，多是感情豐富、桃花不斷，堪稱時間管理達人。前鋒星欠缺意志力，追求不停的變化，加上煞星之後雖然會遇到較多波折，但反而會使意志力更爲堅定。前鋒星花錢不手軟，少有節制，如果加上庫銀星則稍可自制，可在預算範圍內運用，因此前鋒星的衝力是否能找到方向，庫銀星具有相當重要的作用。

前鋒星單守．男性性格特徵

外型斯文有禮，待人殷勤，尤其對異性更是體貼周到，放電指數高。在職場與人際交往中，有眼光也有手腕，足智多謀，工作表現不錯。但前鋒星個性好大喜功，不安於平穩，總想著不斷擴張版圖，沒有耐性穩健經營，因此容易因暴衝而導致之前的付出功虧一簣。

前鋒星喜高檔名品，喜奢華，習慣吃好的、用好的、穿好的，就算經濟實力不夠，也要撐出一個率性時尚雅痞的味道。

前鋒星單守・女性性格特徵

前鋒星單守於Ⅰ、Ⅶ區塊的女性，外型不錯，重儀表，只要出門在外，都會打扮得光鮮亮麗、引人注目。自尊心強、倔強，內在驕傲、不服輸，眼光高，敢做敢當，敢於表達想法意見，在職場上也是獨立能幹的狠角色。

前鋒星女性聰明率性，很有魅力，喜歡物質享受，與她在一起永遠有新鮮感，而且對另一半相當不錯，有錢一起花，開心就好！不過前鋒星女性意志力不夠堅定，虛榮心強，加上個性多變難以捉摸，因此感情路上並不穩定，難免有空虛無奈的感受。

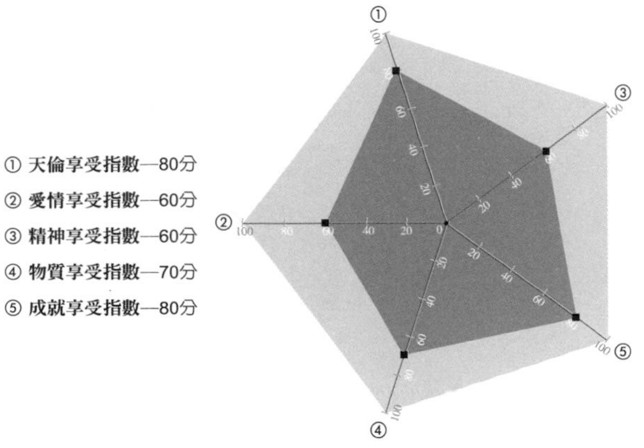

圖說：前鋒星單守於Ⅰ、Ⅶ區塊，性向指數表－男

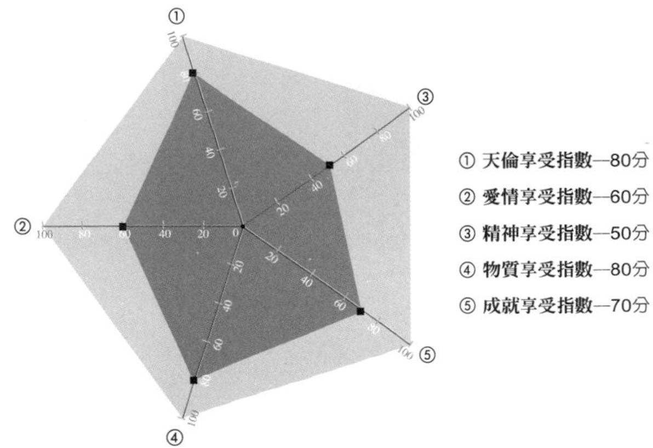

圖說：前鋒星單守於Ⅰ、Ⅶ區塊，性向指數表－女

前鋒星組合2

前鋒星＋皇帝星於II、VIII區塊

VI	VII	總管星 VIII	IX
V	前鋒星＋皇帝星位於II或VIII區塊，對面區塊必定是總管星。		X
IV			XI
III	前鋒星 皇帝星 II	I	XII

圖說：前鋒星＋皇帝星位於II或VIII區塊

詳細說明請見〈皇帝星〉章節內容（p.36）。

前鋒星單守於Ⅲ、Ⅸ區塊

VI	VII	VIII	**司庫星 總管星** IX
V	前鋒星位於 III 或 IX 區塊，對面區塊必定是司庫星＋總管星。		X
IV			XI
前鋒星 III	II	I	XII

圖說：前鋒星位於 III 或 IX 區塊

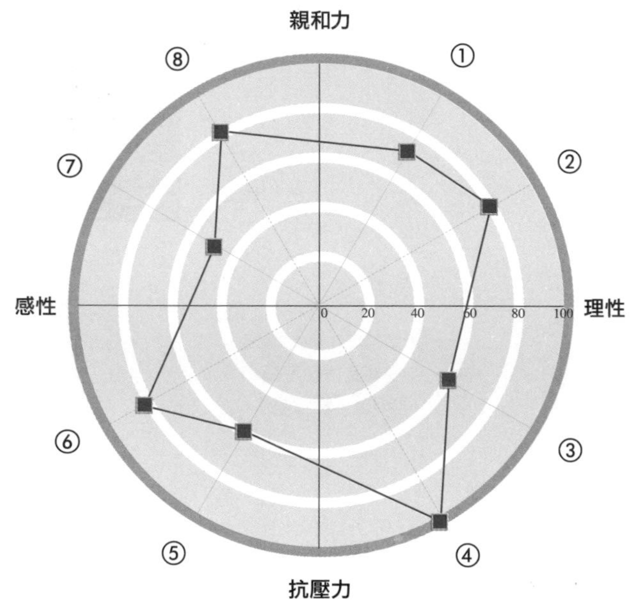

① 親和程度——70分
② 感性反應——80分
③ 理性直覺——60分
④ 叛 逆 性——100分
⑤ 抗壓能力——60分
⑥ 學習能力——80分
⑦ 情緒控管——50分
⑧ 表達能力——80分

圖說：前鋒星位於III或IX區塊，性向分析表

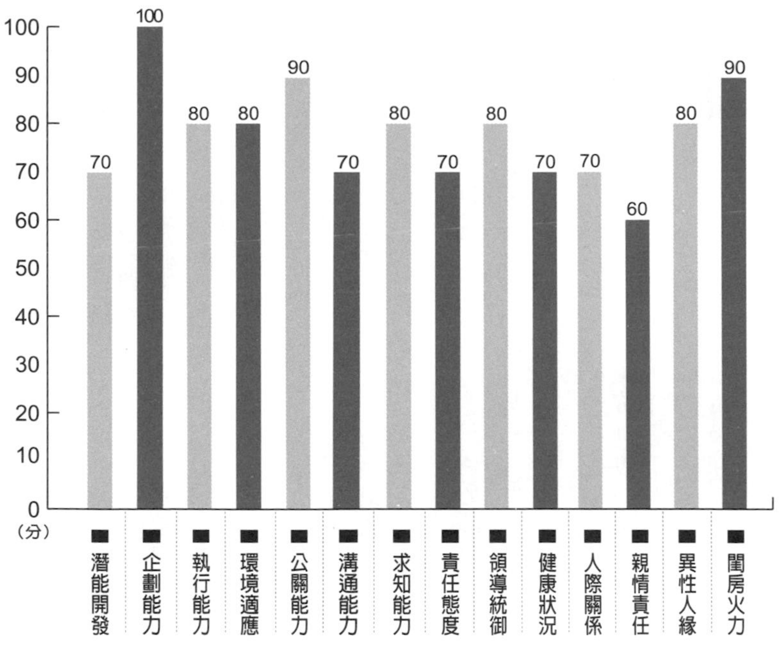

圖說：前鋒星位於 III 或 IX 區塊，人格特質表

前鋒星單守．特質分析

前鋒星單守於III、IX區塊，性情剛強倔強，不拘小節，心性浮動，給人不夠穩定、有點浮躁的感覺。有衝勁、有創意，總喜歡與眾不同、率性而爲，不在乎他人評價和眼光，也不滿足於現況，想法很多，眼光放得很遠，但總難安於當下。

不僅想法、個性與眾不同，外在打扮上前鋒星也總有自己的創意和風格，不盲從，甚至喜歡反其道而行，不輕易接受他人意見，我行我素，樂於活在自己的世界中。

前鋒星單守於III、IX區塊，這樣的組合只善於開創而不適合管理，戰鬥力十足，不怕挑戰打擊，越困難越能激發鬥志，只要給予前鋒星空間放手發揮，必能在短期內拓展出一番局面。

前鋒星總有一股義無反顧、孤注一擲的心態，沒有耐性逐步累積能量、慢慢前進，最好一步到位。前鋒星的破壞力和魄力是六種組合皆同的，但結果如何？能不能留下成績？關鍵點還是在庫銀星。前鋒星單守於III、IX區塊，外緣區塊必定是司庫星＋總管星，這樣的外緣組合本就具有矛盾反覆的特質，私心

重，也較情緒化，因此前鋒星位於III、IX區塊，在人際交往上難免也帶有這樣的味道，情緒起伏大，凡事看心情，說好聽是具有獨特個人風格，其實是情緒化，一般人較難理解與欣賞。

前鋒星的第六感、直覺力很強，多疑又固執，有傲氣、有賭性，因此只相信自己，難接受別人指正。前鋒星單守於IX區塊，較優於單守於III區塊，有豐富的想像力、穩健的實踐力，可以舊物創新，也有能力開創新局；有超前的眼光和專業技術的背景，若再會到吉星，便可突破性格上的弱點，將眼高手低、好高騖遠的本性，轉爲創意的發揮、新舊的融合，能放能收，能破也能立，是相當具有建設性的組合。

前鋒星單守·男性性格特徵

豪氣爽朗，作風海派，虛榮浪費和節儉小氣兼具，言行舉止都有一股煽動力；愛憎分明，敢說敢做更敢衝；自負、自戀、喜歡耍帥，總是表現出無所謂、痞痞的樣子。前鋒星沒有耐性，愛面子又固執，因爲好強不服輸，若再加上賭性和膨脹的自信心，難免一擲千金，後果難料。

前鋒星腦袋靈活，想得快、動作快，語速也快，因此沒有耐性慢慢來，工

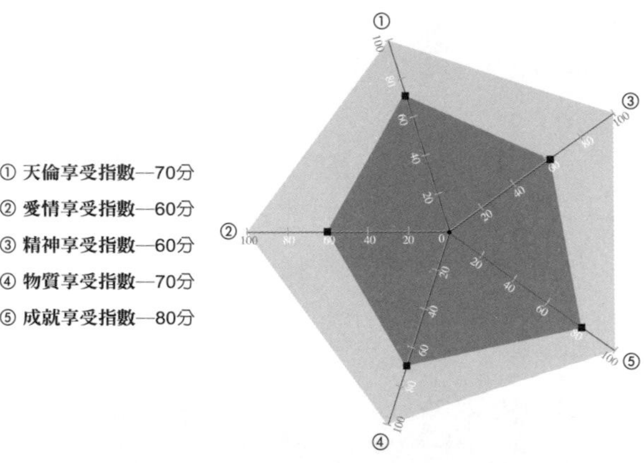

圖說：前鋒星位於III或IX區塊，性向指數表－男

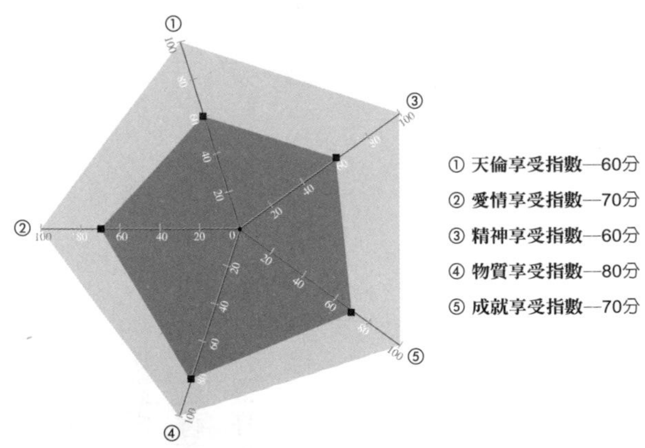

圖說：前鋒星位於III或IX區塊，性向指數表－女

作如此，感情也是如此。花錢不手軟的前鋒星，愛面子又重義氣，就算自知能力有限，硬著頭皮也會幫忙，因此得小心被故意激將或刻意吹捧，做出超乎自己經濟或能力範圍的承諾。

前鋒星單守・女性性格特徵

前鋒星單守於III、IX區塊的女性，看來溫和得體，穩重大方，其實個性和典型的前鋒星一樣，性急、動作快，果敢有擔當，工作能力強，有很好的領導力。前鋒星女性重財也重義，辦事牢靠，不安於現況，懂得不斷自我鞭策，因此收入頗豐。在物質方面也不會虧待自己，認眞工作也努力花錢，對朋友相當有情有義，相處愉快且隨性。

前鋒星女性工作能力和經濟條件雖然不錯，但爲了感情或婚姻，仍願意放棄發展，將重心轉至家庭中。不過前鋒星女性需要更大的舞台，因此最好找到兼顧之法，否則前鋒星的破壞力若只放在家裡，感情容易生變，也枉費了前鋒星的高效能力。

前鋒星組合 4

前鋒星＋使節星於Ⅳ、Ⅹ區塊

VI	VII	VIII	IX
V	前鋒星＋使節星位於 Ⅳ或Ⅹ區塊， 對面區塊必定是總管星。		總管星 X
前鋒星 使節星 IV			XI
III	II	I	XII

圖說：前鋒星＋使節星位於Ⅳ或Ⅹ區塊

詳細說明請見〈使節星〉章節內容（p.182）。

前鋒星組合 5
前鋒星單守於 V、XI 區塊

<table>
<tr><td>VI</td><td>VII</td><td>VIII</td><td>IX</td></tr>
<tr><td>前鋒星
V</td><td colspan="2" rowspan="2">前鋒星單守於Ｖ或XI區塊，
對面區塊必定是
皇帝星＋總管星。</td><td>X</td></tr>
<tr><td>IV</td><td>皇帝星
總管星
XI</td></tr>
<tr><td>III</td><td>II</td><td>I</td><td>XII</td></tr>
</table>

圖說：前鋒星單守於Ｖ或XI區塊

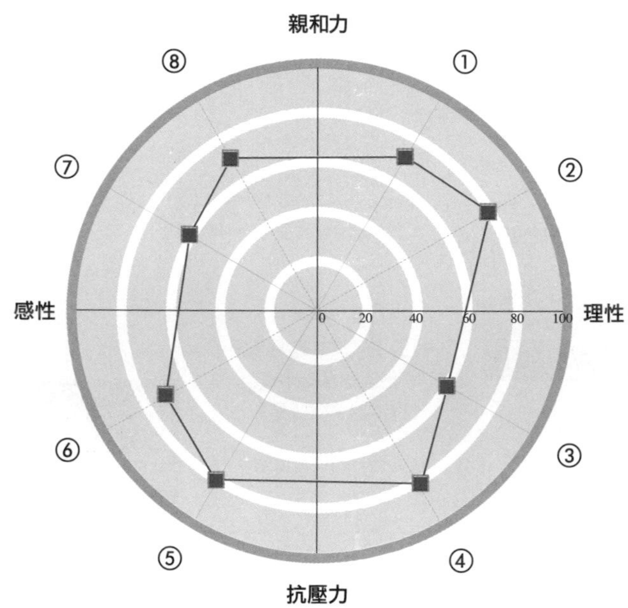

① 親和程度——70分
② 感性反應——80分
③ 理性直覺——60分
④ 叛 逆 性——80分
⑤ 抗壓能力——80分
⑥ 學習能力——70分
⑦ 情緒控管——60分
⑧ 表達能力——70分

圖說：前鋒星單守於Ⅴ或Ⅺ區塊，性向分析表

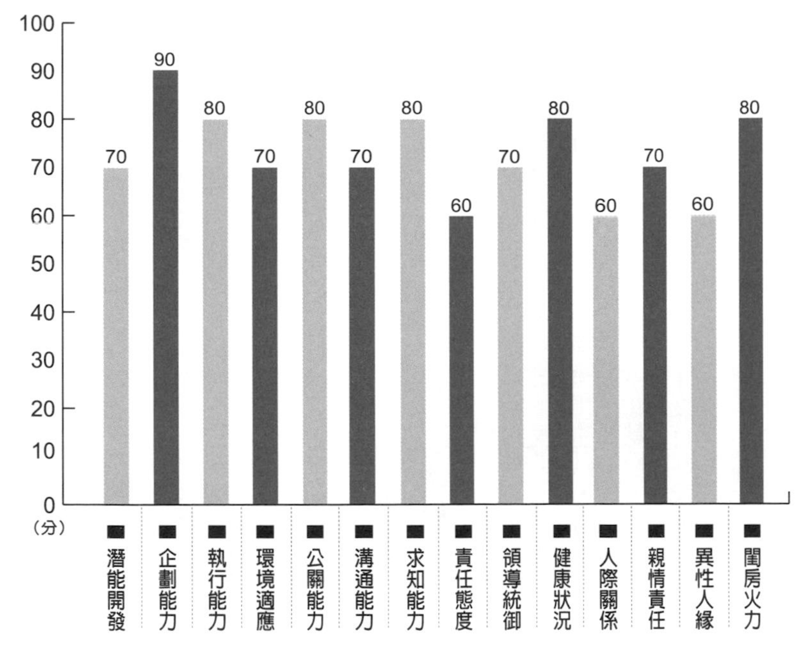

圖說：前鋒星單守於Ⅴ或Ⅺ區塊，人格特質表

前鋒星單守・特質分析

前鋒星單守於Ⅴ、Ⅺ區塊，性格強悍，脾氣大，有股霸氣，行爲模式隨性，不隨俗也不和眾，特立獨行很有個人風格。不喜歡受約束，最討厭被管，情緒說變就變相當看心情，言詞犀利直接，語不驚人死不休，一言不可可以馬上翻臉。

前鋒星位於Ⅴ、Ⅺ區塊，外緣區塊一定是皇帝星＋總管星，皇帝星逢前鋒星則失去權威，且皇帝星＋總管星位在Ⅴ、Ⅺ區塊天羅地網的位置，不僅失去權威感，也很難突破現況，無法有實際作爲和發展，因此常常會有鬱悶不得志、被壓抑、力不從心的感受。

前鋒星的掌控力強，自傲且自負，很會爲自己規劃謀算，有時難免表現出倨傲的態度。喜歡受肯定、被讚美、簇擁和注目，口才好反應快，能言善道，剛認識時可以充分感受到前鋒星人的幽默和熱情，但反覆不定的個性也可能因小事翻臉，或是突然失去興趣、覺得交往沒有好處了而斷絕聯繫，頗讓人難以招架。

前鋒星的優缺點相當兩極，積極主動、熱情有行動力是特色，不妥協、不服輸、不怕困難挑戰亦是難得優點，但做事虎頭蛇尾、自負傲慢的弱點難免影響與人交往，工作上也難以得到援手，前鋒星需把眼光從遠處收回，關注當下、珍惜身邊人，否則運勢好時雖風光無限，但守成並非前鋒星的強項，終歸要小心從高處跌下。

前鋒星單守．男性性格特徵

前鋒星位於V、XI區塊的男性，有活力，喜歡運動，總是東奔西跑閒不下來。性格強勢，有時心口不一，感情上有三分鐘熱度或喜新厭舊的傾向，工作方面則有點疏懶、不積極。外緣區塊有皇帝星＋總管星，儀表堂堂、有氣場，但心性不定，喜歡被崇拜、受注目，也容易與異性搞曖昧；前鋒星愛面子、自尊心強，較難接受別人的質疑或否定，遇到挑戰可以激發他的鬥志，屬於越挫越勇的類型。

前鋒星單守．女性性格特徵

前鋒星位於V、XI區塊的女性，可愛任性，有赤之心子，性格獨立、倔強、衝動，愛挑剔，有時脾氣一來看什麼都不順眼，帶點神經質，規矩不少；工作上能獨當一面，可有不錯發展。前鋒星女性同樣喜歡物質享受、追求奢華生活，喜歡打扮、吃喝玩樂都在行，但在交友和感情上仍是一貫忽冷忽熱的態度，因此朋友不多，感情也難有長久發展。

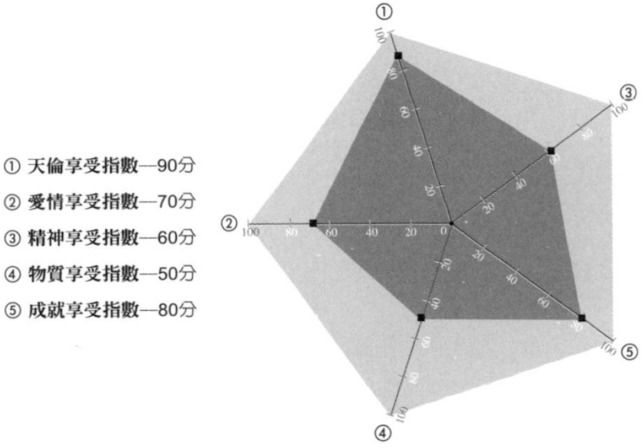

圖說：前鋒星單守於Ⅴ或XI區塊，性向指數表－男

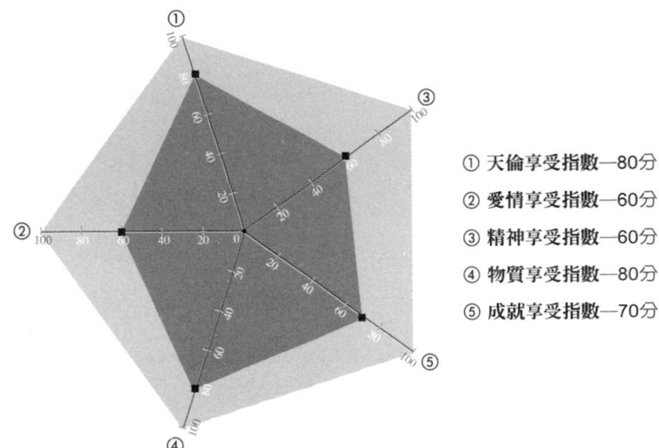

圖說：前鋒星單守於Ⅴ或XI區塊，性向指數表－女

前鋒星組合 6

前鋒星＋司庫星於VI、XII區塊

前鋒星 司庫星 VI	VII	VIII	IX
V	前鋒星＋司庫星位於 VI或XII區塊， 對面區塊必定是總管星。		X
IV			XI
III	II	I	總管星 XII

圖說：前鋒星＋司庫星位於VI或XII區塊

詳細說明請見〈司庫星〉章節內容（p.113）。

宰相星組合

Prime Minister／首相
原爲：天府星
動物代表：老虎
強勢沉著，理性務實

所屬團隊

太微垣系統。

宰相星特質

1 宰相星是東方星理學中的庫星，財庫的化身，相當重視物質享受，有野心，對金錢的追求欲望相當明確，但理財保守，不喜歡投機或做沒把握的投資。

2 主觀意識強烈，善於理性分析，重視顏面、地位，集「務實」與「現實」於一身，投資眼光好、危機意識高，具有運籌帷幄的能力與智慧。

3 外型看來穩健持重、忠厚溫良，實則機警聰明，喜歡掌權、發號施令，領導力與管理能力皆強。若逢煞星，性格轉爲狡詐、自負、傲慢、自私，富心機與算計，屬於欺善怕惡之輩。

4 最喜歡三五好友一起分享美食，樂於請客買單，但不願意借錢、週轉或有金錢糾葛。

宰相星的組合有六種：

- 宰相星＋司庫星位於Ⅰ、Ⅶ區塊
- 宰相星單守於Ⅱ、Ⅷ區塊
- 宰相星＋皇帝星位於Ⅲ、Ⅸ區塊
- 宰相星單守於Ⅳ、Ⅹ區塊
- 宰相星＋使節星位於Ⅴ、Ⅺ區塊
- 宰相星單守於Ⅵ、Ⅻ區塊

傲氣與霸氣兼具，喜掌權和發號施令

宰相星的特質是延壽、解厄、掌權、號令，亦是財星、財庫的代表。宰相星可制煞星，能將「馬前卒、後衛兵、火神星、旱神星」等煞星化為己用，喜歡發號施令、執掌大權，賺取財富的眼光手段極佳，不僅是庫星的代表，為了達到目標，宰相星的堅韌毅力亦是一方之霸。

若說皇帝星是草原上稱王的獅子，那麼宰相星就是森林中稱霸的老虎。雖然宰相星一般給人的印象是溫厚穩重、踏實努力，做事圓融、安分保守，而且喜歡美食又懂得享受生活，但這只是外在而已，其實宰相星的主觀意識特別強，自我、霸道，愛面子、重排場，無論男女，宰相星都有眼高於頂的驕傲感，絕不輕易向他人低頭。沉靜的外表下是強韌不服輸的內在，懂得先觀察環境再伺機而動，目光精準，抓取資源的能力快狠準，但這樣強勁的攻擊力都隱藏在儒雅的氣質之下，就像低伏的老虎一般，看似冷靜傲慢、無聲無息，待時機成熟時立刻迅猛突襲，很少有獵物能虎口逃生。

理性務實，喜歡美食愛享受

宰相星人多具備專業才華，或有專業知識和技術，精明、工作能力強，且極重效率；獨佔心、企圖心強烈，城府深，善於人脈經營，交友圈都是與自己能力相仿的，或是比自己更高層級的人，處事圓滑又善於交際，容易得到長官的賞識提攜，在職場、商場、官場多能得到助力，青雲直上。

宰相星是天生的主管和領導人才，性急、嘮叨、多以自我為中心，雖然對人大方，但卻不喜歡被佔便宜；愛吃，是標準的美食主義者，個性務實，更是相當重質感的唯物主義者。不過宰相星也分好幾個層次，原本就注重衣著外貌的宰相星若再加上「正學士星」、「副學士星」時，格局較高，除了要求好看、有質感，還要名牌加持，優雅華貴為主要特色；如果少了「正學士星」、「副學士星」，等於少了包裝，嗓門不小、舉止也較粗枝大葉；若是宰相星加上煞星，反而變得不在乎外在穿著儀容，只有賺錢最重要，其他隨便無所謂，個性也會從原本的守勢轉為攻勢，展現出十足的衝勁，為人也較自私，為了爭權奪利可以不擇手段，賺錢成為唯一目標。

宰相星最怕逢「滂神星」、「糾纏星」和「偽裝星」，因為外表看來仍是一副穩重踏實的模樣，但愛面子、主觀且自傲，凡事都要管，想要發號施令卻搞不清方向，想吃好用好卻口袋空空，以至於眼高手低，失去了宰相星的腳踏實地和務實。

宰相星組合 1

宰相星＋司庫星於Ⅰ、Ⅶ區塊

VI	將軍星 VII	VIII	IX
V	宰相星＋司庫星位於 Ⅰ或Ⅶ區塊， 對面區塊必定是將軍星。		X
IV			XI
III	II	宰相星 司庫星 I	XII

圖說：宰相星＋司庫星於Ⅰ、Ⅶ區塊

詳細說明請見〈司庫星〉章節內容（p.77）。

宰相星組合2

宰相星單守於II、VIII區塊

VI	VII	使節星 將軍星 VIII	IX
V	宰相星單守於II或VIII區塊， 對面區塊必定是 使節星＋將軍星。		X
IV			XI
III	宰相星 II	I	XII

圖說：宰相星於II或VIII區塊

宰相星單守．特質分析

宰相星位於II或VIII區塊，外表穩重大方，主觀意識和危機意識皆強，乍看不容易親近，其實性格海派，還有點熱心雞婆，做事俐落不愛拖泥帶水，不八卦、不論人是非，懂得廣結善緣，因此很能得到年長貴人的助力。看來朋友很多，但眞正知心的卻很少，原因不外乎性格急躁，情緒起伏大，脾氣一來脫口而出的話總是充滿火藥味，就算是好意，也讓人覺得像在批評指責一般，在他人看來就是個容易暴衝、情商低、驕傲又不留情面的人。只有在相處熟識之後，才能發現宰相星其實相當好相處，夠義氣、心腸軟，表達關心的方式就是不斷嘮叨的外冷內熱型。

宰相星很自我、很主觀，很難聽進別人的勸告和建議，個性好強不服輸，就算表面上看起來溫和冷靜，但被批評的宰相星只是氣在心裡還未發作而已。天生具備管理組織能力，也多是老闆的左膀右臂，是相當不錯的輔佐人才，只是位於II或VIII區塊的宰相星較缺乏主動開創的衝勁和企圖心，想獨當一面，但又怕承擔責任，因此常有在職怨職的情況，覺得自己進退兩難。其實宰相星辦事能力強，細心且務實，這些都是公司和老闆最欣賞的特質，不要老覺得自己

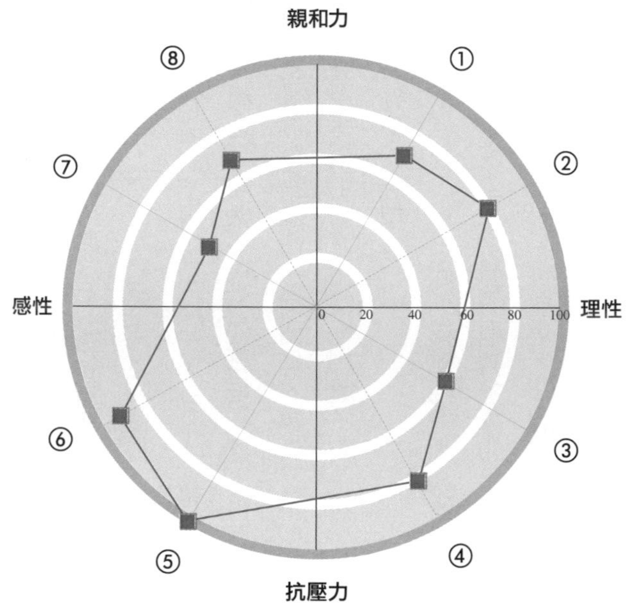

① 親和程度——70分	⑤ 抗壓能力——100分
② 感性反應——80分	⑥ 學習能力——90分
③ 理性直覺——60分	⑦ 情緒控管——50分
④ 叛 逆 性——80分	⑧ 表達能力——70分

圖說：宰相星於 II 或VIII區塊，性向分析表

宰相星組合 2．宰相星單守

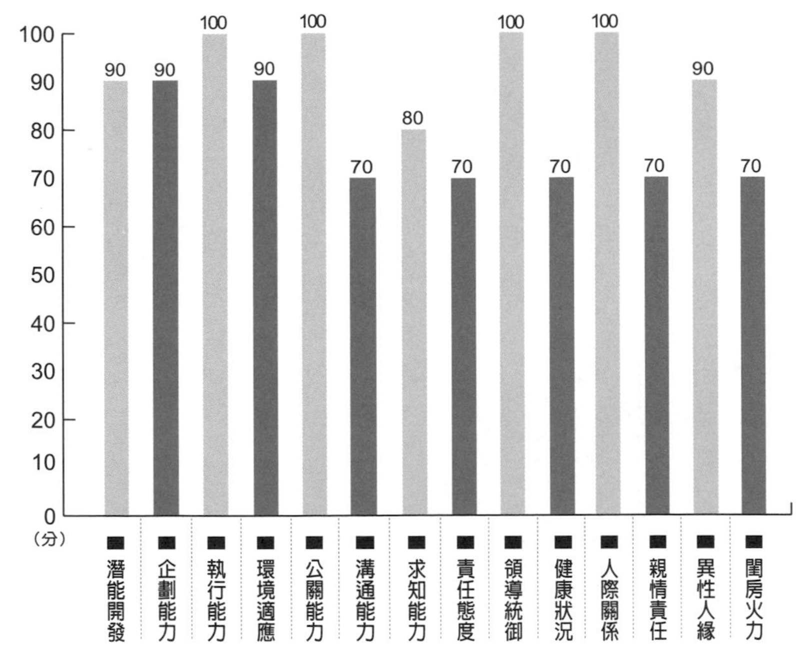

圖說：宰相星於 II 或VIII區塊，人格特質表

必須做到完美，或擔心別人看輕你的能力，只要正常發揮，宰相星的實力足以得到肯定。

宰相星喜歡熱鬧，耐不住寂寞，做什麼都喜歡拉人作伴，尤其是喜歡找朋友一起吃吃喝喝說八卦、抱怨一下現況，不過抱怨完畢仍然會認份的繼續埋頭打拚。個性帶點傲氣、有點自戀，做事認眞、負責，有藝術天份，擅長構思企劃，可在設計、美學方面，或是專業技術領域發揮。看起來好相處，但不太喜歡也不擅長團隊合作，因爲宰相星較主觀且自我，想法和做事方式較難與他人配合，因此比較適合獨立作業的工作方式。

總部位於II或VIII區塊的宰相星，其團隊三方四正中若遇吉星，可以讓宰相星的正面優點得以發揮，並在職場或個人努力的領域中有一席之地；但若三方中逢煞星，除了更加強了宰相星的孤僻之外，原來的優點也難以展現，缺點卻變本加厲，變得喜歡比較、看高不看低，一切利益至上。而若是宰相星逢「澇神星」、「僞裝星」，則變成了少根筋的傻大哥或傻大姐，甚至連財庫也要大打折扣了。

宰相星單守．男性性格特徵

宰相星男性穩重老成的外型，謹慎的做事態度，勤奮及求好心切的特質，都可為自己在職場上博得不錯的口碑。不過天生的自負和沒信心有時會相互交戰，既享受職場上的肯定和讚美，但又怕自己扛不住這些責任，一旦被指點或糾正，就會放大嚴重性，甚至覺得別人意見太多妨礙了自己的發揮，得失心太重，反而形成自我侷限的尷尬狀況。

宰相星單守．女性性格特徵

位於II或VIII區塊的宰相星女性，機靈聰敏，處事幹練，有點情緒化，心情好的時候凡事好談，心情不好的時候很難溝通，而且聽不進任何建議。危機感強，特別容易感受到別人的敵意或不認同；個性倔強坦蕩，自傲又有點嬌氣，讓人覺得並不好親近，偶爾脫口而出的評語也是犀利又直白，讓人難以招架。不過對於看得順眼、覺得合得來的人，她的熱心體貼又讓人覺得十分溫暖，熟識之後，才能感受到她赤子之心的一面。

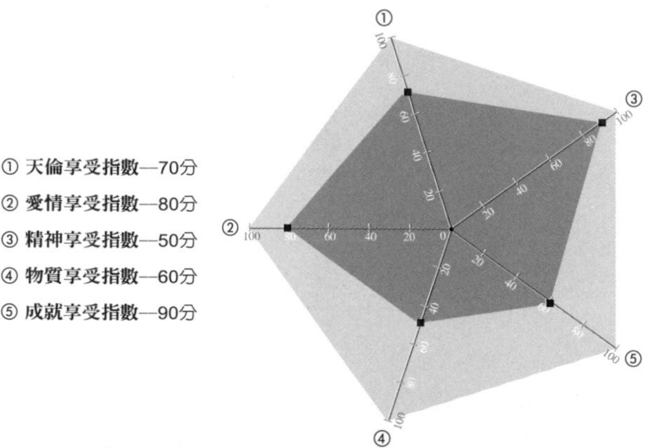

圖說：宰相星於 II 或VIII區塊，性向指數表－男

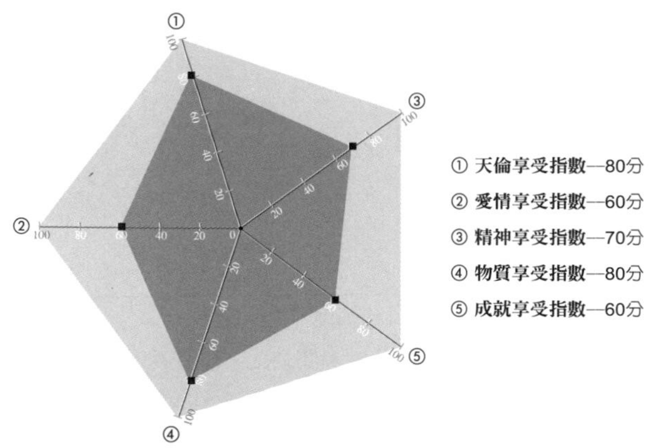

圖說：宰相星於 II 或VIII區塊，性向指數表－女

宰相星組合 3

宰相星＋皇帝星於Ⅲ、Ⅸ區塊

VI	VII	VIII	將軍星 IX
V	宰相星＋皇帝星位於 III或IX區塊， 對面區塊必定是將軍星。		X
IV			XI
宰相星 皇帝星 III	II	I	XII

圖說：宰相星＋皇帝星位於III或IX區塊

詳細說明請見〈皇帝星〉章節內容（p.43）。

宰相星組合4

宰相星單守於IV、X區塊

VI	VII	VIII	IX
V	宰相星單守於IV或X區塊，對面區塊必定是司庫星＋將軍星。		司庫星 將軍星 X
宰相星 IV			XI
III	II	I	XII

圖說：宰相星單守於IV或X區塊

宰相星單守 · 特質分析

宰相星單守於Ⅳ或Ⅹ區塊時，團隊三方是外緣區塊的司庫星＋將軍星、行政區塊的總管星、以及財政區塊中借使節星＋近侍星，這些星座的組合，讓宰相星形成比較多樣的個性，塑造出外柔內剛、積極又誠懇善良，兼具霸氣威嚴的特質。時而細心謹愼，時而剛強跋扈、講義氣，受到外緣區塊司庫星＋將軍星的影響，拗起來時又固執又愛強辯，不過優點則是勤勞、意志力堅強，審美觀和儲財能力強。性格穩定踏實，工作上必要時能八面玲瓏，爲人處世圓滑，這個位置的宰相星不是具有創造力的發想者，而是實在打拚、享受生活的類型，典型的務實主義者。

宰相星顧家，行事風格偏向於內斂保守，內在細膩感受力強，重精神也重物質，只是感情的表達比較剛硬，不擅長溫柔婉轉。在各方面都很在意細節，甚至有點挑剔，一板一眼的辦事態度相當可靠；能以大局爲重，有排解糾紛的能耐，更是遵守規範的執行者，好爲人師，會照顧自己人，亦是可獨當一面、掌握經濟大權的人才。

重視儀表、愛面子，很有口福，對美的鑑賞力高，個性實際且相當重視金

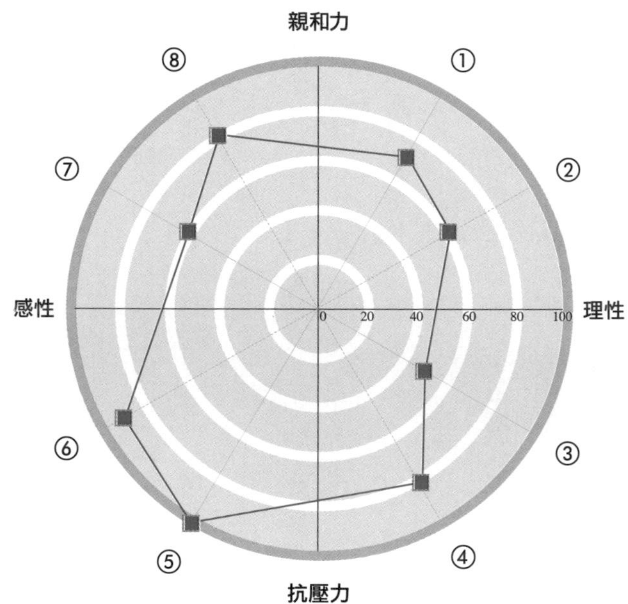

① 親和程度——70分
② 感性反應——60分
③ 理性直覺——50分
④ 叛 逆 性——80分
⑤ 抗壓能力——100分
⑥ 學習能力——90分
⑦ 情緒控管——60分
⑧ 表達能力——80分

圖說：宰相星單守於IV或X區塊，性向分析表

宰相星組合 4．宰相星單守

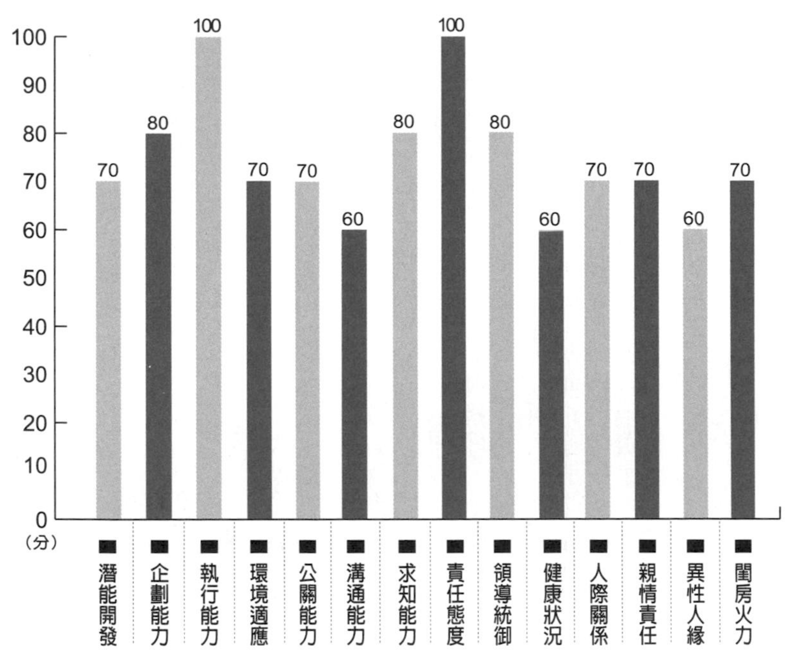

圖說：宰相星單守於Ⅳ或Ⅹ區塊，人格特質表

錢帶來的安全感和舒適度；追求地位、名利、高收入，善於理財儲蓄，但不小氣，懂得享受生活，也懂得如何展現自己的優點和優勢，天生帶有一股貴氣。感情上則往往和另一半的興趣不同，想法也不一致，要避免常有意氣之爭。

宰相星好比較，計較心重，表面看來平穩，但內心常感不安。擅長理性分析，對理財有自己的一套見解，懂得分散投資而不會逞一時之快，在職場上也多能得貴人提攜，可在金融業、服務業、或大型企業任職，公教、媒體、代理等等類型也是很能發揮個人特長的選擇。

討厭不思進取、沒有上進心的人，喜歡與有夢想、有企圖心、各方面表現都比自己好的人爲伍，有才華、有地位、有財富的人，宰相星人都樂於向他們靠近和學習。雖然宰相星看來連擇友都很務實，不過對親近的朋友，宰相星倒是相當樂於付出，熱心大方，很有惻隱之心。

位於IV或X區塊的宰相星看來氣勢強，其實膽子小，若是逢煞星或「滂神星」則比較敢衝；如果沒有遇到煞星或「阻礙星」，那麼相對比較保守，仍然會以穩健踏實爲主要路線。

宰相星單守 · 男性性格特徵

機智靈活，遇到狀況能冷靜觀察判斷，然後從容且快速反應，溫和穩重的態度讓人很有安全感。勤勞負責、做事俐落、有幹勁，處事方式細緻周全，懂得全盤考量，並以獲得最大利益爲目標。個性中的自負和自傲不容許自己出錯，凡事都要得到肯定和注目，因此對自己的外在和表現都相當要求和講究。

由於外緣區塊有司庫星＋將軍星，會讓穩健的宰相星更多一點剛強和性急，同時也更豪爽與重義氣，比較不會眼高於頂、也不會老是自詡與上流人物爲伍，自以爲高人一等。不過宰相星若是逢煞星或「阻礙星」的話，看錢更重，視財如命，要小心與人因錢財起糾紛，與友人往來最好盡量避免借貸。

宰相星單守 · 女性性格特徵

個性溫厚、思慮謹慎，但同時又帶點大而化之以及急躁，凡事都想速辦速決。習慣用柔性而堅持的態度工作和應對，看來和順，實則個性堅定又獨立，處理瑣碎事務的能力強，亦有統籌大局的氣度，在人際關係經營上自有一套不得罪人的本事，在職場上多能擔任要職。

宰相星女性除了對另一半比較容易不耐煩、耐不住脾氣之外，對任何人都算好相處，內在孤傲的一面也不會輕易外顯。喜歡在優雅的環境享受美食、穿搭名牌服飾和配件，因此喜歡與價值觀一致、志趣相投的人爲伍。

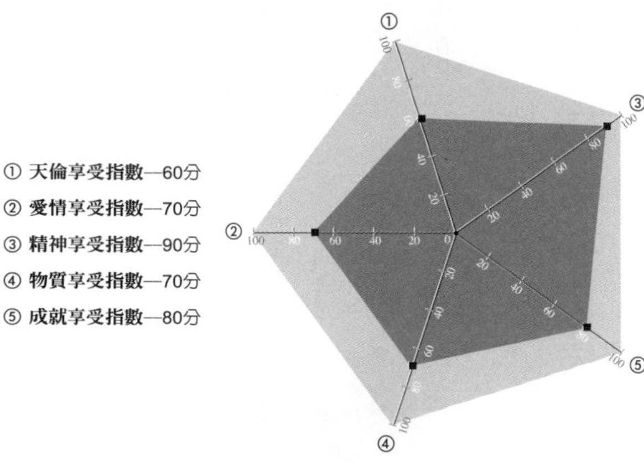

圖說：宰相星單守於Ⅳ或Ⅹ區塊，性向指數表－男

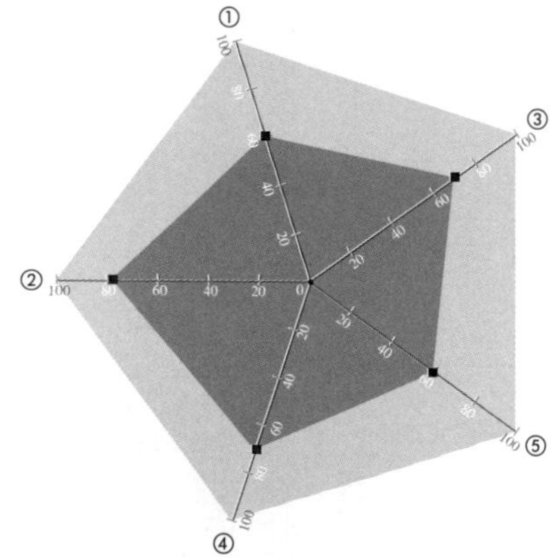

圖說：宰相星單守於Ⅳ或Ⅹ區塊，性向指數表－女

宰相星組合 5

宰相星＋使節星於Ⅴ、Ⅺ區塊

Ⅵ	Ⅶ	Ⅷ	Ⅸ
宰相星 使節星 Ⅴ	宰相星＋使節星位於 Ⅴ或Ⅺ區塊， 對面區塊必定是將軍星。		Ⅹ
Ⅳ			**將軍星** Ⅺ
Ⅲ	Ⅱ	Ⅰ	Ⅻ

圖說：宰相星＋使節星於Ⅴ或Ⅺ區塊

詳細說明請見〈使節星〉章節內容（p.190）。

宰相星單守於VI、XII區塊

宰相星 VI	VII	VIII	IX
V	宰相星單守於VI或XII區塊， 對面區塊必定是 皇帝星＋將軍星。		X
IV			XI
III	II	I	皇帝星 將軍星 XII

圖說：宰相星單守於VI或XII區塊

宰相星單守．特質分析

在星盤中，III、IX、VI、XII區塊屬於四馬地，總部位於這四處的人多半比較好動、或是多遠離故鄉到外發展的機運。宰相星位於VI或XII區塊時，本性中強調自我和自由的特質更加強烈，個性豪爽不受拘束，再加上對面外緣區塊的皇帝星＋將軍星的強勢加持，更加重了宰相星霸道的強悍氣勢。不僅主觀強、性情倔強，對於認定的事情更是堅持己見，做事獨斷專行，很難採納他人意見。城府深、眼光精準犀利，決斷力強且事業心重，加上務實理性，不會感情用事或做出不利己的決定。宰相星本就口風緊，行事風格謹慎保守，但只要進入戰鬥狀態，立刻變身言詞犀利、辯才無礙的攻擊模式，不留情面的程度甚至讓人覺得有些苛刻。

宰相星的特質是冷靜客觀、敦厚可靠，外型沉穩，內在其實是相當重視效率的急性子；做事敢拚，勇往直前衝勁十足，時時保有危機意識，野心和企圖心強烈，總會提前做好規劃、未雨綢繆，在激烈競爭的環境中相當有存在感。追求完美，凡事要求精準，因爲個性多挑剔，加上自負驕傲的性格，較難與團體合作，屬於單打獨鬥的類型，但同時也更勞心勞力。

宰相星務實，對於理財方面也是精打細算，頗懂得開源節流，不過因爲愛面子、愛享受，所以常縮衣節食也要滿足心裡的虛榮感，平時不花錢，一出手就是大手筆！特別喜歡質感好、品位高的物品，對名牌有迷思，只要能力許可，一擲千金面不改色。

宰相星是號令星，先天具有領導統御的基因，喜歡指揮別人，很在意自己的表現，更在乎別人的眼光和評價，對自己的高要求是爲了能在眾人前得到肯定；喜歡聽好聽話，重視排場，有時難免會爲了面子或利益關係而打腫臉充胖子。無論男女，個性中都有大男人、大女人的霸氣，吵架絕對不能輸，常爲了反對而反對，錯了也堅決不認錯。不過在職場上、社交圈裡，宰相星仍相當注重人脈經營，天生落落大方的氣質和穩重有條理的表達方式，以及有目標性的經營，往往可建立起相當有力的人際網絡。如果宰相星再加上吉星，既富且貴，職場上多屬於中高階層。

不過也正因爲宰相星在Ⅵ或Ⅻ區塊時具有愛好自由、不受拘束的特質，單身的機會較高，或是多爲頂客族。

宰相星在Ⅵ或Ⅻ區塊若遇到「澇神星」和「糾纏星」，宰相星的威力盡失，等於把宰相星關在籠子裡，優點完全無法發揮，只有主觀霸道的特性仍

宰相星組合 6・宰相星單守

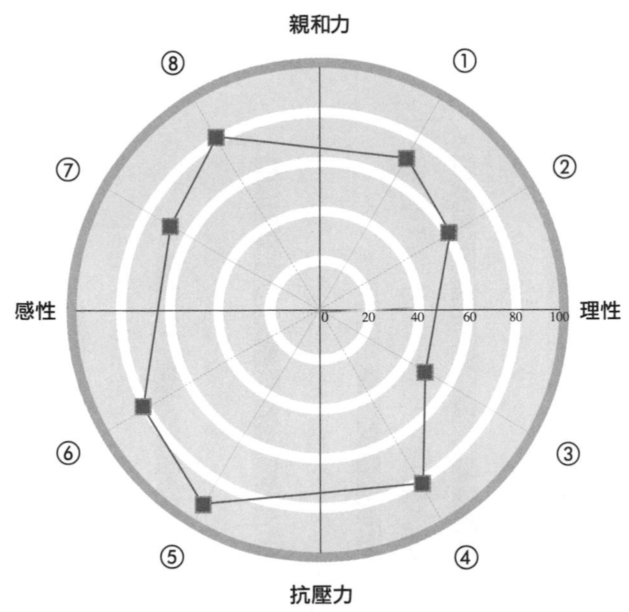

① **親和程度**——70分	⑤ **抗壓能力**——90分
② **感性反應**——60分	⑥ **學習能力**——80分
③ **理性直覺**——50分	⑦ **情緒控管**——70分
④ **叛 逆 性**——80分	⑧ **表達能力**——80分

圖說：宰相星單守於Ⅵ或Ⅻ區塊，性向分析表

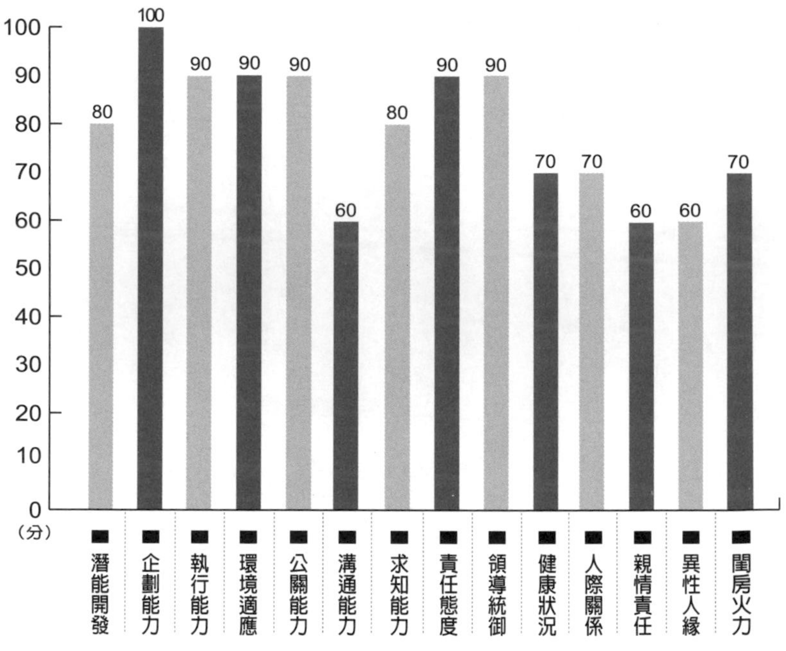

圖說：宰相星單守於VI或XII區塊，人格特質表

在，但穩重務實、客觀理性等行爲特質卻被翻轉，做事常憑著喜好與情緒來決定，難成大局。若是總部的宰相星被對面外緣區塊的「滂神星」和「糾纏星」衝破，更是容易變成裡外不一、外表忠厚但其實虛榮愛現的問題人物。

宰相星單守．男性性格特徵

逢吉星的宰相星男性，聰明反應快，是個優秀自負的領導型人才。持重的外表下具備強大的爆發力和韌性，雖然心思細膩但行爲大而化之，喜歡掌控大方向而不糾結小細節；有強烈的地盤佔有欲，喜歡獨來獨往孤軍作戰。如果是加上煞星的宰相星，個性較無同理心、不懂得感恩，平日沒有利益衝突時可以禮相待，但涉及利益或感覺被侵犯，多半會採取非常手段，甚至有翻臉無情的傾向。

宰相星單守．女性性格特徵

宰相星女性屬於女中豪傑型，機敏聰慧反應快，和善大方，同樣有統籌和管理天份，個性倔強不服輸，韌性超強，辦事能力俐落不拖泥帶水，可在職場上可獨當一面，並且擁有一席之地。重視工作成就，但同時也要求生活品質，有眼光、有品味，賺錢能力、理財能力與享受生活的能力同時並進，若要追求這樣的女性，需要具備更多耐性和勇氣，除了要包容她的霸氣和嬌氣，還要有一定的經濟基礎才行。

位在Ⅵ或Ⅻ區塊的宰相星女性，比其他組合的宰相星女性要多了點急躁、衝動和霸道，雖然外在優雅，但內在相當自我，自視甚高，喜歡指揮和嘮叨，總有一股自己比別人高出一等的氣勢；人際社交雖看來光鮮，但知心好友並不多，念舊情，對親近的人相當照顧，但感情線是最大的難題。

宰相星組合 6．宰相星單守

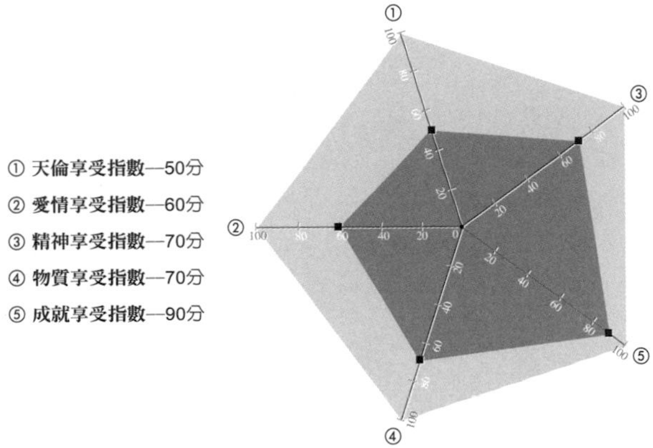

圖說：宰相星單守於Ⅵ或Ⅻ區塊，性向指數表－男

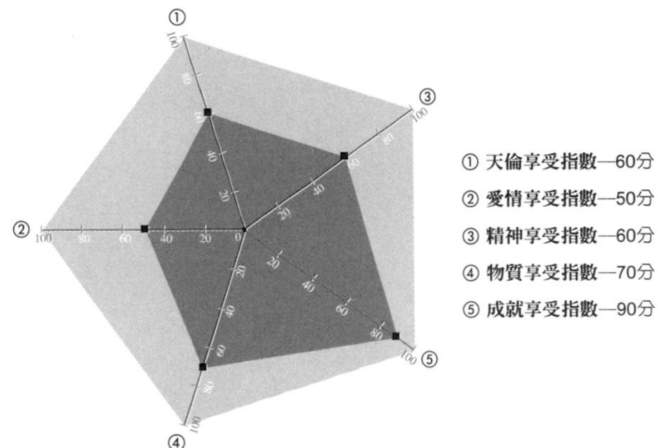

圖說：宰相星單守於Ⅵ或Ⅻ區塊，性向指數表－女

Military adviser／參謀

原爲：天機星

動物代表：狸貓

機敏聰慧，可正可邪

所屬團隊

太微垣系統。

軍師星特質

1 軍師星精明敏銳、心思縝密，善於察言觀色，反應快、善謀略，具有「善」和「智」的潛質，很有研究精神，喜歡會「正學士星、副學士星、科舉星、貴人星」來發揮性格中的正面特質。

2 外型文靜、斯文，求知欲強，好知識、愛學習；具有獨特的洞察力，往往可參透事物的本質。

3 軍師星逢吉星，聰明才智可運用在善處；若逢煞星或「阻礙星」，則易接近賭、竊、詐等偏門。

4 正面特質是邏輯性強，策劃力和組織能力相當優秀，是最佳的參謀人才；負面特質則是孤僻自傲、獨來獨往，刁蠻難纏、自私和狡猾。

5 追求事業、名利、地位的發展，精力充沛、勤奮積極、有抱負有理想，感情與家庭較難兼顧兩全。

6 心直口快但心軟，面對問題時，處事果決不留情面；容易爲枝節小事而忽略大方向，略帶神經質。

軍師星的組合有六種：

- 軍師星單守於Ⅰ、Ⅶ區塊
- 軍師星單守於Ⅱ、Ⅷ區塊
- 軍師星＋皇后星位於Ⅲ、Ⅸ區塊
- 軍師星＋密探星位於Ⅳ、Ⅹ區塊
- 軍師星＋監察史星於Ⅴ、Ⅺ區塊
- 軍師星單守於Ⅵ、Ⅻ區塊

機敏聰慧，可正可邪

軍師星的本質是「動」星，具有浮動與亦正亦邪的氣質，學習力強、敏感且敏銳，善於察言觀色，勤奮並帶點神經質。軍師星最喜歡會到「正學士星」、「副學士星」、「科舉星」、「貴人星」和「顯耀星」來彰顯特質中善良與聰慧的一面，尤其「科舉星」、「貴人星」可決定人生過程中是否能遇到知音伯樂，軍師星只要能遇到對的老闆、貴人，人生機運大不同，多可發揮才華，平步青雲。

判斷軍師星的本質傾向，最重要的是觀察其團隊中的三方四正所會到的星座，若是軍師星與「科舉星」或「貴人星」同時位於總部，表示當事人胸無大志，尤其欲望區塊又是借貴妃星的話，當事人追求安逸穩定的生活，不喜汲汲營營；若是總部的軍師星會到「科舉星」或「貴人星」而不是位於同一區塊時，代表容易遇到貴人賞識，年紀輕輕時就受提拔、磨練，之後多有成就。

善協調謀劃，最佳幕僚人才

軍師星善於協調，並具有研究精神，但因爲缺乏衝鋒陷陣的魄力，喜勞心而不喜勞力，因此適合位居幕後謀劃，並把最繁雜的項目交給軍師星辦理。不過時間壓力是軍師星最大罩門，因爲天性「善算」，太會算計和斤斤計較了，以至於算到最後常錯過最好時機，所以軍師星不適合創業當老闆，畢竟想法太多變，時時都想更新公司策略方針，難免耗時耗財，除了浪費資源之外，員工也會無所適從。

因此軍師星若是逢吉星而沒有會到煞星和「阻礙星」的話，多屬於老闆副手、最佳參謀人選；但若軍師星會到煞星和「阻礙星」的話，野心相當大，常想抄捷徑來謀求自己的利益，也較易沉溺於不良嗜好，需要更大的意志力來克制欲望，以免誤入歧途。

軍師星組合 1

軍師星單守於Ⅰ、Ⅶ區塊

VI	密探星 VII	VIII	IX
V	軍師星單守於 I 或VII區塊， 對面區塊必定是密探星。		X
IV			XI
III	II	軍師星 I	XII

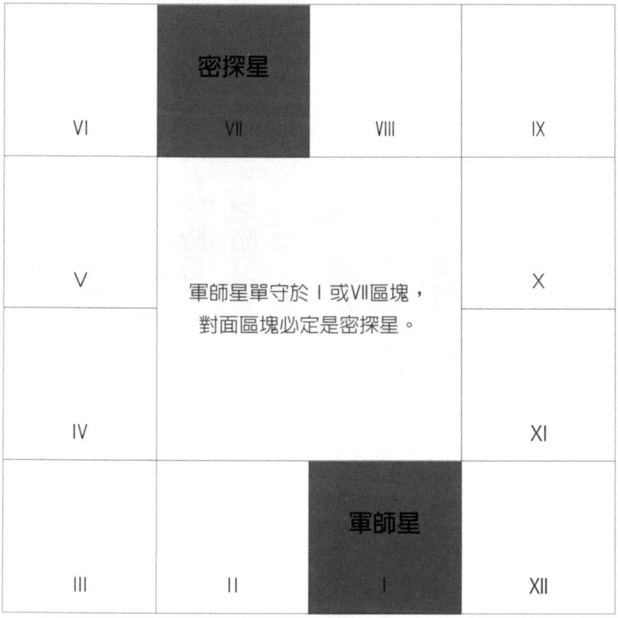

圖說：軍師星單守於 I 、VII區塊

軍師星單守．特質分析

軍師星位於Ⅰ、Ⅶ時，外緣區塊必是密探星，其最大特色就是善於自我保護且排外性強，性情敏感、觀察力敏銳。若是軍師星沒有會到「滂神星」或「僞裝星」時，通常個性愛說話、很會表達；但若是對面區塊的密探星星性較強，軍師星則會轉爲悶不吭聲，或是對外表達不佳、較不得體，往往是不開口則已，一開口就太尖銳，讓人覺得刺耳或有壓力，難以親近深交。

位於Ⅰ、Ⅶ的軍師星女性的外在表現則較大方穩重，口條好，表達力佳，工作能力和效率都不錯，屬於能幹的女強人類型。尤其是Ⅶ位的軍師星，其婚姻區塊必定是旺地的王爺星，只要不逢煞星，多半可以找到不錯的對象，婚姻較美。相反地，若是位於Ⅶ的軍師星男性，婚姻區塊是旺地的王爺星，或是Ⅰ位的軍師星女性，婚姻區塊是落陷的王爺星，那麼感情問題恐怕是一生的困擾。

軍師星在Ⅰ、Ⅶ位，團隊中除了外緣區塊的密探星，還會遇到皇后星、貴妃星和監察史星，個性中有謹愼內斂的一面，能迅速察覺人際間的權力糾葛，同時又有天眞愛玩樂、喜歡享受的特質。這樣的組合通常會離開家鄉，或是偏好旅遊玩耍體驗人生，較差的則是到處奔波勞碌，始終不得清閒。

軍師星的三方四正若逢煞星或「阻礙星」，星性中浮動的一面會被挑起，自負聰明的軍師星便會開始動歪腦筋，把聰明才智運用在偏離世俗認知或道德主軸的方向，嚴重者甚至敢鋌而走險智慧型犯罪，此外脾氣也較差。若是軍師星的三方四正會到的是吉星「正學士星」、「副學士星」、「科舉星」或「貴人星」，心裡雖然知道捷徑較快，但道德良知卻可戰勝欲望，甚至還變成善心太過、心腸太軟的濫好人，好壞差異相當大。

對於總部來說，會到的煞星和「阻礙星」都屬於來自環境的壓力，而加上「四化」（資源星、掌握星、顯耀星、阻礙星）時則顯示了壓力的來源，其中「資源星」和「阻礙星」都代表事情的起因，「掌握星」和「顯耀星」則是事情的過程。軍師星最著重會到的副星所帶來的能量，因此，運走到軍師星時，必須先觀察四化是否有引動軍師星，藉此來判斷運勢的優劣，而最不優的，莫過於大運走到軍師星，天干又逢5（資源星落於近侍星、掌握星落於皇后星、顯耀星落於右護法星、阻礙星落於軍師星）時，聰明反被聰明誤，這樣的十年實在辛苦。

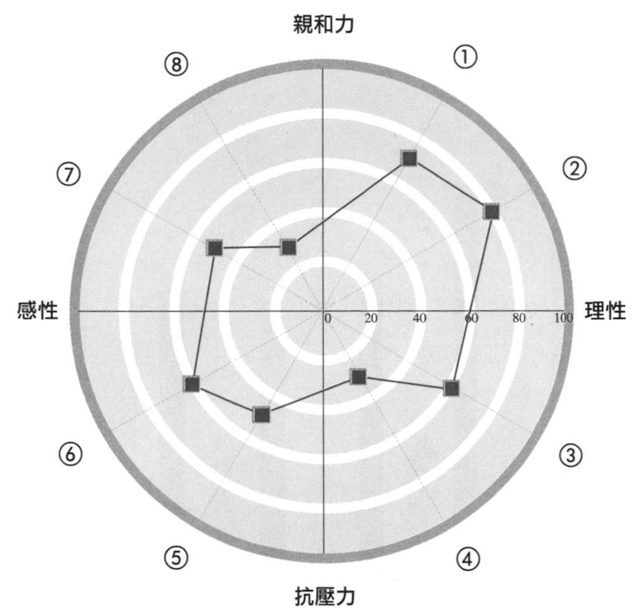

① **親和程度**——70分	⑤ **抗壓能力**——50分
② **感性反應**——80分	⑥ **學習能力**——60分
③ **理性直覺**——60分	⑦ **情緒控管**——50分
④ **叛 逆 性**——30分	⑧ **表達能力**——30分

圖說：軍師星單守於Ⅰ、Ⅶ區塊，性向分析表

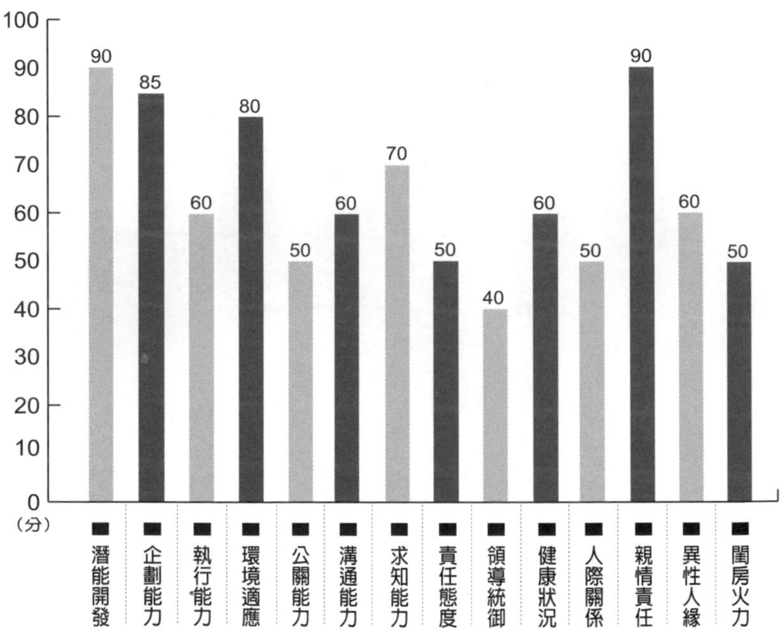

圖說：軍師星單守於Ⅰ、Ⅶ區塊，人格特質表

軍師星單守．男性性格特徵

位於Ⅰ、Ⅶ的軍師星男性，外型斯文儒雅，但總讓人有距離感，似乎不容易打交道。看來沉穩大方，其實內心浮動急躁，凡事抱持懷疑態度，能言善道甚至好辯，熱衷於追求權勢地位和自我利益，想法多變，往往因太關注細節而難以顧全大局。

喜歡動腦、善於策劃，可能會有囉唆嘮叨或是難以講眞心話兩種極端性格；與人交往總是若即若離，看似感情淡如水，熟悉之後則愛講冷笑話，或是喜歡毒舌批評，其實位於Ⅰ、Ⅶ的軍師星只是慢熱、防備心強，完全信賴後的軍師星會釋放出冷面笑將的一面，在沒有利益衝突時亦是願意分享付出的善星。

軍師星單守．女性性格特徵

軍師星位於Ⅰ、Ⅶ的女性只要不逢煞星和阻礙星，氣質柔美、聰慧機敏，雖然帶有一點距離感，但溫和好相處，偶爾有點小迷糊。善良且感情豐富，喜歡戀愛的感覺，但卻常被感情所傷，工作比重較大，也干擾了感情的經營。

重視朋友，喜歡與好友一起享受美食美景，不過交友要慎選，勿因盲目信任自己人而影響了對事的判斷力和花錢的自制力。

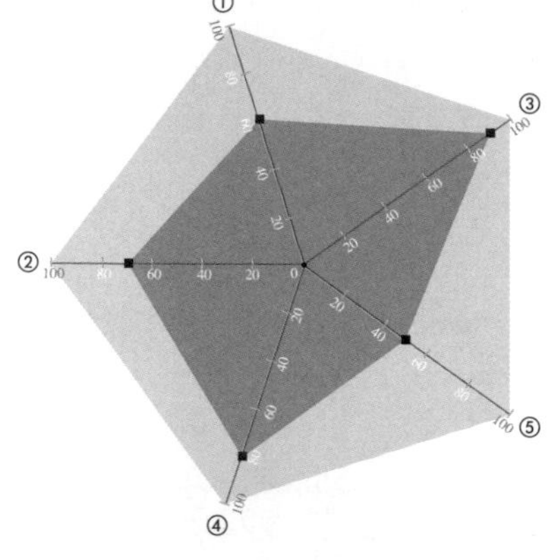

軍師星單守於Ⅰ、Ⅶ區塊，性向指數表－男

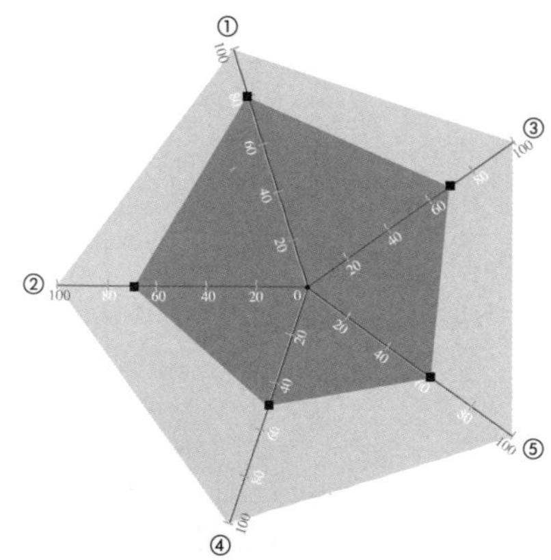

圖說：軍師星單守於Ⅰ、Ⅶ區塊，性向指數表－女

軍師星組合 2

軍師星單守於 II 、VIII 區塊

		監察史星	
VI	VII	VIII	IX
V	軍師星單守於 II 或VIII區塊，對面區塊必定是監察史星。		X
IV			XI
III	軍師星 II	I	XII

圖說：軍師星單守於 II 或VIII區塊

軍師星單守．特質分析

軍師星的格局與皇后星、密探星、貴妃星、監察史星這四個星座有密切關係，這些星座多會在彼此的團隊三方中出現，或是位於同一區塊、以及出現在欲望區塊中。這五顆星的星性偏向斯文優柔、自我保護、內斂固執、愛遊樂、重理論亦善辯論，其中也少不了追求權力欲望、攀權附貴的組合。

軍師星遇到皇后星和貴妃星時，個性溫柔浪漫；遇到密探星或監察史星時，則有孤芳自賞和不服輸的堅持，有主見，討厭人云亦云。軍師星只要沒有四化星落入、沒有加入煞星或「阻礙星」，性格多半溫和穩定、善良聰穎。

軍師星位於II或VIII時，對面外緣區塊必定是重視原則、心思敏捷的監察史星，脾氣硬、認眞守本分、堅持自己認定的理念；企劃組織力強，較主觀、善於謀算，因爲喜歡腦力激盪、鬥智，加上不服輸的天性，因此特別好辯，頗爲固執己見。若是組合良好，軍師星會是一個能激盪出創意想法的人才；若是組合不良，不僅人際互動容易出狀況，性格也較吹毛求疵，喜歡倚老賣老，應當在自我堅持和世俗規則中調整、妥協，才不會覺得自己到處受限、與環境格格不入，同時也讓別人覺得自己城府深又難搞。

軍師星組合2．軍師星單守

軍師星和監察史星都是聰明睿智的星座，同時也都帶有投機性格，只要有四化星落入，就容易變身爲賭博星，差別只在於賭的類型而已。例如「資源星」或「掌握星」落入軍師星、監察史星時，賭性加強，熱衷於投機、冒險投資、快速獲利等捷徑，自負聰明，最怕的卻是聰明反被聰明誤。

軍師星的夫妻宮多半存有變數，一來是動星的性情浮動、定力不足，較難抗拒誘惑；二來是感情穩定後常因工作繁忙而忽略了日常的經營。因此軍師星雖想擁有穩定的感情或婚姻，卻往往因爲本身的不穩定性，以及工作比重太重，導致感情婚姻多有困擾。

行運時，最重要的就是區塊內的四化，四化星足可左右大運的成敗。假若大運總部是位於II的軍師星，區塊內天干是2（資源星落入軍師星、掌握星落入監察史星、顯耀星落入皇帝星、阻礙星落入皇后星），此時IV位的皇后星落入陷地，且有阻礙星落入其中，再加上前後兩個區塊會有煞星「馬前卒星」和「後衛兵星」加夾，等於欲望區塊被夾，來財之源和精神享受的位置被夾擊，表示這十年恐因賭博欠財，天天爲了賭博費心思，也經常爲錢煩惱，「馬前卒星」和「後衛兵星」夾「阻礙星」，除了影響自己之外，也影響到父母和兄弟的運勢，這是軍師星行運的五種組合中，最劣的一種運勢。

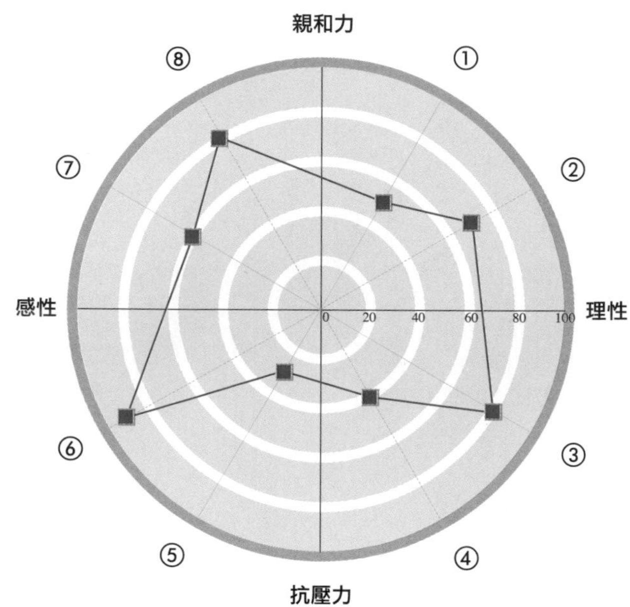

① 親和程度——50分		⑤ 抗壓能力——30分	
② 感性反應——70分		⑥ 學習能力——90分	
③ 理性直覺——80分		⑦ 情緒控管——60分	
④ 叛 逆 性——40分		⑧ 表達能力——80分	

圖說：軍師星單守於 II 或VIII區塊，性向分析表

軍師星組合 2．軍師星單守

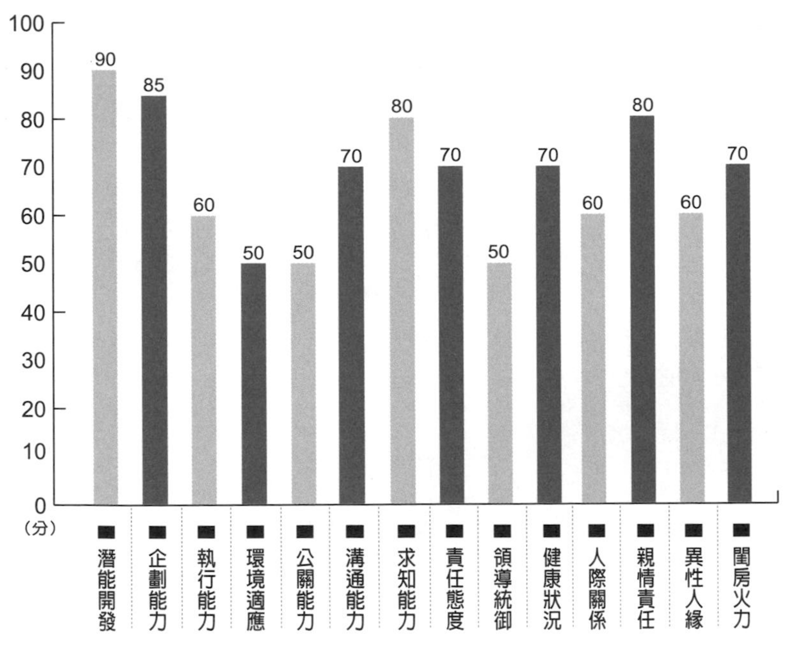

圖說：軍師星單守於 II 或VIII區塊，人格特質表

軍師星單守．男性性格特徵

位於II或VIII區塊的軍師星男性，具有敏銳的觀察力和思考力，善於組織企劃、溝通談判，喜歡高談闊論發表己見，口條好，但有時太過好辯，無謂的堅持難免會顯得咄咄逼人。性格帶有一點孤僻和叛逆心，疑心病重，自負、有傲氣，喜歡指點提供意見，卻不願意承擔責任。

軍師星最不喜遇到煞星或「阻礙星」，甚至有四化星落入都容易引發軍師星的負面性格，只注重自己的事業、名利、地位，忽視親情、婚姻或血緣關係，或是變得太易受外在影響，浮動性更強，穩定度更不佳。

軍師星單守．女性性格特徵

位於II或VIII區塊的軍師星女性，外型多端莊古典，腦袋聰明且口齒伶俐，有股傲氣，個性好強不服輸，只對比自己更聰明優秀、位階更高的人服氣。性急調皮，略有些吹毛求疵，心性多變，情緒時好時不好，偶爾冷漠偶爾嬌憨，讓人不好捉摸。

軍師星女性不喜歡太黏膩的關係，對待朋友和另一半都會保留個人空間，

喜歡維持安全距離，但又不能離得太遠，或是長時間的冷戰，分寸必須掌握得當，否則軍師星女性的熱情容易冷卻，久而久之就漸行漸遠了。

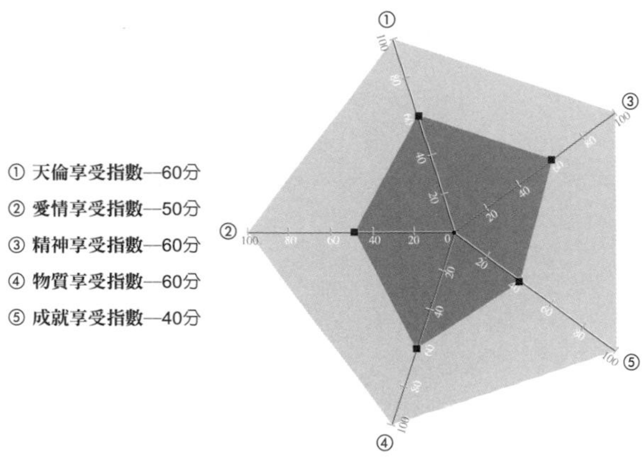

圖說：軍師星單守於 II 或VIII區塊，性向指數表－男

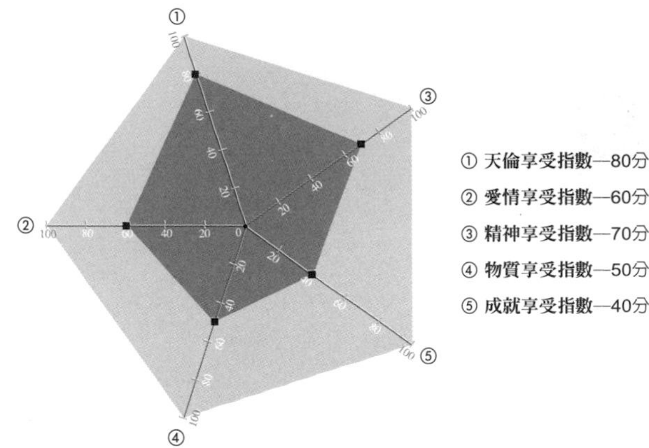

圖說：軍師星單守於 II 或VIII區塊，性向指數表－女

軍師星組合3

軍師星＋皇后星於Ⅲ、Ⅸ區塊

VI	VII	VIII	IX
V	軍師星＋皇后星位於Ⅲ或Ⅸ區塊，對面區塊必定無主星。		X
IV			XI
軍師星 皇后星 III	II	I	XII

圖說：軍師星＋皇后星位於Ⅲ或Ⅸ區塊

軍師星＋皇后星．特質分析

軍師星的變動性加上皇后星的陰柔溫和，調和出機巧聰穎、體貼感性的特質。軍師星＋皇后星的男性，氣質英挺又帶著一點可愛，精明幹練同時兼具赤子之心；女性則是外型可愛、個性溫柔，腦袋靈活反應快。軍師星＋皇后星的組合相當聰慧，只要比別人多努力一點點，便可得到很好的回饋，成就不小。

雙星的組合是同時具備了兩種主星的特質，若是位於III位，則是以軍師星爲主，皇后星爲輔，軍師星的屬性較明顯；若是位於IX位，則是皇后星的特質會直接表現出來。無論是位於III或IX位，都是變動星位於四馬之地，多有到異地發展的機遇，或是必須常常兩地奔波。

所有的星座都有正面與負面的特質，軍師星的機靈與善於算計、計較，以及皇后星的優雅內向與挑剔自私，融合在一起時，外型雖看來可愛沒心機，實則個性反覆、小心眼，既固執又難纏，實在令人難以招架。而且這種組合特別喜歡探聽八卦，善於交際並探聽消息，對於他人的狀況往往瞭若指掌。

軍師星＋皇后星的人雖聰明好動，但同時也貪玩、容易怠惰，運動細胞不錯，但卻不見得能持之以恆，堅持度不夠，因此喜歡靠腦力而不是勞力賺錢。

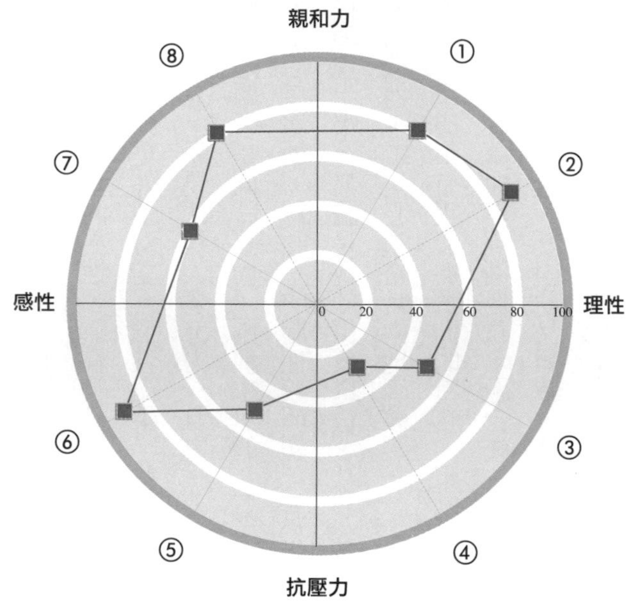

① **親和程度**——80分
② **感性反應**——90分
③ **理性直覺**——50分
④ **叛 逆 性**——30分
⑤ **抗壓能力**——50分
⑥ **學習能力**——90分
⑦ **情緒控管**——60分
⑧ **表達能力**——80分

圖說：軍師星＋皇后星位於III或IX區塊，性向分析表

軍師星組合 3．軍師星＋皇后星

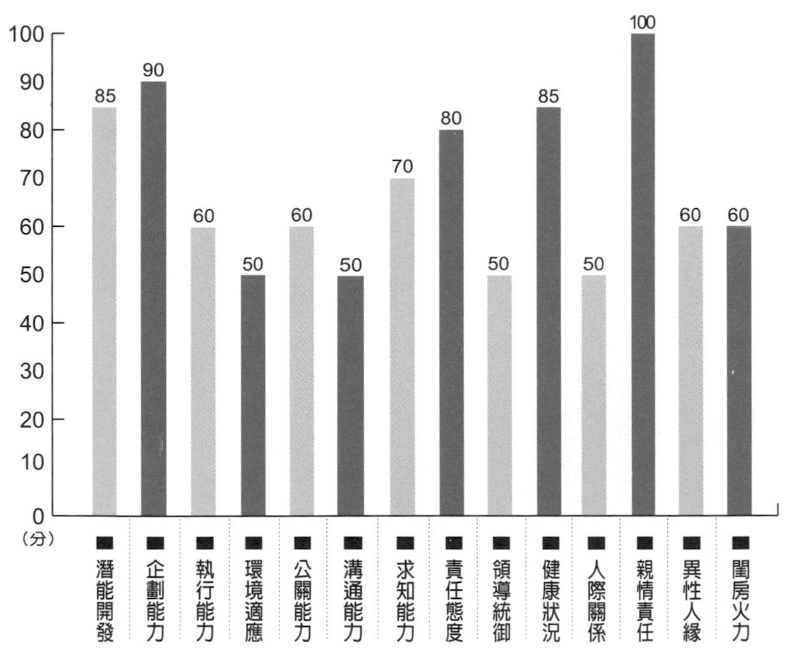

圖說：軍師星＋皇后星位於Ⅲ或Ⅸ區塊，人格特質表

幸運的軍師星＋皇后星多半能在人生早期就擁有不錯的際遇，只要有吉星加會，通常都能少年得志，有不錯的成績；但若是會到煞星或「阻礙星」拉低了格局層次，很容易變成做事態度隨便敷衍、沒耐心，又喜歡耍小聰明算計和走偏門，心態總是不安現況、好高騖遠，難免招惹是非。

軍師星＋皇后星．男性性格特徵

軍師星＋皇后星男性活潑好動、能文能武，可以談論電影、美食、文學或以文字或口才抒發情感，亦能在球類運動或戶外展顯不錯的運動神經，就算不擅長，也能對各項運動發表評論，再加上外型斯文乾淨、客氣有禮，很容易讓人留下良好的印象。

小事執著，但大事迷糊，喜歡美食、美酒，愛玩樂、重視自己的權益和感受。很在乎自己的外表得體與否，更在意別人的眼光和評價，看似溫文儒雅，其實內在還有點孩子氣，具備男女老少通吃的魅力。

軍師星＋皇后星．女性性格特徵

軍師星＋皇后星女性給人的第一眼多半是溫婉秀氣，甜甜的、柔柔的，其

實內在精明，只是故意或不小心裝天眞迷糊而已。外型可愛、活潑、隨和，處事幹練世故，頗有心機，懂得自我保護，凡事以自我利益爲優先考量，多面的性格讓人又愛又恨。

這樣組合的女性只要鎖定目標，不會直接攻擊，而是擅長運用迂迴手段來達到目的。喜歡享受、喜歡玩樂，物欲不低，自制力不強，若是發動鮮花、美食、名牌的浪漫攻勢，軍師星＋皇后星女性多半難以抗拒。

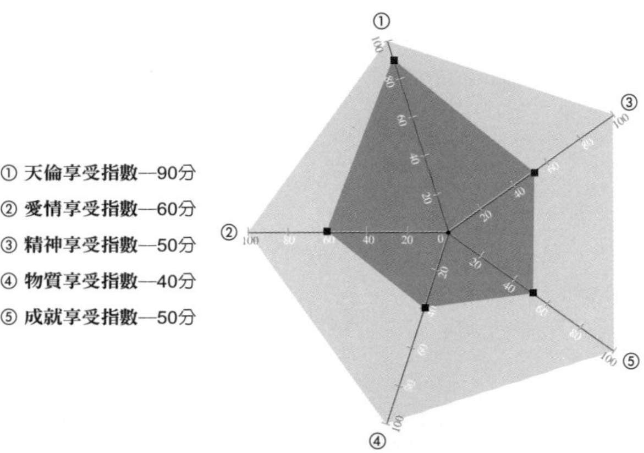

圖說：軍師星＋皇后星位於Ⅲ或Ⅸ區塊，性向指數表－男

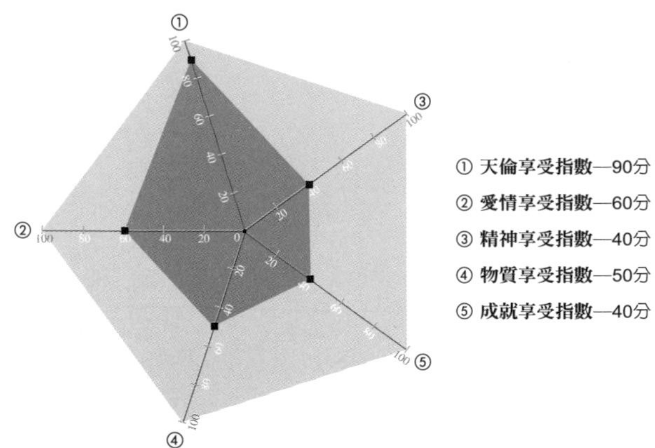

圖說：軍師星＋皇后星位於Ⅲ或Ⅸ區塊，性向指數表－女

軍師星組合 4 軍師星＋密探星於Ⅳ、Ⅹ區塊

VI	VII	VIII	IX
V	軍師星＋密探星位於Ⅳ或Ⅹ區塊，對面區塊必定無主星。		X
軍師星 密探星 IV			XI
III	II	I	XII

圖說：軍師星＋密探星位於Ⅳ或Ⅹ區塊

詳細說明請見〈密探星〉章節內容（p.223）。

軍師星組合5

軍師星＋監察史星於V、XI區塊

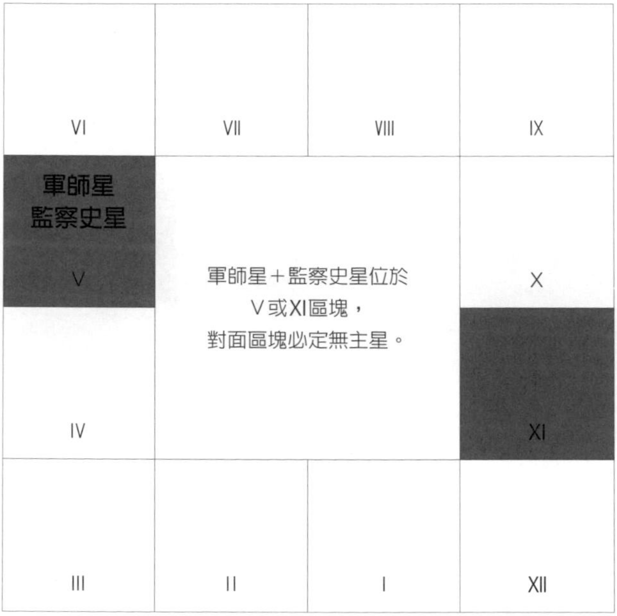

VI	VII	VIII	IX
軍師星 監察史星 V	軍師星＋監察史星位於 V或XI區塊， 對面區塊必定無主星。		X
IV			XI
III	II	I	XII

圖說：軍師星＋監察史星於V或XI區塊

軍師星＋監察史星．特質分析

V區塊屬於水庫，水可以生軍師星的木，因此V位的軍師星較凸顯，性格活潑好動、樂觀且帶有赤子之心；XI區塊屬於火庫，火可以生監察史星的土，因此XI位的監察史星特色較明顯，個性穩定持重，有些孤僻，人情世故老練。

無論軍師星＋監察史星位於哪一個位置，都屬於智慧型人物，善於研究歸納、策劃分析，博學且個性多忠厚溫和，斯文可靠的氣質很容易博得他人信賴。此種組合性格較老成，好爲人師，有點囉唆，對於教育、宗教、命理、身心靈都有興趣與涉獵。軍師星＋監察史星的組合也分爲上進樂觀與憂慮悲觀兩種性格，端看會到的吉星還是煞星較多，以及團隊中其他主星的旺弱搭配。基本上只要組合不差，監察史星天性易得長輩庇佑，此種組合多半可過著穩定安逸的生活。

軍師星＋監察史星多半有些特別的習慣或嗜好，有時會被認爲脾氣古怪或反世俗，其實這樣的組合只是不喜歡人云亦云，加上心思敏銳、愛思考，因此性格頗自負，帶有清高的味道。不過軍師星＋監察史星若有四化星引動，性格則容易偏向投機，需特別小心投機心變成賭博癮。

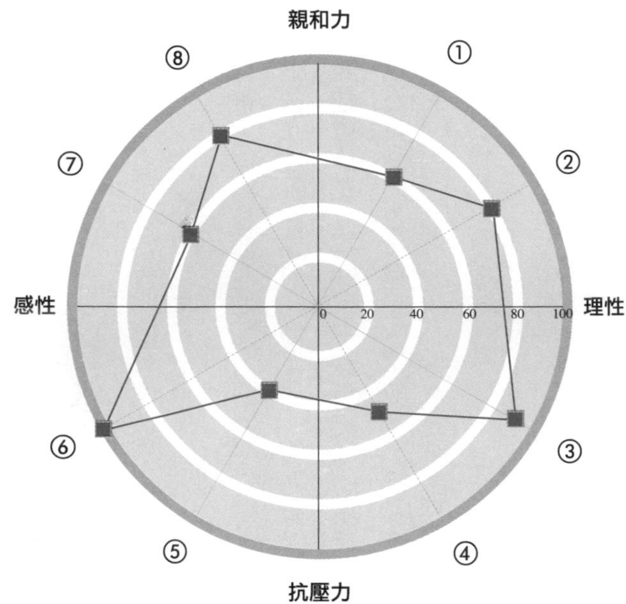

① 親和程度——60分	⑤ 抗壓能力——40分
② 感性反應——80分	⑥ 學習能力——100分
③ 理性直覺——90分	⑦ 情緒控管——60分
④ 叛 逆 性——50分	⑧ 表達能力——80分

圖說：軍師星＋監察史星於V或XI區塊，性向分析表

軍師星組合 5．軍師星＋監察史星

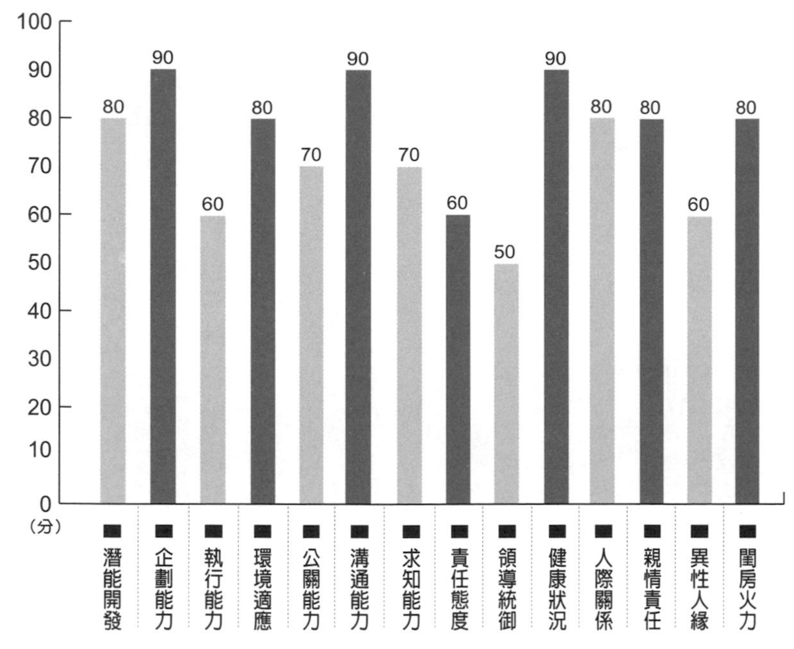

圖說：軍師星＋監察史星於Ⅴ或Ⅺ區塊，人格特質表

這個組合是最佳的幕僚人才，喜歡動腦不喜動手，因此不適合需要主動出擊的業務工作，利於團隊分工合作，各司其職發揮最佳效果。軍師星＋監察史星已經相當好辯、能言善道，因此不適合再與「正學士星」或「副學士星」同區塊，以免說話太過浮誇。此組合的欲望區塊是借皇后星＋貴妃星，天性喜歡安逸享樂，只不過不能有煞星或「阻礙星」干擾，否則勞碌不得閒，難有享受。

軍師星＋監察史星怕煞星，只要逢煞星或「阻礙星」，無論男女，婚姻區塊都算破，個性也變得愛計較且缺乏耐性；自己囉唆但又討厭別人囉唆，愛挑剔、找別人麻煩，卻又覺得別人總和自己過不去。但若是總部軍師星＋監察史星遇到「澇神星」和「糾纏星」的話，個性更孤僻古怪，年紀越大越難相處。

軍師星＋監察史星．男性性格特徵

外型看來老實可靠，其實能言善道，辯論能力一流，說笑話的功能也不差。老成持重只是外表，其實個性有點閒散、疏懶、並帶點投機取巧，看來童叟無欺，其實有時還會故意扮豬吃老虎。本性善良厚道，天資好，若能在專業上加強訓練，多半會是行業中的佼佼者，像是老師、律師、醫師、工程師、諮

商師或金融分析師的等等；但若是遇到煞星照會，正面特質無法發揮，負面特質凸顯，便容易變成投機者或老千了。

軍師星＋監察史星．女性性格特徵

軍師星＋監察史星女性的工作能力強，聰明能幹，學識閱歷豐富、口條好，表達能力不錯，帶有女中豪傑的性格，有膽識，凡事想得多也想得深，認爲什麼事情都可以靠自己辦到。個性固執、精明，有點孤僻，堅持自己認定的原則，很難改變想法或是被左右，亦是機要秘書的最佳人選。

若是遇到氣味相投的人，便可相互溝通理解，而且監察史星有義氣，很願意爲朋友分憂解勞；但若是志不同道不合，多半會覺得軍師星＋監察史星女性愛說理、愛強辯，想法偏激實在不好相處。

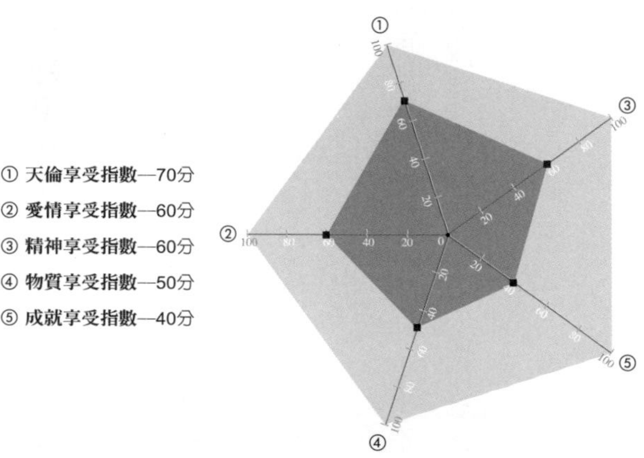

圖說：軍師星＋監察史星於Ｖ或XI區塊，性向指數表－男

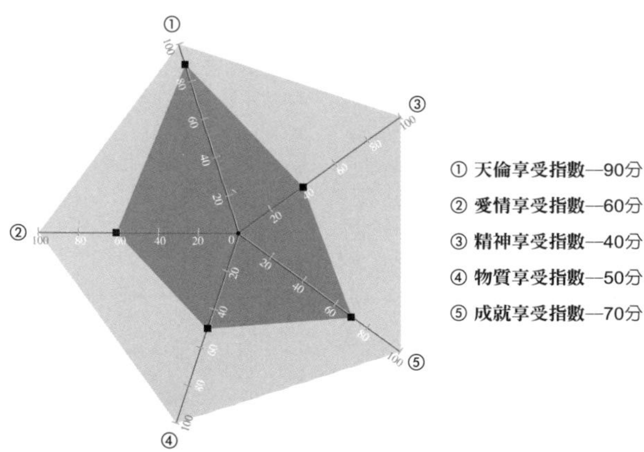

圖說：軍師星＋監察史星於Ｖ或XI區塊，性向指數表－女

軍師星單守於VI、XII區塊

軍師星 VI	VII	VIII	IX
V	軍師星單守於VI或XII區塊， 對面區塊必定是皇后星。		X
IV			XI
III	II	I	皇后星 XII

圖說：圖說：軍師星單守於VI或XII區塊

軍師星單守・特質分析

「動星」軍師星位於Ⅵ或Ⅻ區塊，屬於四馬地，而無論是位於Ⅲ、Ⅸ的軍師星＋皇后星，或是位於Ⅵ或Ⅻ的軍師星，都代表奔馳與變動。由於軍師星位Ⅵ或Ⅻ區塊時為單守，不像在Ⅲ、Ⅸ的軍師星帶有皇后星的影響力，因此軍師星單守的變動機會更大、更不穩定，人生際遇中的起伏也較多。

軍師星性格浮動且急躁，除了腦袋轉個不停之外，腳步也沒停過，喜歡到處跑，四處遊歷。優點是善於腦力激盪，企劃力強、有創意、心地善良、身手靈活，熱心公益且會打抱不平，在外人緣不錯；缺點是主觀、自我意識強烈，帶有功利思想，眼高手低，理想性過高，卻沒考慮自己做不做得到。

喜歡追求變化、新鮮、刺激，軍師星位於Ⅵ或Ⅻ時，行政區塊必定沒有主星，因此缺乏穩定性，若可從事外勤工作，像是舞蹈、游泳、健身等極需動能的行業，或是交通、物流、導遊、資訊相關，以及幕僚、祕書、電腦工程等符合動腦特質的類型，無論是動腦或是動身體，都能充分發揮軍師星本身的動能。當然，投機事業也是軍師星樂於從事的工作選項之一。

因為單守於Ⅵ或Ⅻ的軍師星，其團隊三方中一定會遇到沒有主星的區塊，

軍師星組合 6．軍師星單守

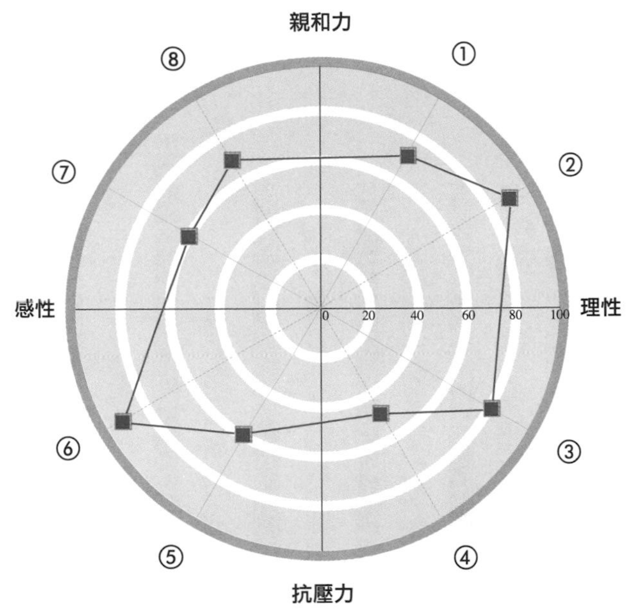

① **親和程度**——70分
② **感性反應**——90分
③ **理性直覺**——80分
④ **叛 逆 性**——50分
⑤ **抗壓能力**——60分
⑥ **學習能力**——90分
⑦ **情緒控管**——60分
⑧ **表達能力**——70分

圖說：軍師星單守於VI或XII區塊，性向分析表

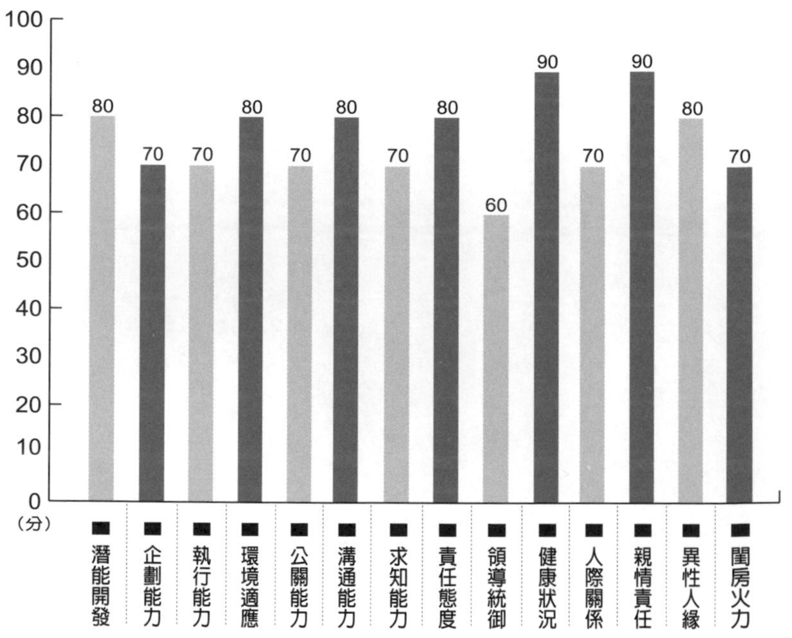

圖說：軍師星單守於VI或XII區塊，人格特質表

個性的不穩定性加重，容易有三分鐘熱度的傾向，加上原本就喜歡新鮮變化，工作常出現虎頭蛇尾或半途而廢的現象。而這樣的特質不僅會出現在工作上，在感情上亦是如此，因此這樣的組合不能再加上桃花星，否則感情糾紛難免，並帶有特殊的癖好。

軍師星單守．男性性格特徵

軍師星單守於VI或XII的男性，個性溫柔隨和，人緣好、外型佳，異性緣不錯，喜歡新鮮事物、喜歡驚喜、愛變化，很難安於現況，心思總是飄來飄去沒有定性，身爲他的另一半往往很難有安全感。這樣的特質有優有弊，軍師星男性雖然較不定性，但常有天外飛來的創意想法，如果從事可發揮動星特質的行業，正好適得其所，並可能有異鄉發展的人生機遇。

軍師星單守．女性性格特徵

這個組合的軍師星不像近侍星或其他桃花星那樣的妖嬈或刻意張揚，無論男女，單守於VI或XII的軍師星都有一副乖乖牌的外型，實則性格多情浪漫，交友廣泛且八面玲瓏，帶有一點虛榮心，個性浮動難定性，不管是工作、理財或是感情，經常優柔寡斷舉棋不定，爲自己帶來不少困擾。

軍師星位於Ⅵ或Ⅻ時，四馬地加強了好動的本質，愛自由、愛玩、不喜歡受拘束，能言善道口才好，喜歡高檔的人、事、物，適合從事外勤工作，亦可從事娛樂圈行業。不過心軟的個性要小心被利用，浮動的個性也要學習沉澱，能動亦能靜的軍師星才能走得較順遂長久。

軍師星組合 6 · 軍師星單守

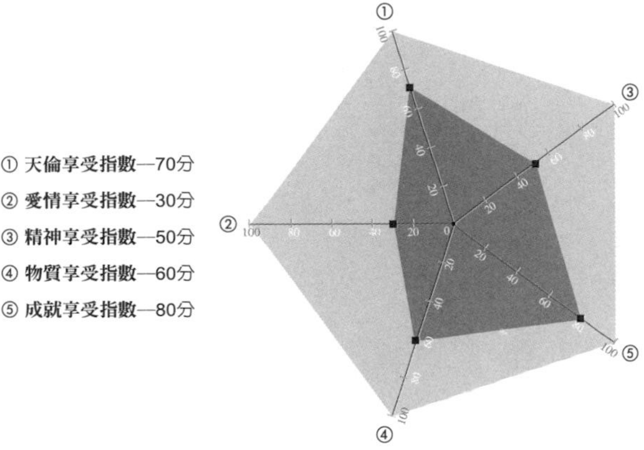

圖說：軍師星單守於VI或XII區塊，性向指數表－男

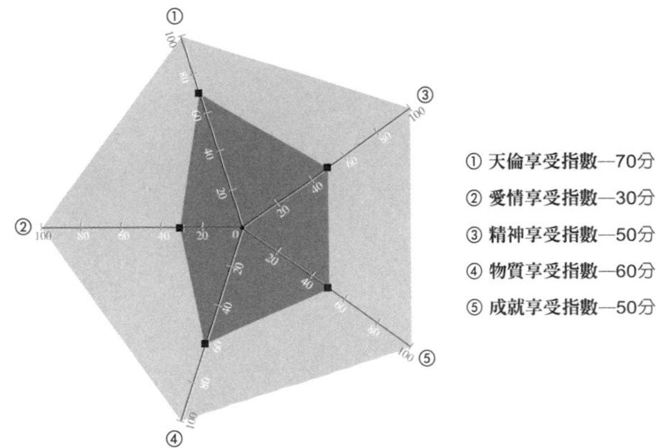

圖說：軍師星單守於VI或XII區塊，性向指數表－女

貴妃星組合

Imperial concubine／皇帝の側室

原爲：天同星

動物代表：無尾熊

安逸隨和，敏感浪漫

所屬團隊

太微垣系統。

貴妃星特質

1 貴妃星是一顆重視享受的好命福星，擁有坐享其成的好運氣。

2 個性親切隨和，體貼眞誠，善解人意，人際關係不錯；直覺力強，感性浪漫、情緒化，較多愁善感，敏感有依賴性。

3 外表看來慵懶柔弱、比實際年紀更年輕；愛享受、愛安逸，不喜歡辛苦勞動，兼有優柔寡斷和意志力薄弱的傾向：人生在於追求悠遊自在、無拘無束的生活，相當重視生活情趣。

4 個性較不積極、不主動，好吃貪玩，喜歡情調氣氛、風花雪月，不會爲了五斗米折腰，更不會爲了出人頭地而捨棄生活品質。

5 喜歡被照顧呵護、被疼愛的感覺，不高興了不會直接發脾氣，而是獨自生悶氣、鬧彆扭，做無聲的抗議。

貴妃星的組合有六種：

- 貴妃星＋皇后星位於Ⅰ、Ⅶ區塊
- 貴妃星＋密探星位於Ⅱ、Ⅷ區塊
- 貴妃星＋監察史星位於Ⅲ、Ⅸ區塊
- 貴妃星單守於Ⅳ、Ⅹ區塊
- 貴妃星單守於Ⅴ、Ⅺ區塊
- 貴妃星單守於Ⅵ、Ⅻ區塊

以逸待勞，追求舒服享樂的好命福星

貴妃星是一顆益壽保生的福星，位於總部時，當事人性格溫和謙遜、善良有愛心，有文藝才華，心思敏感細膩，感情豐富具浪漫情懷，喜歡安逸、舒適自在的悠閒生活。抗壓性較低，個性較被動、無衝勁，寧願安於現況而不願輕易改變。

貴妃星的人生宗旨就是追求「舒服安逸」，奉行「吃喝玩樂至上，辛勤打拚退散」的生活哲學，如果可以一邊吃喝玩樂一邊賺錢、每天睡到自然醒，不必爲生活煩憂，能躺就躺愛去哪就去哪，這就是貴妃星嚮往的生活！如此美好的人生雖然看來人人欣羨，但貴妃星入總部的人卻多是「嚮往」，不一定能成爲現實，往往是不想拚卻不得不拚，想要享受被呵護疼愛的感覺，卻不一定愛得到。反而是貴妃星落入欲望區塊時，會比入總部要來得好命！因爲總部有貴妃星時，只要再逢煞星或「阻礙星」，就失去了安逸舒適的機會，環境逼得貴妃星必須自立，就算不想負責任也不行。

貴妃星入總部又逢煞星、「阻礙星」時，一來是福星的福份受損，二是反受激勵。基本上只要落入總部的煞星或「阻礙星」，都像是源自於本身的意志力，自己給自己的動力或壓力；而來自於團隊中其他三方的煞星和「阻礙星」，則是生長環境對當事人所產生的壓力。因此貴妃星入總部逢煞星和「阻礙星」時，就會造成無法安心享福，必須自立打拚才能獲得想要的資源。

不過逢煞星或「阻礙星」的貴妃星也不會因此破格，只是福份減低，喜歡享受的天性、愛吃喝玩樂的特質依舊存在，只是礙於環境不得不努力罷了。相反的，貴妃星落入欲望區塊的人較能享福，因爲欲望不強、心中無大志，凡事不強求、不和自己也不和別人過不去，有條件就享用海陸大餐，條件不好時素菜一盤也行，因此挫折感大幅降低，滿足感相對較高，自然可以過著輕鬆自在、開心無憂的生活。

遇到煞星或「阻礙星」的貴妃星，基本特質不變，只是個性轉爲較積極，雖然心裡百般不願意辛苦勞碌，但環境所迫不得不爲，個性也會變得比較勤快，例如總部位於Ⅶ區塊的貴妃星，同時加入「馬前卒星」時，古代時有武職顯榮的機運，於現代則可從商，或是在工作事業上成爲開創者或領導者。

而屬水的貴妃星若加上屬火的「火神星」或「旱神星」時，五行中水火不相容，水火相沖會造成個性更優柔寡斷，遇事搖擺不定、過度謹慎，身體上也易有疤痕，並要留意腎臟功能。例如貴妃星入總部，且西元出生年尾數是2時（1962、1972、1982、1992……以此類推），其基因區塊是司庫星＋阻礙星，不僅沒有祖產資源，甚至還必須負擔父母親的債務，因爲貴妃星最大的倚仗便是來自父母長上的庇護，少了保護傘的貴妃星便不得不自食其力、靠自己打拚了。因此，觀察貴妃星時不只要看團隊的三方四正有沒有遇到煞星和阻礙星，基因區塊也要一併考量才行。

親和力強、感情豐富

單純的貴妃星是個相當柔性的星座，若是沒有遇到煞星和阻礙星時，一生追求安穩，沒有大作為、不憧憬大的成就，維持「舒服安逸」就是最好的狀態，就連大運走到貴妃星時也會有這樣的心態出現。而讓貴妃星最在乎、最放不開的就是感情了！貴妃星情感豐沛，重感情、更依賴感情，桃花多的貴妃星常常搖擺不定，讓人覺得像是情場老手，習慣玩弄感情；桃花少的貴妃星則是積極追求感情，為愛付出無怨無悔，甚至肯捨棄舒適生活為愛走天涯。因此貴妃星的感情世界總是相當精彩，剪不斷理還亂，經常為愛受傷，多半都有感情困擾。

貴妃星組合1 貴妃星＋皇后星於Ⅰ、Ⅶ區塊

Ⅵ	Ⅶ	Ⅷ	Ⅸ
Ⅴ	貴妃星＋皇后星位於Ⅰ或Ⅶ區塊，對面區塊必定無主星。		Ⅹ
Ⅳ			Ⅺ
Ⅲ	Ⅱ	貴妃星 皇后星 Ⅰ	Ⅻ

圖說：貴妃星＋皇后星位於Ⅰ、Ⅶ區塊

貴妃星＋皇后星．特質分析

貴妃星喜歡安逸舒適，皇后星追求快樂生活，兩顆感情豐沛、以享受爲人生宗旨的星座組合，融合出不愛與人爭、心地善良、有赤子之心的溫和個性。處事靈活，有時喜歡佔點小便宜，絕不虧待自己；表達方式較委婉，面對問題容易抱著得過且過的心態，有猜疑心和軟弱的一面，不喜歡被勉強但又不善於拒絕，所以往往人前和善，人後自己生悶氣。

貴妃星＋皇后星在工作上不是力求表現、逞強鬥勇的類型，重感情，重視婚姻、家庭和生活，志願不大，希望愛的人永遠在身邊，吃喝玩樂不愁就好，若能每天光鮮亮麗、工作壓力不大，錢多事少離家近，每天睡到自然醒，那眞是貴妃星＋皇后星理想中最完美的生活了。

貴妃星＋皇后星位於I或VII的差異頗大，有沒有加上煞星、吉星、阻礙星等等，都會造成性格和人生際遇的落差。貴妃星如果加上「左護法星」或「右護法星」，會比原本已感情相當豐富的貴妃星更加容易心軟、更猶豫不決；若是加上「科舉星」或「貴人星」，遇到的貴人更多，悠閒等級可更上層樓；若是加上「正學士星」或「副學士星」，雖然對皇后星而言可增加氣質，但卻不

貴妃星組合 1．貴妃星＋皇后星

利於貴妃星，使得桃花更多、感情困擾更不少，想要專情專一或是找到穩定理想的另一半，恐怕相當困難。

貴妃星＋皇后星男性不管外型如何，不需再加上「姻緣星」或「才藝星」異性緣就相當不錯了，一般來說，男性的總部有皇后星就代表桃花多多，此時總部不只皇后星，還有另一顆感情豐富異性緣佳的貴妃星，兩星組合，感情線更加精彩！特別是位於Ⅰ或Ⅶ時，對面的外緣區塊和三方中的財政區塊都是空的，兩個區塊都沒有主星，等於失去有力的支持，遇到事情常不知該如何解決，尤其是面對感情問題更是反反覆覆、猶豫不定。

貴妃星＋皇后星的婚姻區塊也是空的，沒有主星，必須借行政區塊的軍師星＋監察史星來參看，這往往代表著需要感情長跑；但如果婚姻區塊加入「馬前卒星」，代表對象來來去去；加入「後衛兵星」則是藕斷絲連、原地打轉，想分也分不掉，沒有進展。貴妃星＋皇后星相當在意別人看法，本來意志就不堅定、也沒有什麼主見，如果家人朋友意見太多，反而容易讓事情變得更複雜。

位於Ⅶ區塊的貴妃星＋皇后星，身材較瘦，因爲皇后星在落陷位置，比較吃不胖；位於Ⅰ區塊的貴妃星＋皇后星身材較圓潤，婚後更易發福。無論男

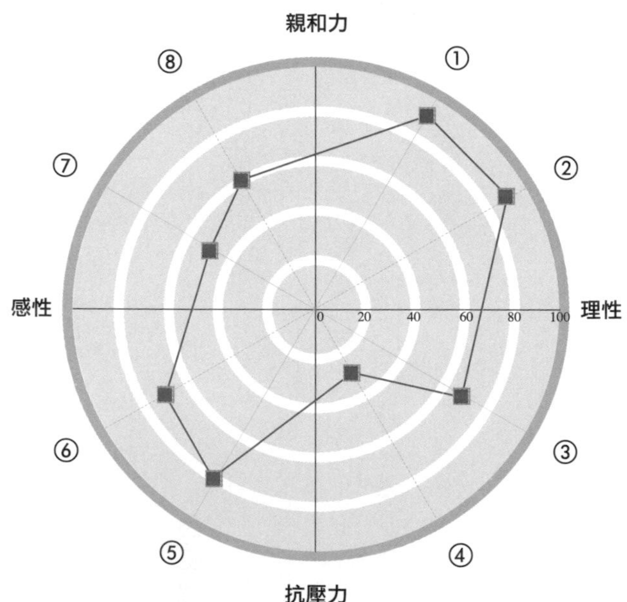

① 親和程度——90分	⑤ 抗壓能力——80分
② 感性反應——90分	⑥ 學習能力——70分
③ 理性直覺——70分	⑦ 情緒控管——50分
④ 叛 逆 性——30分	⑧ 表達能力——60分

圖說：貴妃星＋皇后星位於Ⅰ、Ⅶ區塊，性向分析表

貴妃星組合 1．貴妃星＋皇后星

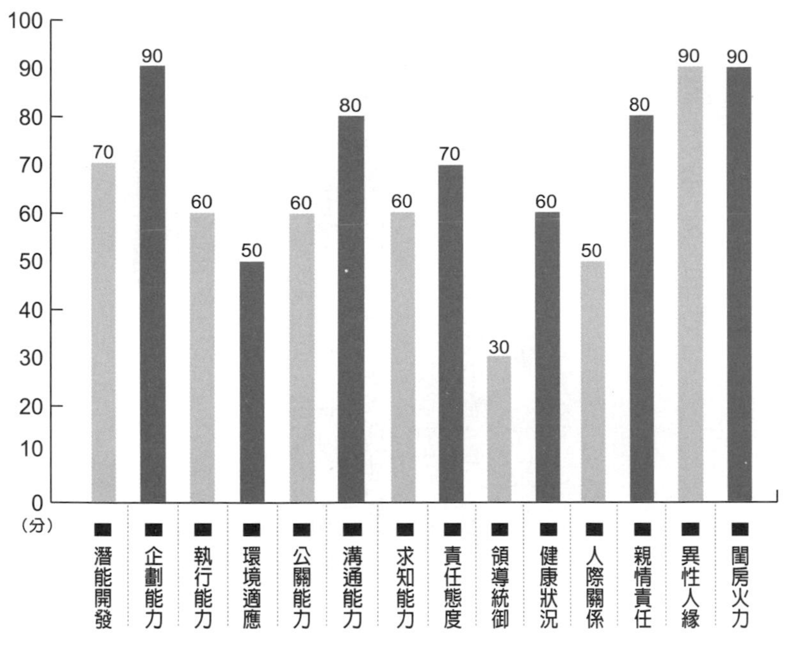

圖說：貴妃星＋皇后星位於Ⅰ、Ⅶ區塊，人格特質表

女，都要特別注意腎臟問題，尤其男性要注意大運走皇后星或走貴妃星＋皇后星時，生理時鐘較亂，內分泌失調之下容易年輕掉髮。

貴妃星＋皇后星．男性性格特徵

貴妃星＋皇后星男性，外型斯文俊秀，聰明有氣質，帶點書卷氣，屬於文質彬彬或花美男類型。心思細膩，性情善良，感情豐富，很容易被感動，與異性間交往自然，但分寸拿捏難免出差錯，除了自己可能無意中放電，也可能同時又被其他對象吸引，面對感情搖擺不定，劈腿難免，桃花困擾不少。

嚮往悠閒安逸的生活，缺乏企圖心與衝刺力，但現實中卻難免必須勞心又勞力。依賴心強，喜歡被照顧，適合姊弟戀。個性忠厚善良、口才不錯，敏感又浪漫多情，非常好相處，只要聊聊天、聽他訴訴苦，就能讓他對你敞開心扉。但若總部的三方四正中遇到煞星時，較難掌握自己的情緒，容易生氣又愛計較。

貴妃星＋皇后星．女性性格特徵

個性溫和體貼、善解人意，內在相當小女人，孩子氣、愛說話，依賴心

貴妃星組合 1．貴妃星＋皇后星

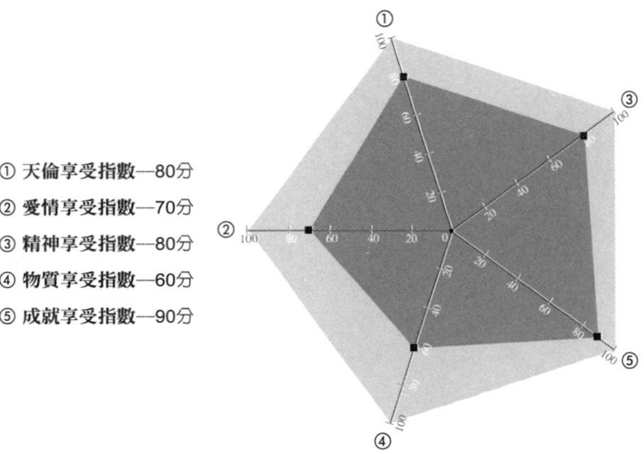

圖說：貴妃星＋皇后星位於Ⅰ、Ⅶ區塊，性向指數表－男

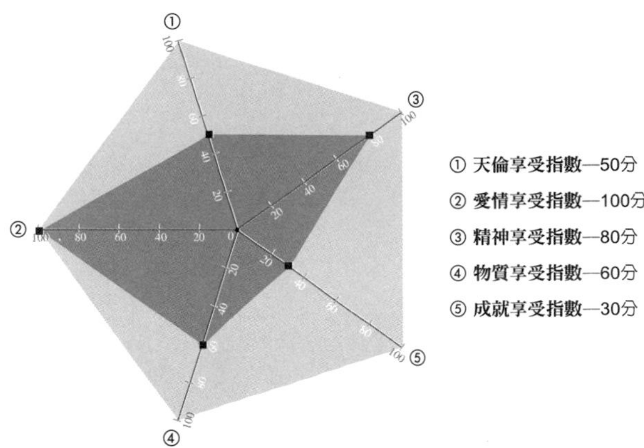

圖說：貴妃星＋皇后星位於Ⅰ、Ⅶ區塊，性向指數表－女

強，喜歡浪漫的氣氛和甜言蜜語，內心永遠保持粉紅色，喜愛被呵護照顧的感覺。愛吃零食、愛美食美酒、逛街購物、聊八卦，嚮往貴婦名媛的生活，對工作沒有太大企圖心，人生中感情的比重最大，玩樂次之，工作再次之。

貴妃星＋皇后星女性需要感情生活的滋潤，同時物質生活也不能匱乏；如果總部的三方四正有煞星或阻礙星，這樣的組合脾氣較大、要求更多，個性較難捉摸。

貴妃星組合 2

貴妃星＋密探星於Ⅱ、Ⅷ區塊

VI	VII	VIII	IX
V	貴妃星＋密探星位於 II或VIII區塊， 對面區塊必定無主星。		X
IV			XI
III	貴妃星 密探星 II	I	XII

圖說：貴妃星＋密探星位於 II 或VIII區塊

詳細說明請見〈密探星〉章節內容（p.209）。

貴妃星組合3 貴妃星＋監察史星於Ⅲ、Ⅸ區塊

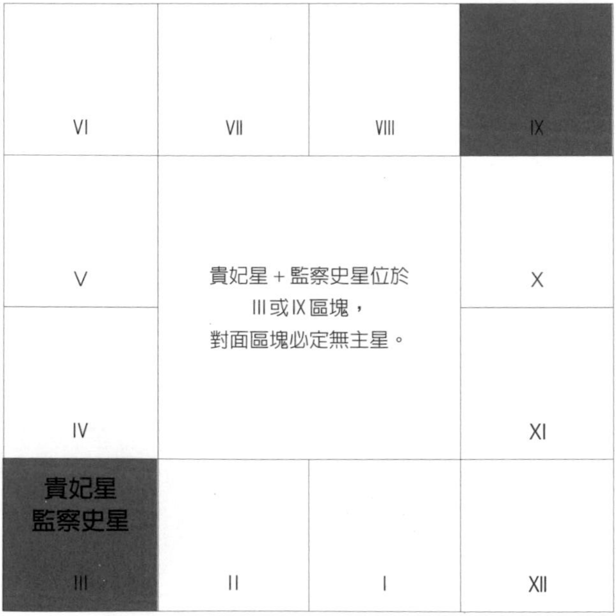

VI	VII	VIII	IX
V	貴妃星＋監察史星位於Ⅲ或Ⅸ區塊，對面區塊必定無主星。		X
IV			XI
貴妃星 監察史星 III	II	I	XII

圖說：貴妃星＋監察史星位於Ⅲ或Ⅸ區塊

貴妃星＋監察史星．特質分析

位於III或IX區塊的貴妃星＋監察史星，性情溫和、敦厚實在，貴妃星的浪漫多情不減，加上監察史星的耿直心細，讓這個組合既有赤子之心，又有世故老成的一面，思慮周全、能從細微處觀察，言行舉止謙和有禮，內斂、不浮誇，會把自己固執的一面隱藏起來，很有貴人運和長輩緣。

貴妃星＋監察史星位於III或IX區塊時，團隊三方必定會到軍師星和皇后星，因此這個組合具備了軍師星和監察史星的智謀與善於籌劃，適合從事運用策劃分析長才的行業；同時兼具了貴妃星＋皇后星的悠閒慵懶和顧家特質，融合出來的個性偏向被動、不積極，習慣思考再思考，猶豫再三才慢慢展開行動，若搭配煞星或阻礙星的刺激，反而較能激發出拚勁，不管是自食其力或是把祖產發揚光大，都會比單純的貴妃星＋監察史星要來得有行動力。

當然，會到煞星或阻礙星的貴妃星＋監察史星除了增加衝勁，同時也增加了破壞力，溫和敦厚的個性以及追求穩定悠閒的特質改變，容易偏向抄捷徑、走偏門，甚至不以正途謀財。若是貴妃星＋監察史星的三方逢「澇神星」、「糾纏星」，長輩留下的資源較少，且性格較古怪，甚至比單純的監察史星還

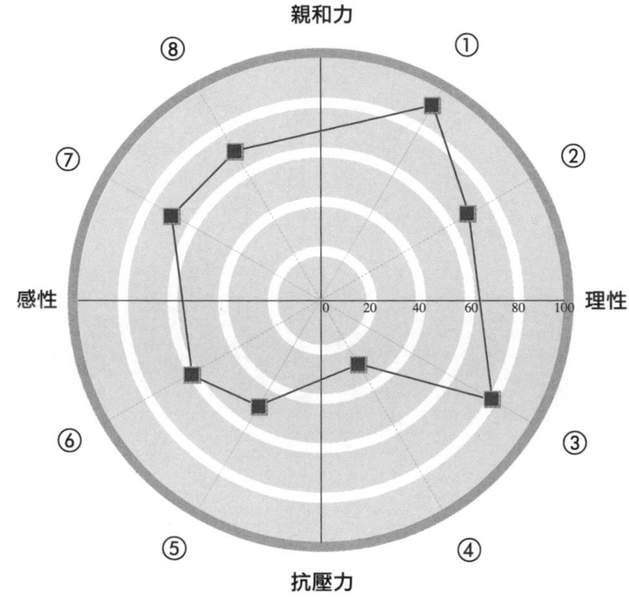

① 親和程度——90分
② 感性反應——70分
③ 理性直覺——80分
④ 叛 逆 性——30分
⑤ 抗壓能力——50分
⑥ 學習能力——60分
⑦ 情緒控管——70分
⑧ 表達能力——70分

圖說：貴妃星＋監察史星位於Ⅲ或Ⅸ區塊，性向分析表

貴妃星組合 3．貴妃星＋監察史星

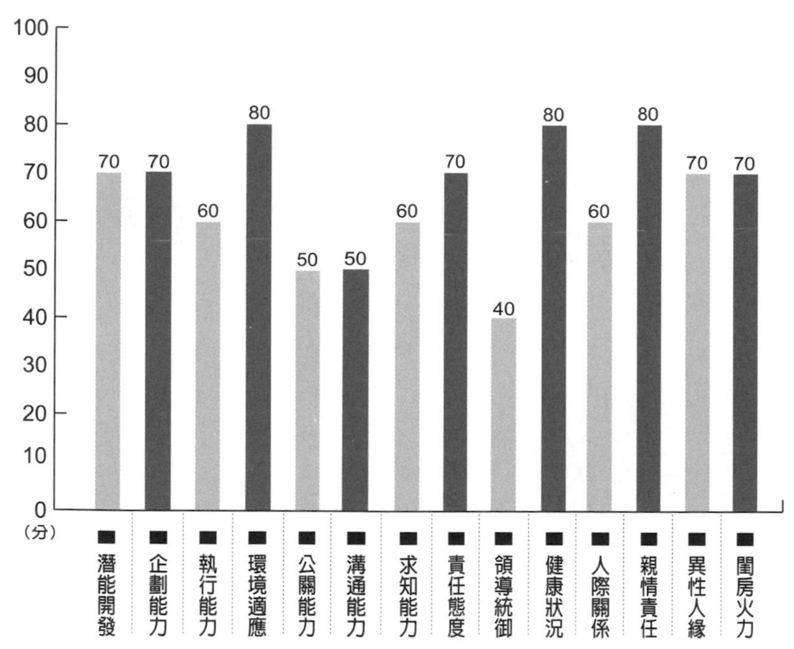

圖說：貴妃星＋監察史星位於Ⅲ或Ⅸ區塊，人格特質表

要孤僻一些。

比較特別的是，貴妃星＋監察史星男性的性格較穩重踏實，女性反而伶俐能幹，工作娛樂兩不誤，在職場上能獨當一面，在生活中也重視休閒和玩樂，只是遇到感情時仍然容易猶豫搖擺，或是被情所傷，夫妻間也常有冷戰或溝通不良的狀況發生。

貴妃星＋監察史星．男性性格特徵

性格溫順謙厚，心慈善良，言行舉止沉著穩重、不疾不徐，甚至略有點溫吞，內心住著老人與小孩，兼具老成世故與孩子氣，有智慧與謀略，又有天眞和浪漫多情的一面。心腸軟，雖然具備可走偏門抄捷徑的機敏頭腦，但只要看到弱者或者對方聲淚俱下，就算明知吃虧也仍無所謂。

思慮周延，做事沉穩，但因衝刺力和活動力較弱，不宜站在第一線而適合擔任於幕後策劃。天性純厚善良，不矯揉做作，但若是貴妃星＋監察史星加了煞星，性格反而轉為喜歡投機與鬥爭心強，人生路易走偏邪。

貴妃星＋監察史星．女性性格特徵

貴妃星＋監察史星女性同樣具備優秀的企劃與分析力，甚至工作與處事風格要比男性來得更幹練。職場上往往比同齡人更有組織力和策劃力，和前輩相比，周到圓滑的處事風格也能博得不少讚賞，加上機敏靈活的反應力，在工作上多能受到重用，不過因欠缺領導統御基因，不適合當主管帶團隊，較適合獨立作業型態。

外型看來較圓潤、一副與世無爭的模樣，其實精明的腦袋和眼神已經在收集資訊、分析利害關係，就算對方說得天花亂墜依然可以保持理智、不爲所動。個性固執，自我保護的特質相當強烈，若是在職場上位於高階，有時難免會呈現出高傲與氣盛的姿態。職場上能幹過人，但遇到感情則智商變糊塗了。

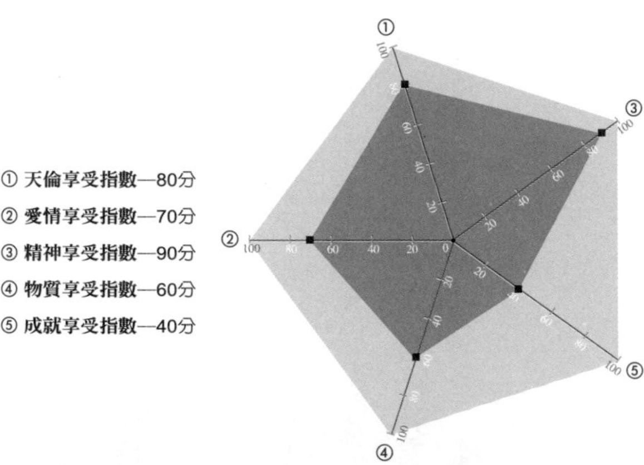

圖說：貴妃星＋監察史星位於Ⅲ或Ⅸ區塊，性向指數表－男

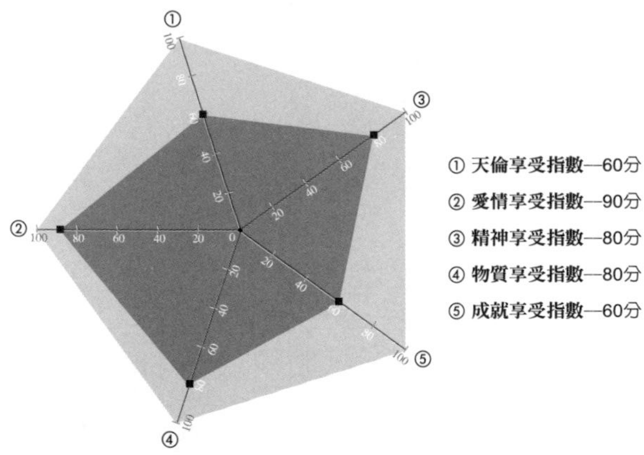

圖說：貴妃星＋監察史星位於Ⅲ或Ⅸ區塊，性向指數表－女

貴妃星組合 4

貴妃星單守於Ⅳ、Ⅹ區塊

Ⅵ	Ⅶ	Ⅷ	Ⅸ
Ⅴ	貴妃星單守於Ⅳ或Ⅹ區塊，對面區塊必定是皇后星。		皇后星 Ⅹ
貴妃星 Ⅳ			Ⅺ
Ⅲ	Ⅱ	Ⅰ	Ⅻ

圖說：貴妃星單守於Ⅳ或Ⅹ區塊

貴妃星單守．特質分析

貴妃星位於IV或X區塊，無論男女都重感情，容易心軟，細心體貼善解人意，同樣喜歡享受，亦有能力可以過理想舒適的生活。天生具備藝術涵養和鑑賞力，情感豐沛、想像力豐富，有機會發揮在文化和藝術上，可多多培養自己的才華、發掘自己潛能，把重心放在自己身上會比耗費心思在感情糾葛上來得實際。

個性較不積極，常猶豫反覆，想法很多、情緒也很多，有時會太過理想化而脫離現實，總是拿不定主意做決定。如果總部貴妃星的三方沒有會到煞星和阻礙星，單純的貴妃星想法會比較樂天單純，心直天眞，尤其是貴妃星女性，多半容貌不錯、唇紅齒白，帶有一點嬌憨的可愛；而貴妃星男性則是溫文俊秀，待人客氣、不拘小節，且口齒伶俐，容易結交朋友也易有貴人提攜，工作運頗順遂，外出運和玩樂的機會都不少，和其他位置的貴妃星一樣，都擁有好口福。但若是貴妃星逢煞星和阻礙星，除了增加更多情緒困擾，感情和婚姻的挫折也較多，人生際遇較辛苦、也較操勞，組合不良時造成的影響甚至可能導致缺乏奮鬥的意志。

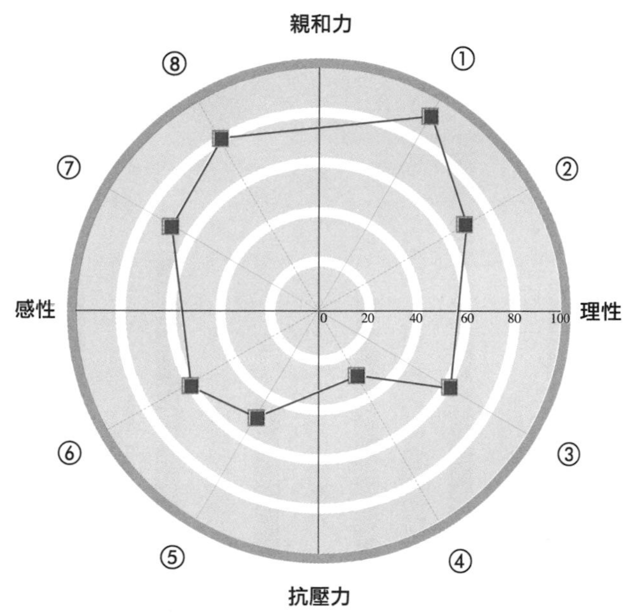

① 親和程度——90分
② 感性反應——70分
③ 理性直覺——60分
④ 叛 逆 性——30分
⑤ 抗壓能力——50分
⑥ 學習能力——60分
⑦ 情緒控管——70分
⑧ 表達能力——80分

圖說：貴妃星單守於Ⅳ或Ⅹ區塊，性向分析表

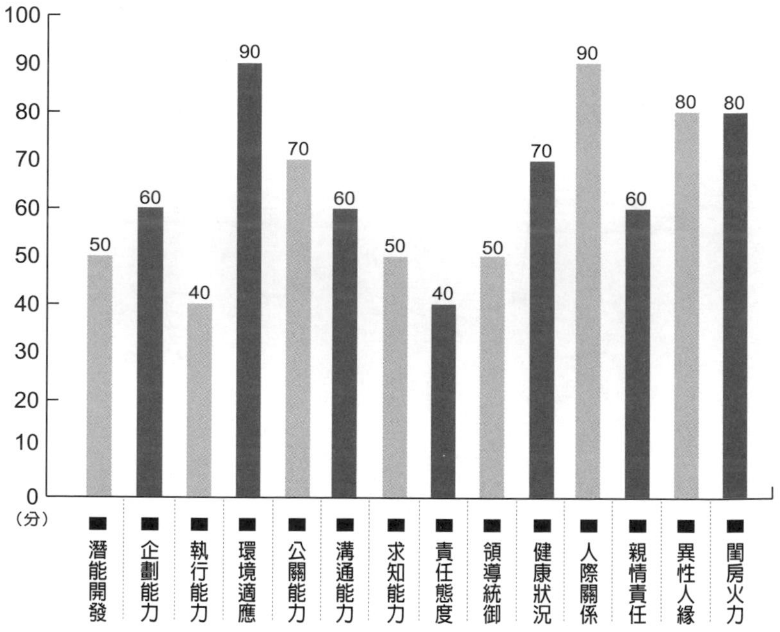

圖說：貴妃星單守於Ⅳ或Ⅹ區塊，人格特質表

貴妃星單守在總部時，要特別留意分部位於哪個區塊？以及分部的星座是何主星？依此才能判斷貴妃星的個性會趨向於哪個方向。以貴妃星位於Ⅳ或Ⅹ爲例，若沒有遇到桃花星（止學士星、副學士星、姻緣星、才藝星），或是有會到資源星時，貴妃星女性雖桃花不減，但不會三心兩意；而男性只要有貴妃星，依舊是風流倜儻、桃花朵朵。這樣的組合在婚後多能與另一半一起吃苦奮鬥，待到中年生活穩定後，便會轉而追求精神享受。

若是分部的星座是軍師星，貴妃星的敏感細膩加上軍師星的善變特質，個性小心翼翼、善於分析，和這樣的組合談感情最好潔身自愛，以免天天被查勤；若是分部星座是王爺星，感情婚姻需好好經營，以防生變。貴妃星入總部，若是西元出生年尾數是5、7、8出生的人，因爲總部的三方會到阻礙星，受到挫折或失志的時候很容易一蹶不振，經不起打擊，因爲貴妃星原本意志就較不堅定，生平無大志，遇到挫折困難時容易怨嘆沮喪，總希望有浮木可以靠一下或拉自己一把，較缺乏鬥志，遇事易退縮。

貴妃星單守．男性性格特徵

貴妃星單守的個性，除了凸顯出貴妃星天性中的單純、安逸、喜歡玩樂享受，也因爲對面外緣區塊皇后星的作用力，使得位於Ⅳ或Ⅹ的貴妃星更體貼溫和、細心厚道，並加重了依賴心和重視家庭的觀念，也更貪玩、貪吃和好動一點。

男性無論是總部入貴妃星或是皇后星，都屬於桃花較多、異性緣不錯的類型，若是不逢煞星和阻礙星，更是文質彬彬、標準的好好先生，雖然話不多，但熱心實在、聰明又不耍心機，不拘小節、脾氣又好，只要對方釋出善意，他絕對會敞開心扉的回饋，在職場上和朋友圈中都相當受到歡迎。不過這樣的特質也容易招來花花草草，亦要特別留意容易心動和見異思遷的毛病。

貴妃星單守．女性性格特徵

位於Ⅳ或Ⅹ的貴妃星女性無論處於哪個年齡層，都仍保有赤子之心，性情單純直率、可愛俏皮，但卻不是無腦草包，察言觀色的能力不差，應對進退得宜，孝順，並且有親和力和同理心。有時講話直率但無惡意，有時又細緻體貼讓人覺得相當暖心，天生樂觀、對人大方，所以人緣好、朋友多，經常可以交到知心好友，並有貴人相助。

貴妃星女性在工作上同樣沒有太大企圖心和野心，但卻踏實守本分，所以

比費盡心思想要爭取更多資源的人，更能得到穩定的升遷和看重，財運亦不弱，只是無形中的花費亦不小。

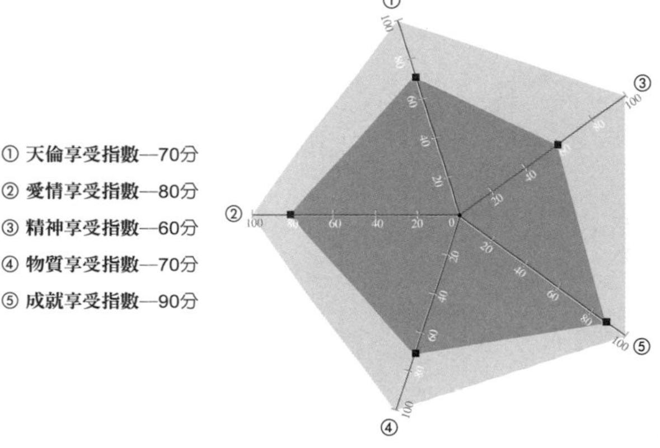

圖說：貴妃星單守於Ⅳ或Ⅹ區塊，性向指數表－男

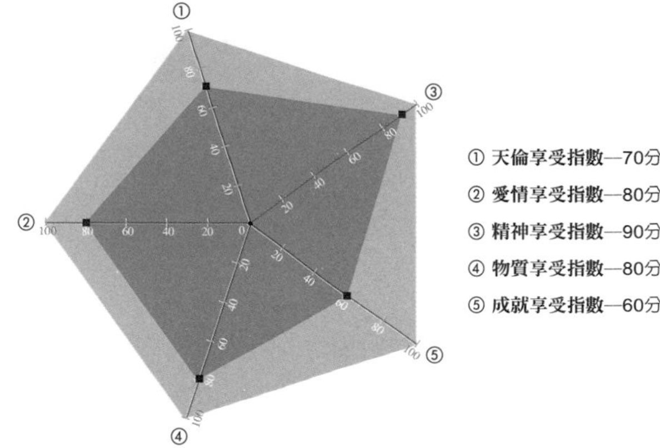

圖說：貴妃星單守於Ⅳ或Ⅹ區塊，性向指數表－女

貴妃星組合5

貴妃星單守於V、XI區塊

VI	VII	VIII	IX
貴妃星 V	貴妃星單守於V或XI區塊， 對面區塊必定是密探星。		X
IV			密探星 XI
III	II	I	XII

圖說：貴妃星單守於V或XI區塊

貴妃星單守・特質分析

貴妃星只要和皇后星位於同一區塊，或是分別位於相對的區塊，女性多半較溫柔、有女人味，也比較注重外表、愛打扮，心軟、容易感動，感情上也比較猶豫不決。但若是貴妃星與監察史星或密探星位於同一區塊，或是分別位於相對區塊，女人味和桃花都會減少，對感情既期待又怕受傷害，即使心裡喜歡也會小心翼翼隱藏，必須觀察再觀察之後才投入；處事上則更多了直覺力和分析力，言語較犀利、判斷事情相對理性，在職場上有較強的競爭力，也更容易發揮所長。

貴妃星位於V或XI區塊時，外型看來溫和可親，舉止優雅、動作較慢，實則內在想法犀利明快。只不過天性中仍有多愁善感的一面，敏銳又細膩，加上外緣區塊密探星的影響力，多了猜疑心和不安全感，自我保護心強、更重隱私，雖然一方面正向樂觀，另一方面仍有許多複雜的心思，心事暗藏，心情容易起伏不定。

對於不熟悉或不認識的人，位於V或XI的貴妃星戒心較重，往往擺出一副生人勿近的冷臉，或是言詞犀利、不愛說話，但只要熟識或放心之後，貴妃星

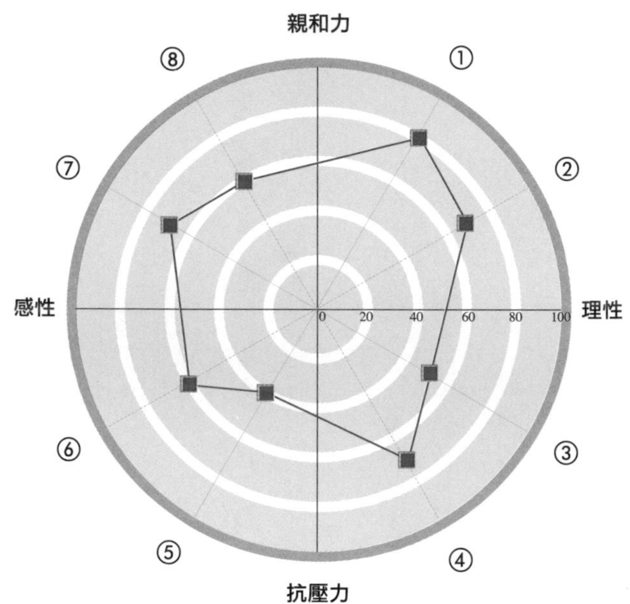

① 親和程度——80分	⑤ 抗壓能力——40分
② 感性反應——70分	⑥ 學習能力——60分
③ 理性直覺——50分	⑦ 情緒控管——70分
④ 叛 逆 性——70分	⑧ 表達能力——60分

圖說：貴妃星單守於Ⅴ或Ⅺ區塊，性向分析表

貴妃星組合 5・貴妃星單守

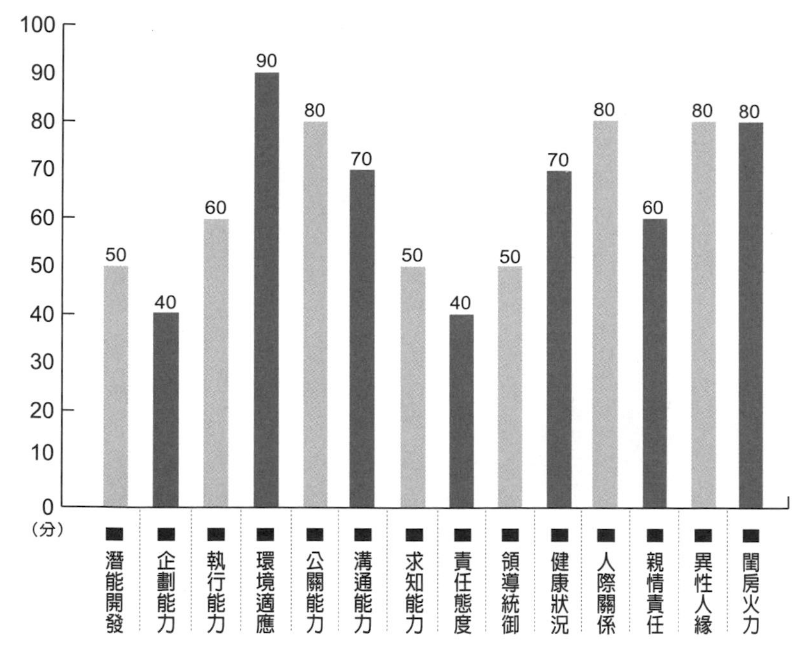

圖說：貴妃星單守於Ⅴ或Ⅺ區塊，人格特質表

本性中的體貼、天眞、樂觀的一面才會展現出來，只不過表達方式仍是直話直說、坦誠以對，不會甜言蜜語說好聽話來討人高興。

個性固執、不容易接受他人勸告和建議，但在職場上或生活中，都能掌握最新訊息以及現今潮流趨勢；有文藝特質，也有歸納和剖析資訊的能力，適合從事娛樂休閒、電子媒體、傳播、行銷或文教相關等產業，對宗教和五術也頗有興趣。

總部若是貴妃星單守時，三方會到煞星或阻礙星會比較勤勞、愛乾淨，不像天然的貴妃星那樣慵懶，人生必會經歷一波成長蛻變的過程，雖然當下覺得辛苦、折磨、難以忍受，但卻可以開發更廣的視野，激發出更大的潛能。在感情方面，困擾同樣不少，若是貴妃星加上桃花星，往往會流連花叢變身花花公子或花蝴蝶，對感情搖擺不定；若是沒有會到桃花星，一般的貴妃星多半有單戀、苦戀或多角戀的習題，就算好不容易修成正果，仍要用心經營，貴妃星較難擁有一路順暢的戀情。

貴妃星單守．男性性格特徵

位於V或XI的貴妃星，其團隊三方四正必定會有軍師星、皇后星、密探星和監察史星，這是一個超級敏感又神經質的雷達中心。這幾顆星座都帶有機靈變動、感情豐富、善於分析以及情緒多變的特質，有時愛玩愛鬧，有時又宅又孤僻，有時解析事情頭頭是道，但面對感情或特別在乎的人事時又不知該如何表達；有時特別感性自憐、敏感脆弱，有時別人無意的話語又可讓他突然爆發火氣，讓人難以捉摸理解。

這個組合的男性，會到的星座多較陰柔、善感，因為這些柔性星座的作用力，使得位於V或XI的貴妃星男性在面對挫折時承受度較低，難以面對現實時恐會產生逃避的心態，因此必須特別注意切勿使用藥物來迴避現實。訓練情緒的穩定度是貴妃星男性必須修習的功課，最好學著將細膩、敏銳、敏感的天賦運用在工作上，多會有不錯的成績。

貴妃星單守．女性性格特徵

位於V或XI的貴妃星女性同樣喜歡美食、旅遊、玩樂，以及尋找新鮮有趣的事物，外表多屬於可愛型，或是相較於同齡人要顯得年輕許多。性格具有多面性，既活潑機敏，也有言詞犀利、任性刁蠻的一面；既樂觀開朗，又偶爾會封閉孤僻。疑心重、善於自我保護，喜歡探究別人的眞心，但對自己的事情卻不輕易透露，很重隱私。不熟悉時總是冷冷的、一副難以接近的感覺，熟悉後話多、愛八卦，吃喝玩樂、生活瑣事都願意分享。不過在感情上容易有單戀的苦悶，或是不倫戀的傾向，感情往往是最難掌控的弱點，也是一門必修的課程。

貴妃星組合 5・貴妃星單守

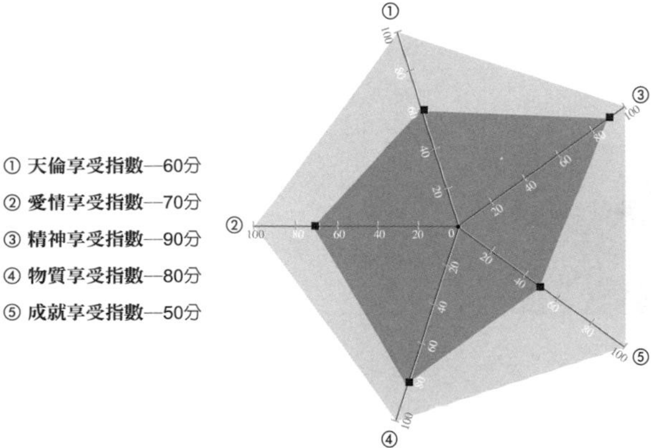

圖說：貴妃星單守於Ⅴ或Ⅺ區塊，性向指數表－男

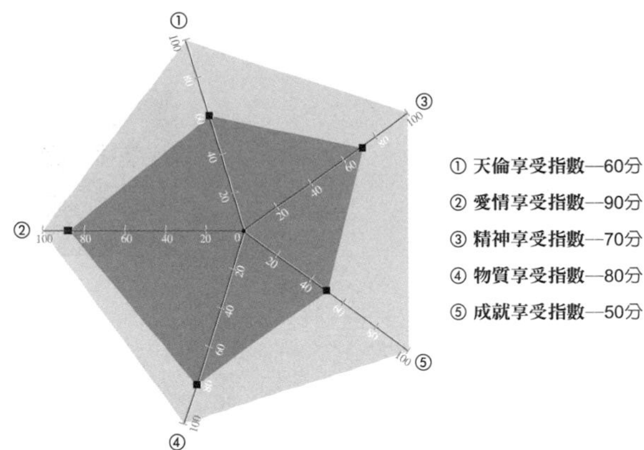

圖說：貴妃星單守於Ⅴ或Ⅺ區塊，性向指數表－女

貴妃星組合6 貴妃星單守於VI、XII區塊

貴妃星 VI	VII	VIII	IX
V	貴妃星單守於VI或XII區塊，對面區塊必定是監察史星。		X
IV			XI
III	II	I	監察史星 XII

圖說：貴妃星單守於VI或XII區塊

貴妃星單守．特質分析

貴妃星單守於Ⅵ或Ⅻ區塊時，位於四馬地，對面外緣區塊必定是監察史星，由於貴妃星天性慵懶閒散，再加上監察史星飄盪的特質，揉合出一副看似淡泊悠哉、從容自在，偶爾還愛開玩笑的個性。其實這樣的組合城府頗深，處事老練世故，不熟悉的人會以爲這是個單純無害的老實人，殊不知在爾虞我詐的職場中，這是個最會四兩撥千斤的高手，若是走偏門，甚至可能是高明的老千。

這個組合喜歡過著閒散愜意、沒有拘束的生活，有些可能只圖享樂、不務正業；有些是理想太高，追求一般人難以理解的領域；有些則是從事特別的職業、過著獨特的冒險人生。但無論哪一種，貴妃星在總部的人總是看來善良無害，因此總能扮豬吃老虎，在職場上、生活上、感情上都頗吃香。

這種組合的貴妃星想法實際、思慮縝密，喜歡高談闊論、好辯且善辯，有文學、哲學、玄學或計算方面的天賦，觀察力敏銳，善於策劃，同時也帶有投機心態。如果團隊中會到吉星的話，人生可以過得較舒適悠閒，常有閒情逸致可到處探訪美食美景，人生運勢較平穩；但若是團隊中三方四正會煞星或阻礙

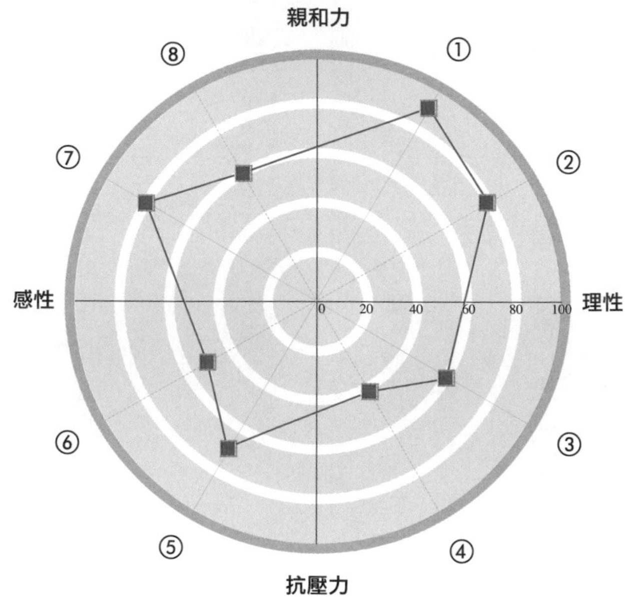

① 親和程度——90分
② 感性反應——80分
③ 理性直覺——60分
④ 叛 逆 性——40分
⑤ 抗壓能力——70分
⑥ 學習能力——50分
⑦ 情緒控管——80分
⑧ 表達能力——60分

圖說：貴妃星單守於VI或XII區塊，性向分析表

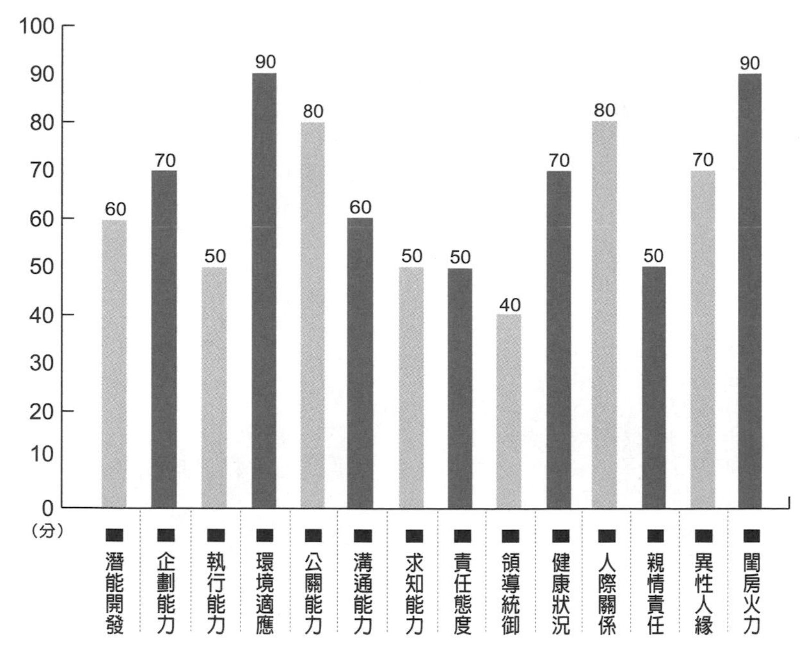

圖說：貴妃星單守於VI或XII區塊，人格特質表

星，性情則顯得較執拗或乖僻，對什麼都看不順眼，人生際遇較差，甚至可能成爲社會邊緣人或四處漂泊。

貴妃星單守於Ⅵ或Ⅻ區塊的人有很多自訂的規矩，不喜歡被他人質疑或反駁，但在感情方面，卻似乎沒有太多具體的限制。貴妃星感性又多情，可能因一時感性而表現得較熱情貼心，或是不經意間釋出的善意讓人誤會，若是對方也有意的話，新的戀情可能就這樣發生了。無論是有意、無意，存心或是不小心，貴妃星的感情都相當精彩，尋找新戀情不難，如何維繫並經營，才是貴妃星要好好加強的課題。

貴妃星單守．男性性格特徵

外型穩重老成，看來多半比實際年紀要大，喜歡美食、美酒、美女，腦袋轉個不停，看起來笑眯眯的，其實內心早就盤算好了。對異性的態度總是溫柔呵護、體貼大方，喜歡搞曖昧，善於傾聽，最喜歡當對方的好朋友，加上外型沒有侵略性，因此總可以流連花叢中，不停的玩著愛情遊戲。若是總部貴妃星的組合不佳，加上煞星或阻礙星的話，個性更加多情放浪，私生活複雜，甚至有違反社會善良風俗的可能。

貴妃星單守・女性性格特徵

貴妃星位於Ⅵ或Ⅻ區塊的女性多半有姣好的身材，無辜天眞的氣質容易讓人產生保護欲；個性多愁善感，感情豐富、細心、體貼，溫柔且容易心軟，靈巧機智，帶有一點古典美，很容易被浪漫沖昏頭，一不小心就捲入愛情的難題中。若是貴妃星再加上桃花星，或是搭配的副星組合不良，甚至可能在有意或無意間成爲第三者，或是被包養的地下情人。

在感情方面常搖擺不定，看似很有原則，但只要對方採取強烈攻勢，態度眞誠積極，貴妃星多半難以招架，往往會因心軟而忘記原則與要求。這樣的貴妃星在感情上難免會經歷挫折與困擾，總在尋覓眞心的另一半，卻又常愛錯對象，情緒和感情都常常受傷。

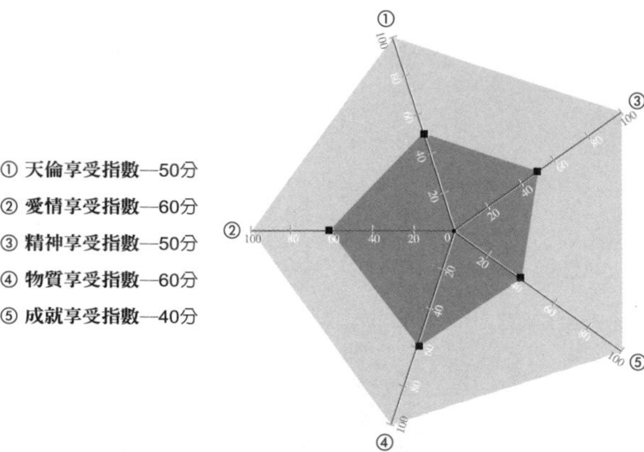

圖說：貴妃星單守於VI或XII區塊，性向指數表－男

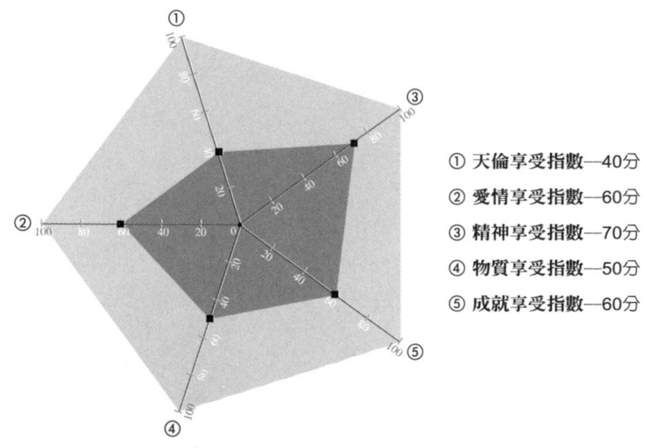

圖說：貴妃星單守於VI或XII區塊，性向指數表－女

總管星組合

General manager／管理者

原爲：天相星

動物代表：蜜蜂

注重形象，樂於付出

所屬團隊

太微垣系統。

總管星特質

1 優雅穩重、善良隨和，注重衣食享受、重視自己的外在形象。活力充沛、熱心助人，有時略有點雞婆，善於與人打交道，不吝於對需要的人伸出援手。

2 勤勞、閒不住，很有團隊合作精神，容易融入各種團體中，爲了整體的需求及利益願意不遺餘力的付出，能迅速調整工作內容和心態。

3 具有服務的熱忱和使命感，對環境的適應力很強，脾氣的穩定度高，不輕易與人交惡，怒到極點或是受到不斷的攻擊時，才會爆發出驚人的火氣和反擊力。

4 大部分時候屬於和平主義者，慷慨、有正義感和惻隱之心，樂於付出與服務。

總管星的組合有六種：

- 總管星＋使節星位於Ⅰ、Ⅶ區塊
- 總管星單守於Ⅱ、Ⅷ區塊
- 總管星＋司庫星位於Ⅲ、Ⅸ區塊
- 總管星單守於Ⅳ、Ⅹ區塊
- 總管星＋皇帝星位於Ⅴ、Ⅺ區塊
- 總管星單守於Ⅵ、Ⅻ區塊

古道熱腸、注重形象

總管星的屬性爲水，是一顆善福之星，也是熱心助人的媒人星。總部有總管星的人多半親切和善、很有親和力，並有爲他人服務的使命感，正面特質是古道熱腸、熱心助人，但另一面則是好管閒事，天生是別人的貴人，只要朋友遇到麻煩，總管星都願幫忙奔走想辦法，每天忙的都是別人的事。總管星喜歡從忙碌中以及幫助他人來得到自我肯定，有時反而忽略自己的利益，

總管星不論男女都相當注重形象，不管是外表打扮，或是給人的觀感印象，總管星都十分在意。重視衣著打扮，雖不一定要名牌隨身，但一定要乾乾淨淨、體面稱頭；個性帶點挑剔，除了對打扮有要求之外，日常中的食衣住行都有自己獨特的喜好。熱心、人緣好，容易與人打交道，在公眾面前可以從容展現自我，個性也愛熱鬧、不甘寂寞，喜歡參加聚會團體活動，無論是和學習相關或是公益活動、義工、志工服務，總管星都樂於參與。

總管星隨和也隨性，能以柔克剛化解使節星的負面特質，亦能牽制宰相星的霸道；有傲氣也有小脾氣，但較無主見，常常別人說這個也好，那個也不錯，因此要預防自己的好意和愛心被有心人利用。總管星是象徵有價證券、合約文書的星座，總部是總管星，其財政區塊必定有宰相星，喜歡有穩定的收入，若是財庫破了，則大多是將現金投入股市中。總管星更要特別防範文書是非，避免作保、借貸放款，否則容易有去無回。

包容心強，逢煞情緒控管不佳

總管星組合的人較有包容心和感恩的心，待人處事謙和有禮，但對自我定位以及自我價值的肯定較模糊，常有猶豫不決的現象，因此常錯失機會。有赤子之心、樂於爲人服務，但若是自己遇到困難麻煩事時卻較少向他人求援。感情豐富、多情浪漫，不僅在職場上和生活上是好人，在感情中也是好傻好天眞，因此要留意別太輕易相信對方而受騙上當。

總部是總管星時，對面外緣區塊必定有前鋒星，外緣區塊象徵一個人的隱藏個性，優雅溫順、謙讓隨和的總管星雖然不容易生氣，但被激怒到忍無可忍時，翻臉不留情、言詞犀利全力反擊的火力也是毫不遜色的。若是再加上煞星，情緒控管力不佳，就算願意提供服務，動機也不單純。

不宜再加桃花星，感情世界複雜

總管星女性若是團隊三方中不逢煞星和阻礙星，屬於輔佐性人才，職場上、家庭中，都是助力很強的幫手。因爲星性溫和、不夠強勢俐落，所以不宜自主創業獨當一面，但卻可以和另一半一起合作成爲最佳賺錢組合。總管星若加上「左護法星」、「右護法星」、「科舉星」或「貴人星」時，有福有壽、能相夫助夫，高度的惻隱之心更足以擔當好人好事代表。

總管星加「正學士星」或「副學士星」時，女性外貌姣好、溫柔體貼，且聰明伶俐；男性文質彬彬、儒雅斯文，個性悠哉安逸，甚至對園藝、書畫都有涉獵。不過這樣的組合感情過於豐沛，心性難以抵擋感情、物質、情欲的誘惑，如同總管星加上「姻緣星」或「才藝星」一般，桃花太過，感情世界較複雜，亦要小心有意或無意中成爲第三者。

觀察總管星時，除了要判斷團隊中的三方四正有沒有遇到煞星、阻礙星和四化星是否落入，最重要的還要檢查兩旁區塊。總管星的基因區塊必定有監察史星，手足區塊必定有密探星，如果這兩個相夾的區塊有資源星或掌握星落入，總管星便多了長輩的庇蔭，也較可得到貴人助力；相反的，若這兩個區塊有阻礙星、或阻礙星落入使節星，那麼總管星也會隨之黯淡無光，往往不是小人纏身就是官訟不斷。

總管星組合1

總管星＋使節星於Ⅰ、Ⅶ區塊

VI	前鋒星 VII	VIII	IX
V	總管星＋使節星位於 I 或VII區塊， 對面區塊必定是前鋒星。		X
IV			XI
III	II	總管星 使節星 I	XII

圖說：總管星＋使節星於Ⅰ、VII區塊

詳細說明請見〈使節星〉章節內容（p.160）。

總管星組合 2

總管星單守於Ⅱ、Ⅷ區塊

VI	VII	皇帝星 前鋒星 VIII	IX
V	總管星單守於II或VIII區塊， 對面區塊必定是 皇帝星＋前鋒星。		X
IV			XI
III	總管星 II	I	XII

圖說：總管星於II或VIII區塊

總管星單守・特質分析

位於II或VIII區塊的總管星，在意形象、愛面子，注重穿著打扮和日常飲食，不管年紀多大，都會盡可能維持標準身材比例，外型穩重、乾淨舒服，有品味、注重小細節，總管星女性更是美魔女類型，多半會做好不錯的身材管理。

總管星愛聊天，對不熟悉的人也都能客氣問候、主動噓寒問暖，熱心愛助人，在團體中愛說笑話、愛吆喝起哄，相當好相處。不過每個人都有地雷區，再好脾氣的總管星也有忍無可忍的時候，尤其對面外緣區塊的星座是皇帝星＋前鋒星，團隊中三方也會到宰相星，主觀意識強烈、不易溝通，一旦惹毛了總管星，不只會留下心結，甚至直接翻臉不留情面。

總管星外表總是和藹可親、笑容滿面，一副好好先生、好好小姐的模樣，其實個性固執卻沒有主見、內心驕傲又不易變通，看似耐心傾聽、很好溝通，其實依然故我，有莫名的執著。耳根軟的總管星並非完全聽不進他人建議，有時只是礙於臉面而無法坦率的接受意見，只是在反覆猶疑、舉棋不定優柔寡斷許久之後，最後多半還是會堅持自己原有的作法。想要說服總管星，除非是付

薪水的老闆、或是社經地位、學識高出他許多的人，否則一般人的意見總管星只會聽聽，難以產生影響力。

總管星也常有創新想法、別出心裁的點子，但猶豫不決、容易被環境影響的個性，以及偏向安逸的心態，使得總管星很難積極主動的跨出舒適圈，因此不容易找到自己的人生方向，往往摸索許多年後仍在原地踏步。總管星不妨考慮從事公職，或是在穩定的企業中磨練學習，可讓人生曲線較平穩發展；若是從商，則容易大起大落，遇到挫折後需要經歷不短的時間才能東山再起；無論從事何種行業，工作內容多半都與服務性質相關。

總部位於II或VIII的總管星，分部若是將軍星、前鋒星或近侍星其中之一，可以憑藉專業技能佔有一席之地；如果逢煞星的話，容易從事投機事業，或是在股市中衝殺，運勢起起伏伏。

總管星感情豐沛、容易心軟感動，再加上外緣區塊的皇帝星＋前鋒星，以及婚姻區塊的使節星＋近侍星，這個組合已經帶有桃花特質，就算總管星男性外型忠厚老實，但私底下可能仍喜歡燈紅酒綠、嚮往精彩的夜生活。如果團隊的三方四正中再加入任何一顆屬水的副星（例如副學士星），或者分部是將軍星、前鋒星、近侍星其中之一，感性太過就變成濫情，桃花太多必定不利於婚

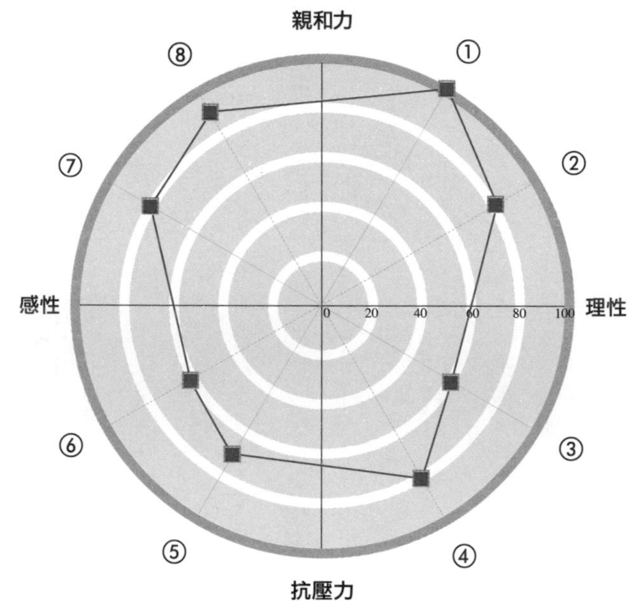

① **親和程度**——100分
② **感性反應**——80分
③ **理性直覺**——60分
④ **叛 逆 性**——80分
⑤ **抗壓能力**——70分
⑥ **學習能力**——60分
⑦ **情緒控管**——80分
⑧ **表達能力**——90分

圖說：總管星於 II 或VIII區塊，性向分析表

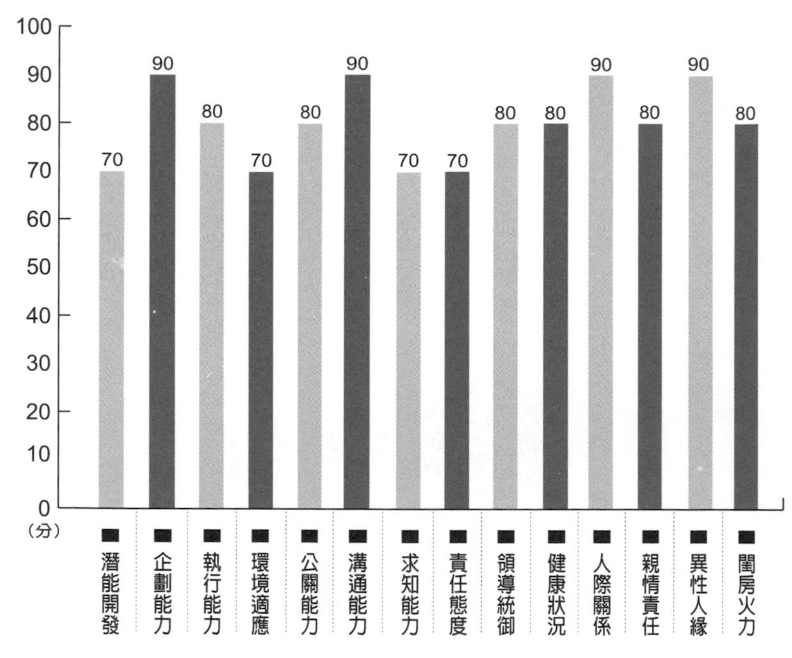

圖說：總管星於 II 或VIII區塊，人格特質表

姻，這種組合的總管星太過多情，亦多有感情困擾。

總管星單守．男性性格特徵

模樣敦厚誠懇、熱心勤快，很會察顏觀色、見風轉舵；溫和的外表、得體的談吐應對、紳士的風度，很容易讓人產生好感。內在有強烈的主觀意識，有輔佐力和管理能力，帶有一點企圖心，但不會刻意顯露出來。若逢煞星或阻礙星、澇神星、糾纏星，會讓原本良善的本質轉為奸巧，變得眼高手低、不務實，安逸的特性也會變得偷懶怠惰，容易走偏門、投機抄捷徑。

位於II或VIII的總管星男性，內在自負、有優越感，就算一時不如意，也只會認為時運不濟而已。固執的脾氣雖然表面上看不出來，但從言行舉止和各種挑剔中便可看出端倪；喜歡聽讚美、喜歡被肯定，只要是覺得還不錯的對象邀約，多半來者不拒。

總管星單守．女性性格特徵

位於II或VIII的總管星女性多半容貌姣好、身材勻稱、打扮得體，很有品味和個人特色。喜愛美食，對吃頗講究，但常吃的就那幾樣，穿衣打扮也很挑，

常常買一堆但常穿的也是那幾件。總管星女性對美有獨特的鑑賞力，相當懂得生活享受，隨和好相處的個性很容易擴展交友圈，出色的外型也容易吸引對象，十分享受被呵護與被追求的感覺。

外表從容，實則是個急性子，愛面子、愛財，內心抱有粉紅色憧憬，最希望能找到有錢有權、能讓自己過著貴婦生活的高富帥。個性有點嬌氣和霸氣，有時稍微情緒化，或因沒來由的喜惡而影響做事的方法。

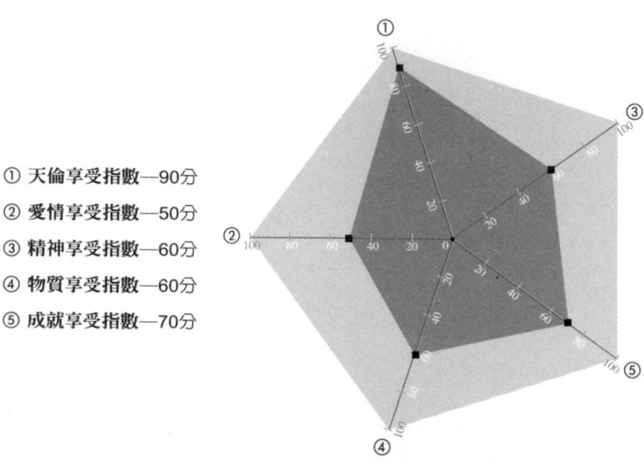

圖說：總管星於 II 或VIII區塊，性向指數表－男

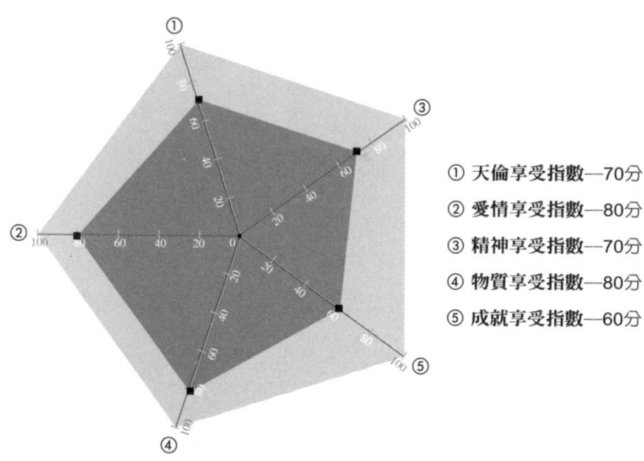

圖說：總管星於 II 或VIII區塊，性向指數表－女

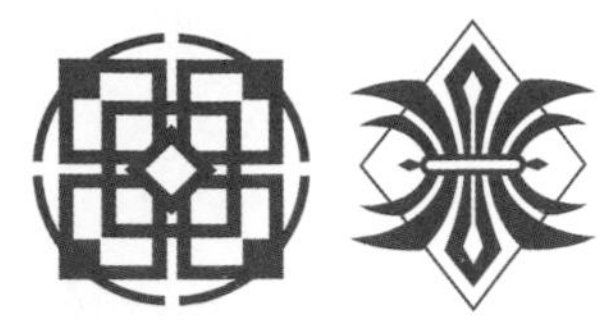

總管星組合 3

總管星＋司庫星於Ⅲ、Ⅸ區塊

VI	VII	VIII	前鋒星 IX
V	總管星 + 司庫星位於 III 或 IX 區塊， 對面區塊必定是前鋒星。		X
IV			XI
總管星 司庫星 III	II	I	XII

圖說：總管星＋司庫星位於 III 或 IX 區塊

詳細說明請見〈司庫星〉章節內容（p.91）。

總管星組合4

總管星單守於Ⅳ、Ⅹ區塊

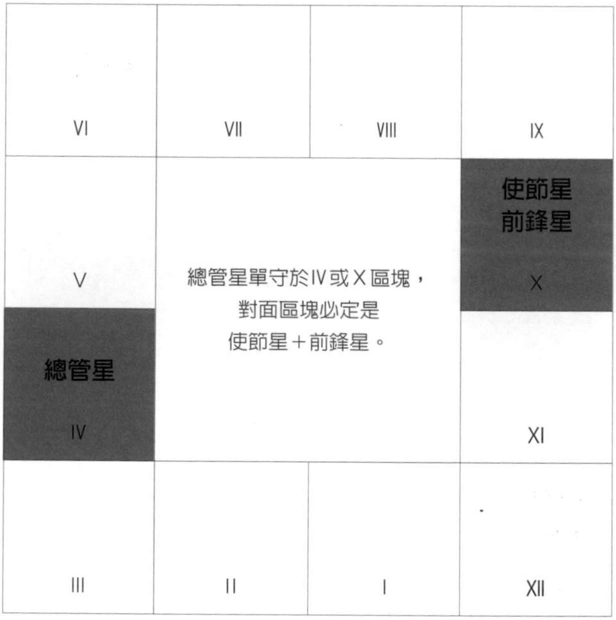

VI	VII	VIII	IX
V	總管星單守於Ⅳ或Ⅹ區塊， 對面區塊必定是 使節星＋前鋒星。		使節星 前鋒星 X
總管星 IV			XI
III	II	I	XII

圖說：總管星單守於Ⅳ或Ⅹ區塊

總管星單守．特質分析

總部位於Ⅳ或Ⅹ的總管星，其團隊三方必定是外緣區塊的使節星＋前鋒星、行政區塊的借司庫星＋近侍星、財政區塊的宰相星，再加上欲望區塊中的皇帝星＋將軍星，這樣的組合帶有多重個性，男性外型溫和忠厚、文質彬彬，女性則氣質出眾、外型柔美，皆是聰明體貼、細心敏感的類型。

富有服務熱忱，熱心、待人誠懇，急公好義甚至好打抱不平，喜歡參與各類活動，朋友多、閒不住。總管星助人歸助人，但對金錢的態度卻頗謹慎，敏銳的心思容易察覺到對方是好意還是懷有企圖，不會盲目付出，會以對方的態度來決定自己的應對態度。

個性外柔內剛，不喜歡被約束，內在倔強、甚至帶有反叛性格，好惡分明，大多時候是個樂於助人的好人，給人感覺如沐春風；但若是總管星忍無可忍，或是總管星加煞星時，則會有現實、盛氣凌人擺架子、臭臉或言詞犀利不留餘地的狀況。總管星的雙重個性明顯，好的時候是人人稱讚的和善熱情、幽默風趣，負面特質則是翻臉不留情面、全力攻擊不顧後果。只要不踩總管星的地雷區，不涉及利益得失和地位，總管星不會採取攻擊，多半仍是脾氣溫順的

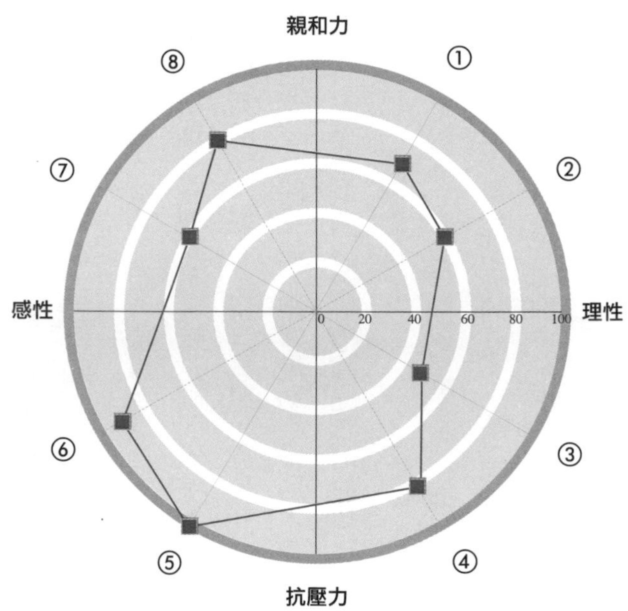

① 親和程度——70分
② 感性反應——60分
③ 理性直覺——50分
④ 叛 逆 性——80分
⑤ 抗壓能力——100分
⑥ 學習能力——90分
⑦ 情緒控管——60分
⑧ 表達能力——80分

圖說：總管星單守於IV或X區塊，性向分析表

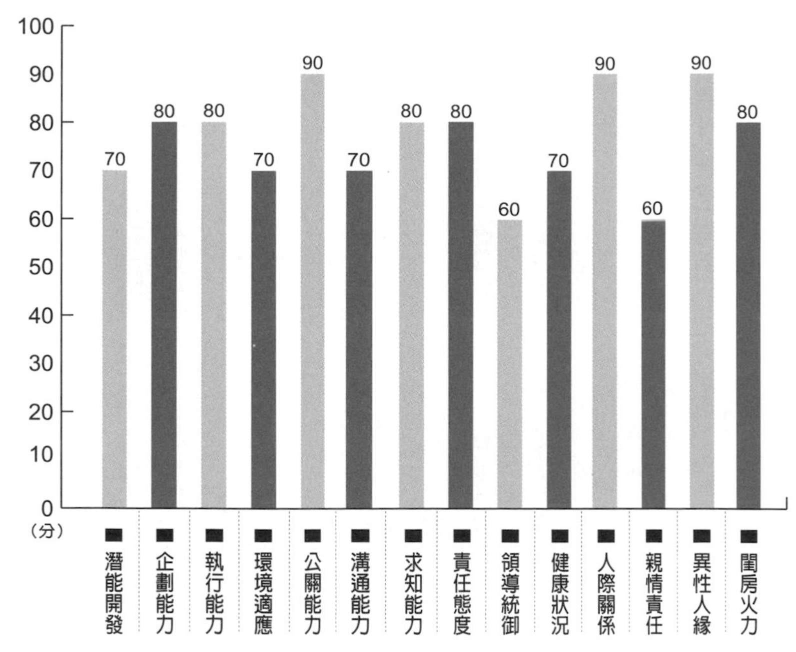

圖說：總管星單守於Ⅳ或Ⅹ區塊，人格特質表

好人代表。

總管星重視物質享受，喜歡美食玩樂、新鮮有趣或時尚的事物，對五術也頗感興趣。男性往往會找比自己剛強堅毅的另一半，女性則多會找較大男人、霸道的伴侶。彼此在相處上大部分時間還不錯，但一涉及金錢就會突然變得現實起來；而總管星人雖然脾氣爆炸時可以不顧一切，但眞要下決定時又無法當機立斷，總是猶豫不決、三心兩意，不斷上演重複的戲碼。

總管星位於IV或X時不宜創業當老闆，適合從事公職，且同樣要注意印鑑、有價證券、支票等問題，不宜爲人作保背書，以免出現問題。總管星加上「左護法星」或「右護法星」時，心地更善良、心腸更軟，除了對人和善，對寵物和各種動物都很有愛；總管星加上「科舉星」或「貴人星」反而會熱心過頭，會到則較好，多有貴人助力。總管星只要加上煞星，脾氣都不好、情緒控管有待加強；而總管星女性的團隊三方則不宜再會到「正學士星」或「副學士星」，外型雖美但感情複雜，婚姻不易長久穩定。

總管星單守．男性性格特徵

待人客氣、不拘小節，外型溫和穩重，給人圓融大方的感覺，實則性急，常有一些獨特的想法和創意。若是團隊的組合不錯，位於IV或X的總管星多半風趣幽默、臨場反應快、很會帶動氣氛，喜歡組織各種活動；但如果團隊組合中有煞星、阻礙星，或是欲望區塊的主星有煞星或阻礙星，總管星則會顯得固執衝動又暴躁，想法多不切實際，甚至霸道自私。

相較其他總管星組合，位於IV或X的總管星多了精明與自負，口才好，善分析、習慣計較利害得失；重視物質享受、有口福，喜歡高檔美食、講究生活品味，在感情方面則會在意另一半的經濟狀況和賺錢能力。

總管星單守．女性性格特徵

聰明機靈、觀察力敏銳，能言善道且注重外型打扮，追求時尚、不守舊，常有新鮮創意和想法，與人往來得體有禮，是個好相處、頗受歡迎的星座。

愛面子、帶有虛榮心，喜歡嚐鮮、追求潮流趨勢不願落於人後，就算經濟能力不夠無法滿足物欲，也會對名牌精品、高檔餐廳如數家珍；重視個人物質需求，所以有時顯得不那麼大方。個性較倔強固執，有嬌氣也有點傲氣，怕寂寞，喜歡有人陪伴的感覺。

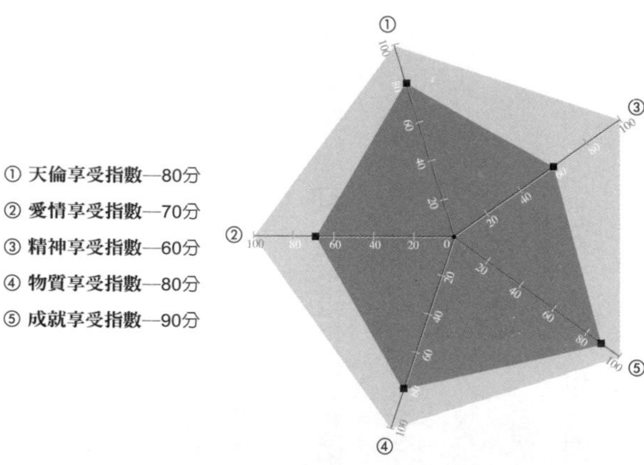

圖說：總管星單守於Ⅳ或Ⅹ區塊，性向指數表－男

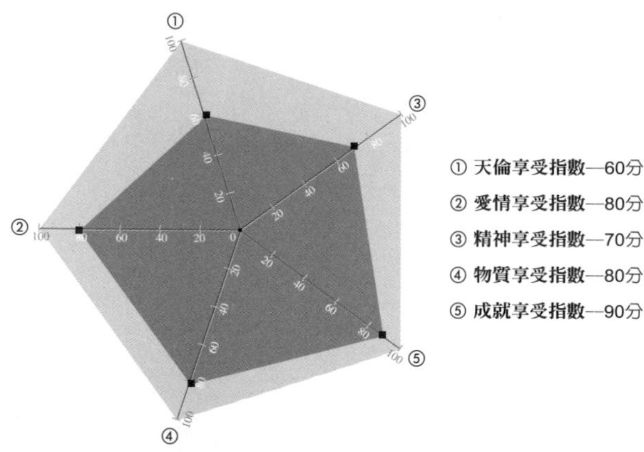

圖說：總管星單守於Ⅳ或Ⅹ區塊，性向指數表－女

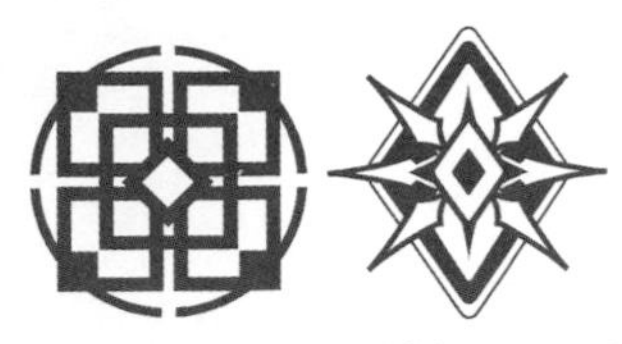

總管星組合 5．總管星＋皇帝星

總管星組合 5

總管星＋皇帝星於V、XI區塊

詳細說明請見〈皇帝星〉章節內容（p.58）。

VI	VII	VIII	IX
總管星 皇帝星 V	總管星＋皇帝星位於 V或XI區塊， 對面區塊必定是前鋒星。		X
IV			前鋒星 XI
III	II	I	XII

圖說：總管星＋皇帝星於V或XI區塊

總管星組合6

總管星單守於VI、XII區塊

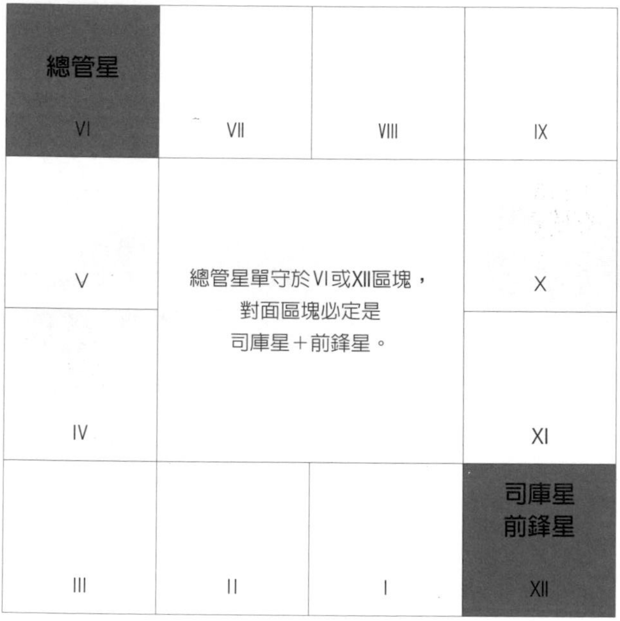

總管星 VI	VII	VIII	IX
V	總管星單守於VI或XII區塊， 對面區塊必定是 司庫星＋前鋒星。		X
IV			XI
III	II	I	司庫星 前鋒星 XII

圖說：總管星單守於VI或XII區塊

總管星單守．特質分析

總管星星性較特別，易受外界環境影響，所謂近朱者赤、近墨者黑，總部總管星的人會比其他星座，更容易受到團隊三方四正中其他星座的影響。位於Ⅵ或Ⅻ區塊的總管星，三方會到的是司庫星＋前鋒星、宰相星，以及欲望區塊的使節星＋將軍星，這樣的組合融合出踏實、寬容的特質，不過這只是外表而已，無論男女，這個組合的總管星動作都較粗魯、嗓門大，個性急切好勝心強，帶有叛逆性和不拘小節的特質，對於看不順眼的人事物一定出言批評，屬於總管星中最沒氣質的類型。

固執、有主見，同時又優柔寡斷，個性衝突，且有喜新厭舊和冷熱無常的特質；不耐寂寞、多情博愛，而且不善於拒絕，遇到誘惑時難免失去定力。位於Ⅻ區塊的總管星男性若再逢正學士星加持，多半是財力豐厚的富二代，可享受豐富的物質生活，運勢暢行無阻。

直爽坦率、雞婆又熱血，心直口快甚至有點白目；喜歡被肯定，喜歡聽恭維讚美，自我意識強烈，情緒波動大，不喜歡被約束，認定的事情便義無反顧、一意孤行。不喜歡落單，喜歡呼朋引伴交朋友，愛面子，所以對朋友慷慨

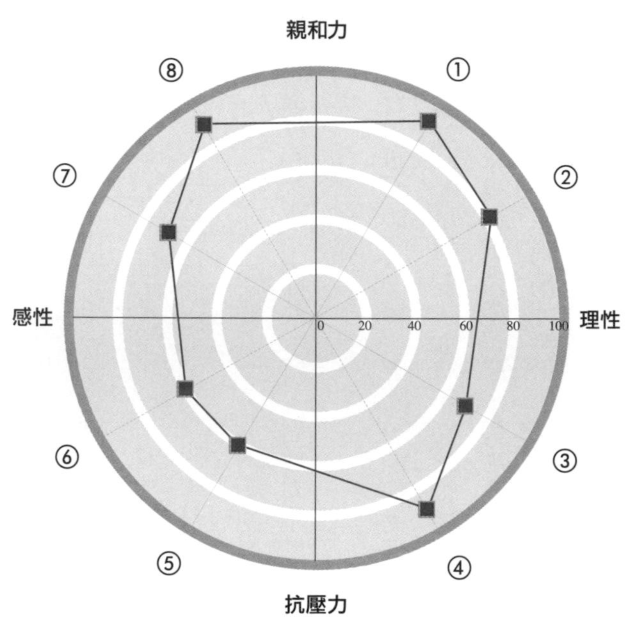

① 親和程度——90分　　⑤ 抗壓能力——60分

② 感性反應——80分　　⑥ 學習能力——60分

③ 理性直覺——70分　　⑦ 情緒控管——70分

④ 叛 逆 性——90分　　⑧ 表達能力——90分

圖說：總管星單守於Ⅵ或Ⅻ區塊，性向分析表

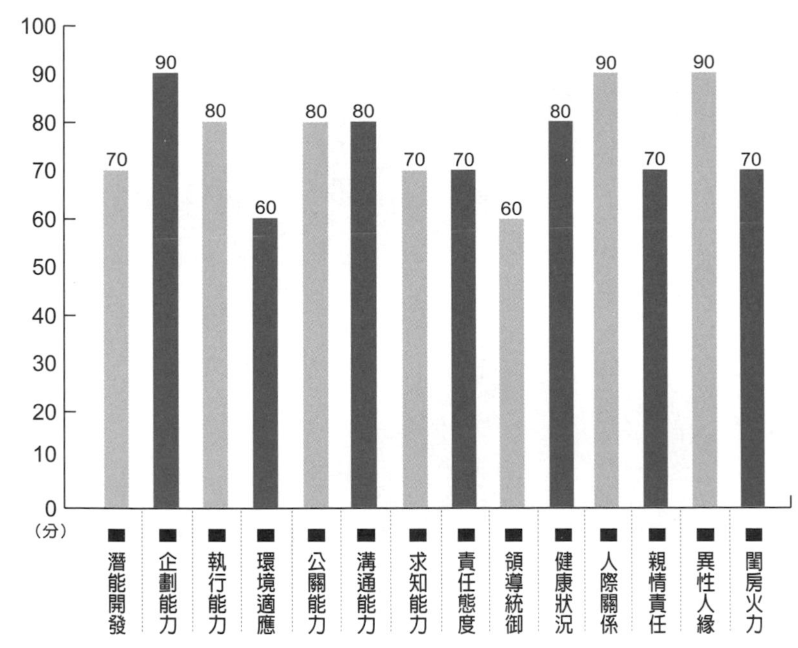

圖說：總管星單守於Ⅵ或Ⅻ區塊，人格特質表

大方不愛計較。花錢速度快，交際應酬多，有「大口吃肉、大碗喝酒」的豪爽氣魄，個性強勢好爭好辯，愛逞強，常常傷敵一千不惜自損八百。

位於Ⅵ或Ⅻ區塊的總管星看來粗枝大葉，做事不按牌理出牌，語速快，習慣跳躍性思考，有時天馬行空不切實際。在外常表現出一副信心滿滿的樣子，內在其實猜疑多慮，有危機感，但因欠缺耐性和定力，所以常患得患失，或是因太過心急反而搞砸。這個組合的總管星亦位於四馬地，經常勞碌奔波，粗率的個性難免會在四肢留下不少擦撞傷疤。

總管星重視飲食和生活享受，物欲強、交際應酬多，花費雖大，但賺錢的能力也不弱。若運勢走得好，可有早發的機運，但切忌投機性投資或理財方式，小心評估風險、做好情緒控管不要躁進，以免大起大落。

總管星單守．男性性格特徵

總管星男性性格海派、大方慷慨，同時亦有霸道和鑽牛角尖、優柔寡斷的一面。愛面子的總管星不願讓人看到自己的焦慮，往往會用不耐煩的態度、或是嘮叨囉唆到處批評的方式來發洩情緒。

看似不拘小節，其實位於Ⅵ或Ⅻ區塊的總管星不輕易相信人，更不喜歡被指揮，就算遇到猶豫不決、難以選擇的狀況，也難以聽進別人的意見。總管星吃軟不吃硬，讚美和肯定才能讓他卸下防備，這時提出的建議才悅耳容易接納。

總管星單守・女性性格特徵

位於Ⅵ或Ⅻ區塊的總管星女性和其他組合的總管星不同，外表和性格較中性，不怎麼注重穿著打扮，喜歡穿褲裝，甚至有點不修邊幅，也較缺乏總管星大方靈秀的氣質，反倒是多了性急霸道、豪邁爽朗的氣魄。

言行舉止颯爽直接，不會強出頭，對不熟的人冷漠以對，不會刻意熱絡。喜歡照顧弱小，有利益衝突時也懂得權衡得失；重視財物、容易接近權貴或職場權力核心，習慣在私底下運作人脈關係。同樣有猶豫不決的特性，既衝動又遲疑，情緒起伏大，喜怒哀樂都容易表現在臉上。

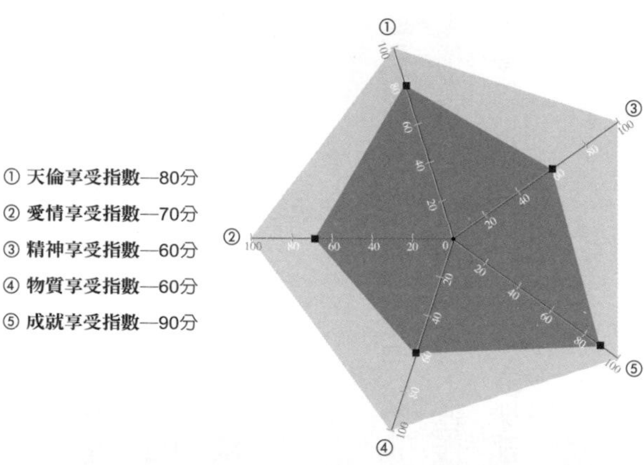

圖說：總管星單守於Ⅵ或Ⅻ區塊，性向指數表－男

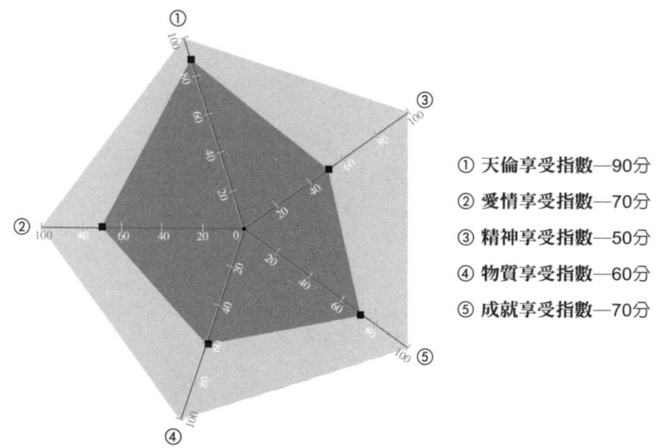

圖說：總管星單守於Ⅵ或Ⅻ區塊，性向指數表－女

Censor／監察官

原爲：天梁星

動物代表：水牛

重視原則，固執耐勞

所屬團隊

太微垣系統。

監察史星特質

1 監察史星個性內斂踏實、重視原則，一板一眼、謹慎不浮誇，做事循規蹈矩，慢條斯理、不疾不徐，專注且重視細節；講求明確指示，嚴格遵守規定，生產力高。

2 性格溫和、謙恭厚道，自制力強，不躁進不暴衝；重視理論邏輯，固執且嚴守個人原則，挑剔、不輕易妥協和改變，對自己和他人的要求標準都很高，也會對別人提出指正。

3有耐力和毅力，續航力強且能吃苦，對認定的目標可堅持不斷努力付出；墨守成規，喜歡維持固定的工作模式和生活狀態。

4看起來溫吞沒有脾氣，實則頑強固執、難以被說服；精明老成，是相當厲害的精算大師和幕僚人才，對宗教或五術有興趣。

5組合不良的監察史星則是老奸巨猾、風流好賭，行事疏狂、不行正道，不依社會倫常，違反監察史星的正直本性。

監察史星的組合有六種：

- 監察史星單守於I、VII區塊
- 監察史星單守於II、VIII區塊
- 監察史星＋貴妃星位於III、IX區塊
- 監察史星＋王爺星位於IV、X區塊
- 監察史星＋軍師星位於V、XI區塊
- 監察史星單守於VI、XII區塊

重視紀律、堅持自己的理念

監察史星屬土，亦是醫藥星、老人星，具有庇陰之意。監察史星本性正直，重視紀律，帶有刑罰和原則性，因此監察史星人多謙恭厚道、謹言慎行，個性固執、剛正不阿、嫉惡如仇，像風紀股長一般，仔細龜毛又吹毛求疵，外型和心智都比同齡人老成，從小就像小大人一樣，也特別有長輩緣。

監察史星原則性強，正直不徇私，看到別人犯錯一定會糾正；做事一板一眼不願隨時代潮流變通，更不願勉強妥協違背自己的原則。爲表達自己的想法或堅持自己的做事方式，常與人有爭執或辯論，不管辯贏辯輸，監察史星都難以改變原有理念。

重理論分析，意志力和執行力強

監察史星思慮周延、善於策劃，但個性固執難以變通，做事的彈性不足，對突發事件的接受度低，加上對自己要求高，對別人的期待也大，因此難免失望，導致精神壓力大，不宜創業當老闆，但卻是相當優秀的幕僚策劃型人才。

適合從事與社會福利、宗教、醫藥、投機財、保險、數理科學、電腦科技工程、會計、研究等類型的工作，亦能在專業領域中發展。

個性沉著、有點孤傲，喜歡清靜、有條不紊的生活型態，重視理論和分析，有探究眞相的敏銳度、觀察力和毅力；重事實、不喜浮誇，所以討厭是非不分、情緒化以及拐彎抹角的人。監察史星欣賞和自己一樣理性思考、實事求是的人，對於努力、能證明自己實力的人特別有好感；監察史星亦屬於慢熱型的人，經過一段時間的熟悉之後，若是志同道合，那便什麼都好談；如果他認爲合不來，日後只會保持距離，就事論事即可。

監察史星具有孤僻的一面，因此特別喜歡有位於旺地的王爺星來驅散孤獨感，如同密探星需要旺地的王爺星來驅暗一般。在監察史星的組合中，最佳位置便是位於Ⅰ、Ⅶ、Ⅳ、Ⅹ的監察史星，都是監察史星與王爺星同區塊，或是位於相對區塊的組合，多半可運用專業能力來進財。較差的組合則是監察史星＋貴妃星，依賴心較重，欠缺衝勁，不利於衝刺事業。

監察史星亦爲醫藥星，多半有蒐集偏方的興趣，如果要從事醫護工作，監察史星必須會到「左護法星」或「右護法星」；而若是監察史星會到軍師星，且有四化星落入，個性會變得更老謀深算，並且賭性堅強、賭藝精湛，但逢賭即破格了。

有長輩緣，男女性格差異大

少年老成的監察史星，屬於受到長輩庇蔭的星座，只要團隊中的三方四正沒有會到煞星、房產區塊也沒有會煞星，且有庫銀星或資源星的話，必有祖蔭，只是數量多寡而已。與貴妃星類似的地方是，貴妃星同樣易得長輩資源，只是尚須參看基因區塊好不好，但監察史星不需再觀察基因區塊，往往多有長輩庇蔭。

監察史星男女個性差異較大，男性外表看來忠厚老實，做事喜歡照規矩來，按表操課，對兄弟姊妹頗照顧，朋友雖多但不一定有幫助；女性則精明能幹，豪爽有氣魄，很有正義感、會照顧人，自以爲公平正義卻往往不夠客觀，喜歡在同溫層裡組小圈圈；在職場上、生活中，都是辦事俐落、裡外一把抓的將才。不過監察史星女性較能幹強勢，另一半常相形弱勢，而監察史男性的另一半也多是女中豪傑，個性互補、彼此欣賞才能長久。

監察史星單守於Ⅰ、Ⅶ區塊

VI	王爺星 VII	VIII	IX
V	監察史星單守於 I 或VII區塊， 對面區塊必定是王爺星。		X
IV			XI
III	II	監察史星 I	XII

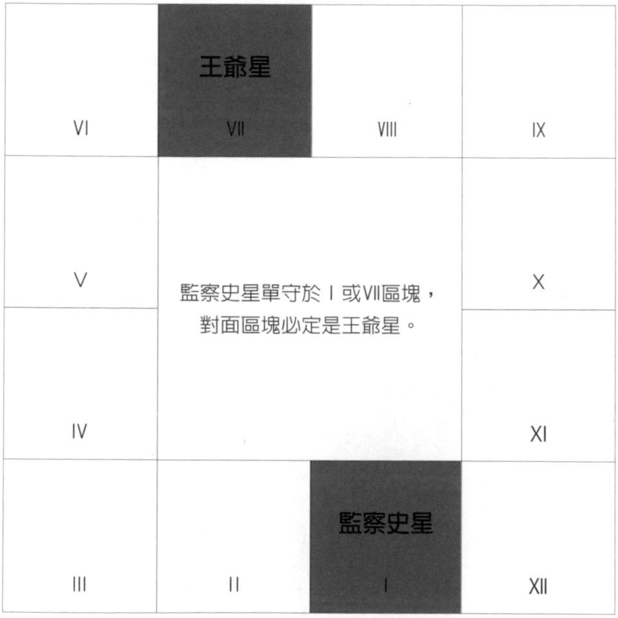

圖說：監察史星單守於Ⅰ、VII區塊

監察史星單守．特質分析

位於Ⅰ、Ⅶ的監察史星外表看來和善耿直、客氣有禮、樂於助人，實則內在固執、自我意識強烈，有股自覺比別人清高的傲氣，而且脾氣硬，任何狀況下都不輕易低頭或認輸。喜歡用自己的標準原則來爲他人排憂解難，穩重的個性不管做任何事都謹慎有條理，好爲人師又老成的特質，常擺出一副老大哥的姿態對人說教，頗讓人覺得嘮叨囉唆。

監察史星位於Ⅰ時，可會到Ⅶ位旺地的王爺星，以及Ⅸ位旺地的皇后星，可消除監察史星本性中的孤剋和不樂觀的憂鬱氣質，這個組合的監察史星較樂觀開朗，正直熱心、有正義感，聰明又專注的本質利於在工作事業上發揮，且容易遇到貴人的提攜助力，若是再會到「正學士星」和「庫銀星」或「資源星」，往往會在專業學術研究中有優秀表現，一舉成名，或因此受到提拔，這樣的組合適合進入公職服務，或在大型企業中發展，亦可從事專業研究、律法、監察或審核相關，並能獲得不錯的社會地位。

監察史星位於Ⅶ時，由於會到的王爺星和皇后星都在落陷位置，個性較孤僻，更堅持己見、難以溝通，有獨特的脾氣和習慣愛好，討厭被約束，性情高

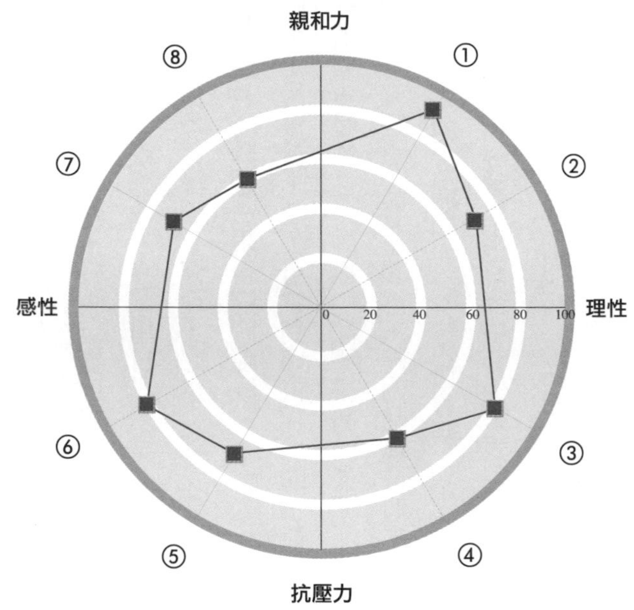

① **親和程度**——90分　　⑤ **抗壓能力**——70分

② **感性反應**——70分　　⑥ **學習能力**——80分

③ **理性直覺**——80分　　⑦ **情緒控管**——70分

④ **叛 逆 性**——60分　　⑧ **表達能力**——60分

圖說：監察史星單守於Ⅰ、Ⅶ區塊，性向分析表

監察史星組合 1・監察史星單守

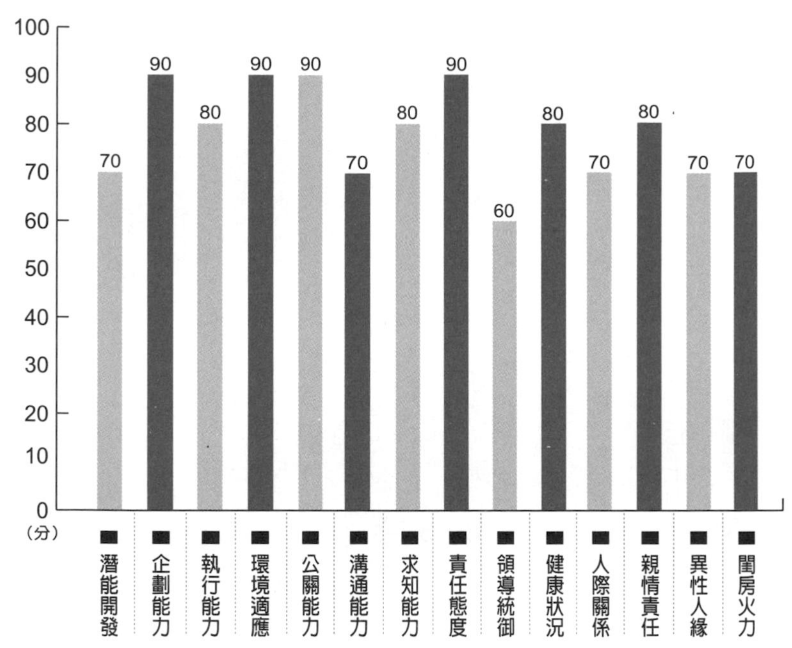

圖說：監察史星單守於Ⅰ、Ⅶ區塊，人格特質表

傲，原則很多，一不小心就可能踩到他的地雷區。

監察史星同時也是與益壽、解厄、宗教和賭博有關的星座，但若要能解除災厄並且益壽，往往要先遇到挫折麻煩，大難不死之後才能有後福，因此監察史星多半會有特殊經歷，像是從鬼門關前走一回，好不容易撿回一條命，或是贏得彩金或賭金的意外好運。只不過西元出生年尾數若是2、5、6的監察史星，其總部三方四正因有四化星落入，要小心投機涉賭而導致破財。

這個組合的監察史星，其婚姻區塊必定是密探星，戀愛過程幾乎沒有熱戀期，感情和婚姻較難維持、不易長久。監察史星位於Ⅰ、Ⅶ時雖然外緣區塊是王爺星，但三方會到貴妃星，男性難免帶有一點懶散的性格；但女性則相反，女性只要會到重視事業的王爺星，工作勤奮、賺錢衝第一，不過也因爲會到貴妃星的緣故，感情困擾難免。

監察史星單守．男性性格特徵

位於Ⅰ、Ⅶ的監察史星，只要團隊三方四正中會到的星座組合不要太差，基本上都可以憑著自己的實力與努力，成爲社會中堅，或可在公家單位、大型企業中擔任中高階主管。外型古意憨直，爲人穩重踏實，聰明溫和、有專業學

識，行事保守、老成且遵守原則，待人大方、熱心，很有長輩緣和小孩緣，很懂得保護自己，立場公正，不會讓自己陷入麻煩或爭鬥中。

看來老實，其實心明眼亮，雖然好相處卻不會熱絡互動；人生路程穩定發展，多半可憑專業在職場上有一席之地。

監察史星單守．女性性格特徵

位於Ⅰ、Ⅶ的監察史星男女個性差別頗大，女性直接爽朗，熱心、有正義感，會爲自己人、親朋好友鄰居們出頭打抱不平，有時愛管閒事；思慮清晰、個性圓融，組合好的話，多半可以擔任公職、或是大型企業的中高階主管；若是組合不佳、缺乏資源的監察史星，則較像街頭巷尾可見的三姑六婆，嗓門大、熱心、喜歡參與公眾事務，常自認爲是正義使者出來主持公道，但往往只有在她的小圈圈內的人才感覺得到公道。

監察史星若沒有會到煞星，多半是沒有壞心眼的熱心人，平常頗好相處，並且孝順父母、對手足友好。

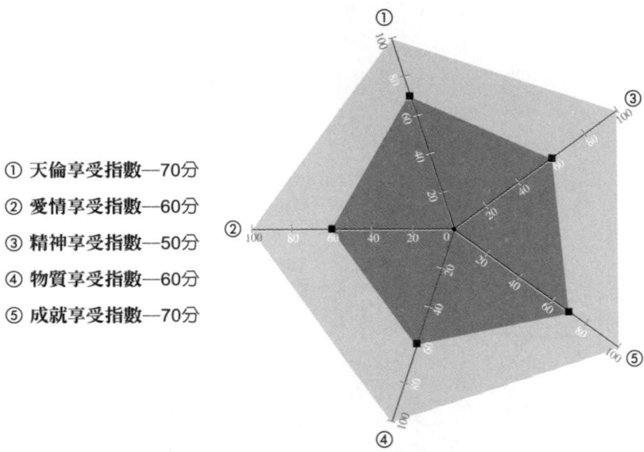

圖說：監察史星單守於Ｉ、Ⅶ區塊，性向指數表－男

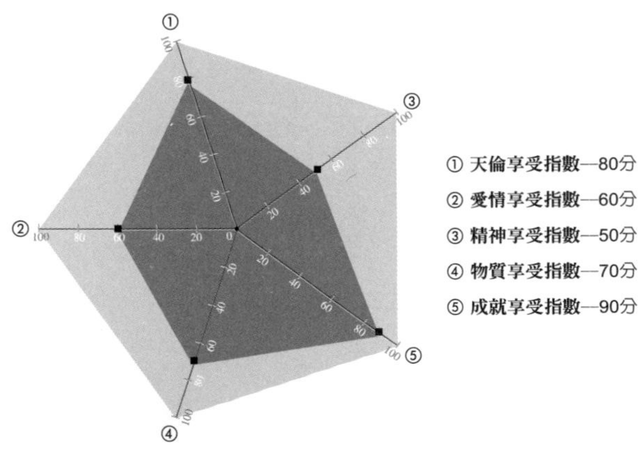

圖說：監察史星單守於Ｉ、Ⅶ區塊，性向指數表－女

監察史星組合 2 監察史星單守於 II、VIII 區塊

VI	VII	軍師星 VIII	IX
V	監察史星單守於 II 或VIII區塊， 對面區塊必定是軍師星。		X
IV			XI
III	監察史星 II	I	XII

圖說：監察史星單守於 II 或VIII區塊

監察史星單守．特質分析

位於II或VIII的監察史星，聰明、有傲氣，自視甚高，有點愛現，對藝術和美有相當不錯的鑑賞力。這個組合的監察史星比較愛熱鬧，喜歡美食美酒、愛名牌，追求高檔享受，交際應酬的機會也較多。重視精神生活也注重生活品質，有些偏好健康生機、有些強調品牌價值，而且都有省小錢、花大錢的毛病。不過監察史星多半不會認爲這樣有什麼問題，只要是認定的人事物，往往就很難更改變動。個人原則較多，很有說服力，愛辯，就算錯了也不服輸不低頭，眞的說服不了對方時，大不了列入黑名單從此不相往來。

喜歡獨處，做任何事、去任何地方都可獨來獨往自由行，疑心重、會計較，談到錢就忍不住精打細算；給人感覺有點冷淡、有距離感，但對自己人很熱心，一旦成爲好友則是長長久久，特別喜歡親近風格特殊、有創意的人，是屬於朋友很多但知己很少的類型。

監察史星位於II時，行政區塊是VI位的王爺星、財政區塊是X位的皇后星，皆落於旺地，屬於相當優秀的格局，代表此人性情光明磊落、生氣蓬勃，不管是做學問或是在專業能力方面都相當不錯，年輕時即可因才華出眾而展露

監察史星組合 2．監察史星單守

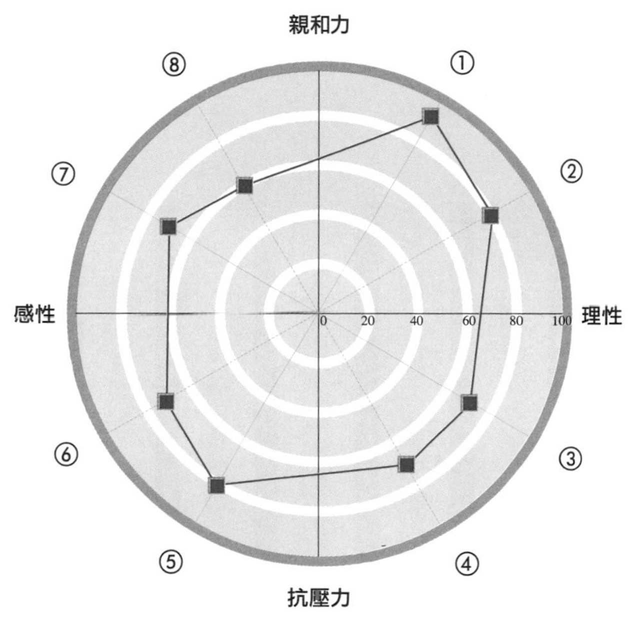

① 親和程度——90分	⑤ 抗壓能力——80分
② 感性反應——80分	⑥ 學習能力——70分
③ 理性直覺——70分	⑦ 情緒控管——70分
④ 叛 逆 性——70分	⑧ 表達能力——60分

圖說：監察史星單守於 II 或VIII區塊，性向分析表

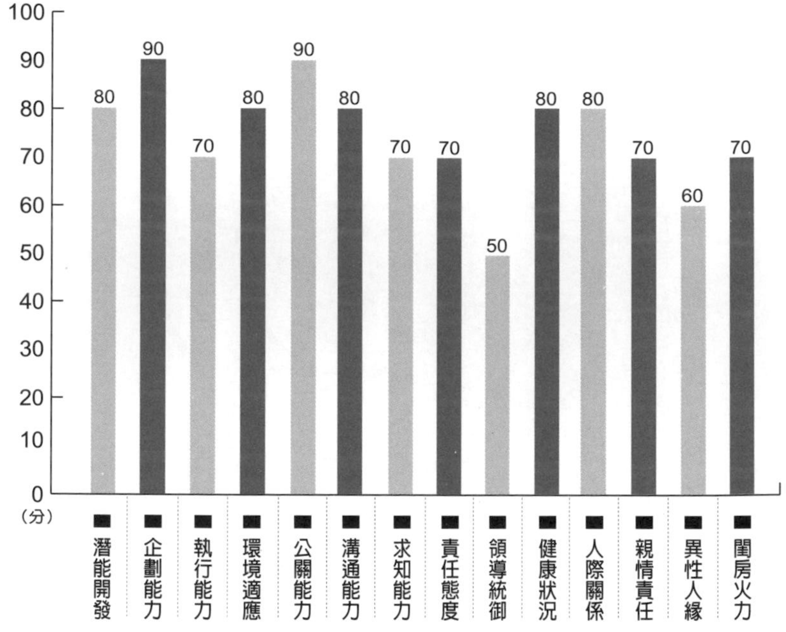

圖說：監察史星單守於II或VIII區塊，人格特質表

頭角。監察史星位於Ⅷ時，王爺星和皇后星皆落於陷地，本性中的孤僻難以驅散，人生較奔波勞碌。

這個組合的監察史星因爲會到王爺星和皇后星，無論從事何種工作類型，往往都要從白天忙到夜晚，甚至日夜顛倒，加上要求完美的個性不容自己出錯，凡事都要檢查再檢查、仔細再仔細，精神壓力較大。這個組合多半會從事設計、研發相關，或是自由業等等，比較不喜歡公家機關枯燥的生活。此外，同樣要注意西元出生年尾數是2、5、6的監察史星，小心因涉賭而導致破財。

監察史星單守．男性性格特徵

思慮敏捷、天資聰穎，反應靈活，但有時行動比想法慢半拍，做任何事都會用精明的腦袋想出各種捷徑來節省時間或體力。理性與感性並重，雖然擇善固執，但待人處事的風格會比其他監察史星組合要更加靈活、懂變通。

行事沉著穩健，個性亦有體貼細心的一面，看來一派悠閒自在有自信，在專業領域中亦有相當強的耐性和韌性，稍加努力便可成爲佼佼者。愛講話、愛聊天，抓到機會一開口就是長篇大論、滔滔不絕，同樣有好爲人師的特色。

監察史星單守‧女性性格特徵

處事嚴謹，對自己和他人的要求標準都很高，不覺得自己挑剔，反而覺得別人太鬆散、標準太低、不求上進。外型亮麗、有品味和個人風格，喜歡精品和高檔物質享受，對自己嚴格也懂得犒賞自己，覺得開心值得就夠了。

初見時會覺得監察史星女性讓人頗有距離感，熟悉之後只要志同道合，監察史星女性熱心雞婆的個性便會展現出來，就算是長輩也沒代溝。愛聊天、愛分享生活，意見很多，對很多事情都能滔滔不絕發表意見。重視朋友，講義氣，對自己人和外人有自己都不自覺的雙重標準。

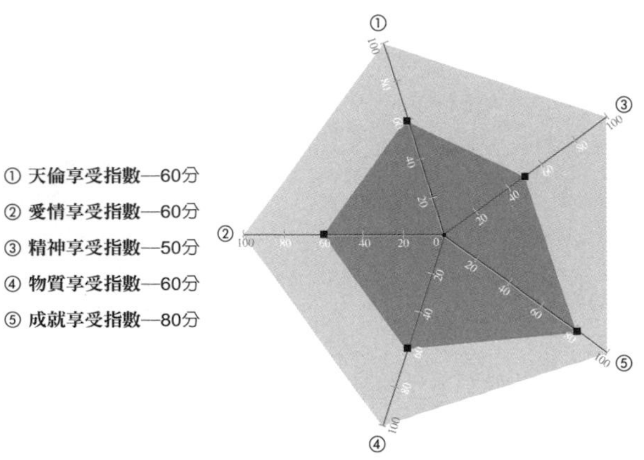

圖說：監察史星單守於 II 或VIII區塊，性向指數表－男

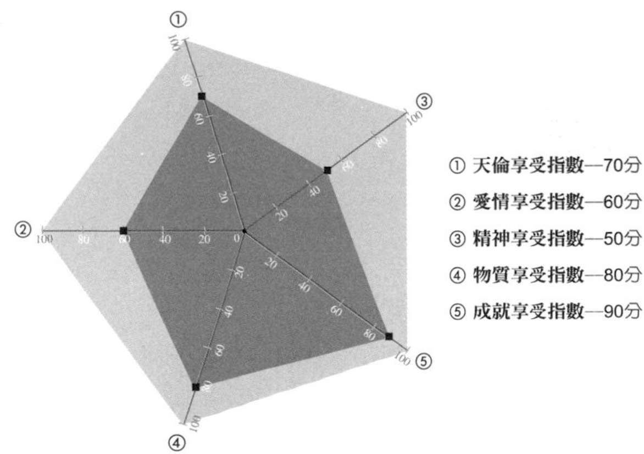

圖說：監察史星單守於 II 或VIII區塊，性向指數表－女

監察史星組合 3

監察史星＋貴妃星於Ⅲ、Ⅸ區塊

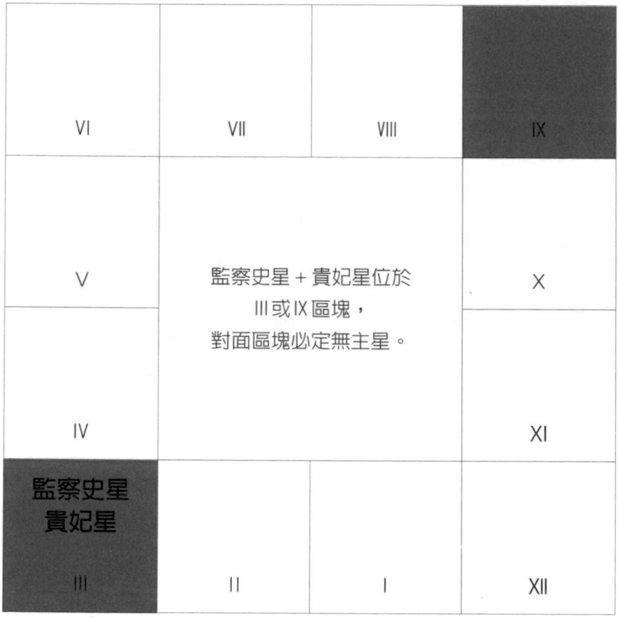

VI	VII	VIII	IX
V	監察史星＋貴妃星位於Ⅲ或Ⅸ區塊，對面區塊必定無主星。		X
IV			XI
監察史星 貴妃星 III	II	I	XII

圖說：監察史星＋貴妃星位於Ⅲ或Ⅸ區塊

詳細說明請見〈貴妃星〉章節內容（p.356）。

監察史星組合 4

監察史星＋王爺星於Ⅳ、Ⅹ區塊

VI	VII	VIII	IX
V	監察史星＋王爺星位於 IV或X區塊， 對面區塊必定無主星。		X
監察史星 王爺星 IV			XI
III	II	I	XII

圖說：監察史星＋王爺星位於IV或X區塊

監察史星＋王爺星．特質分析

監察史星＋王爺星位於IV或X時，個性善良、寬容大方，但目光精準犀利，看事長遠，重理論、務實、有研究精神；頗有長輩緣，亦有貴人運，如果會到「正學士星」、「副學士星」，則格局更高，能在政界、文化界大放異彩。不過監察史星＋王爺星切忌再會到煞星或阻礙星，破壞整個團隊組合的穩定性，可能有半途換行的轉折。

這個組合的女性相當能幹，精明反應快，辦事效率高，在職場上多能擔當重任，更是整個家的貴人。

如果總部的三方中會到的星座柔和溫順，那麼在外表現則穩重老練，人緣不錯，有正義感且有圓融的智慧；基因區塊必然是將軍星，雖然監察史星＋王爺星有孝心，但與長輩的關係並不親密，常有溝通障礙或代溝，較難平和相處。但若是總部無主星，而是借外緣區塊的監察史星＋王爺星，那麼基因區塊便是使節星＋宰相星，親子關係會融洽許多。其實只要總部內的王爺星不是正位於其中，而是從對面區塊借來的，那麼只會借到意識形態，實際刑剋不會兌現，所以雖然借來的監察史星＋王爺星並沒有百分之百的穩健實力，但起碼減

監察史星組合 4．監察史星＋王爺星

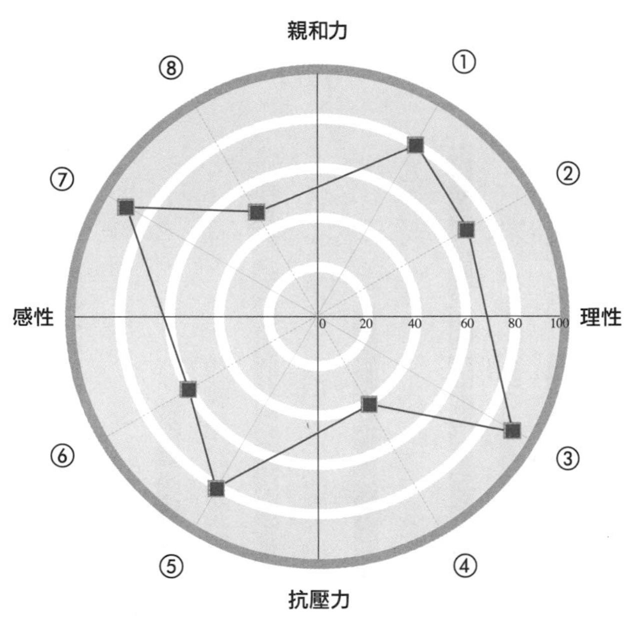

① 親和程度——80分
② 感性反應——70分
③ 理性直覺——90分
④ 叛 逆 性——40分
⑤ 抗壓能力——80分
⑥ 學習能力——60分
⑦ 情緒控管——90分
⑧ 表達能力——50分

圖說：監察史星＋王爺星位於Ⅳ或Ⅹ區塊，性向分析表

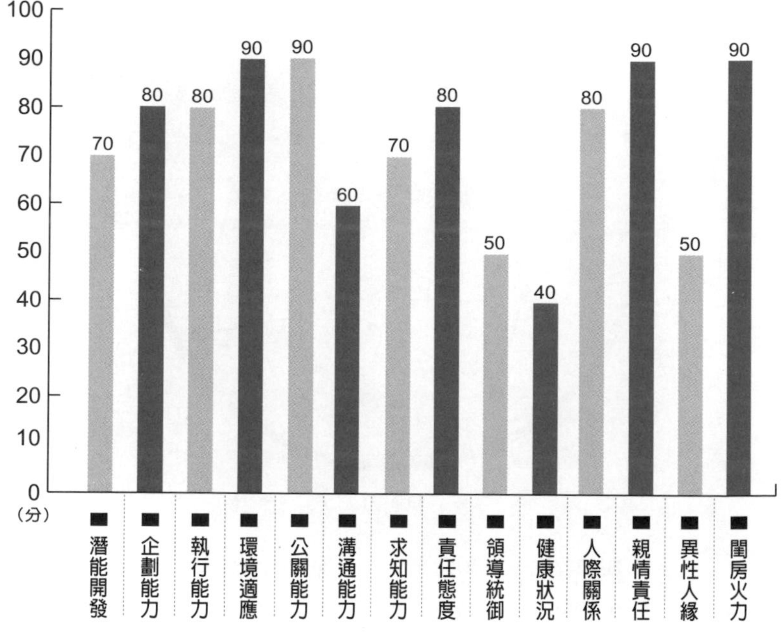

圖說：監察史星＋王爺星位於Ⅳ或Ⅹ區塊，人格特質表

少了不利親情的因素。

監察史星＋王爺星的婚姻區塊必定是貴妃星＋密探星，密探星的影響力是讓感情變得淡如水，或是容易冷戰，一開始再怎麼甜蜜溫馨，往往都會變成瑣碎的日常，因此婚姻經營需要加倍用心才能維持長久。

監察史星＋王爺星．男性性格特徵

心高氣傲，喜歡高談闊論發表己見，關心社會公眾事務，喜歡指點江山的感覺，但對感情或家事問題則不善處理，可能單身許久，或是博愛多情不知如何選擇。

熱心公正、重原則，有孤僻的一面，個性固執，很難被說服。腦袋精明，善於謀算，有企圖心，加上有優秀的諮商能力和精準的眼光，屬於一流的幕僚人才。若是位於IV的監察史星＋王爺星，對喜歡的事物有研究精神，最喜歡滔滔不絕時眾人崇拜的眼神，在職場上亦能很快展露頭角；而若是位於X的監察史星＋王爺星則較爲懶散，雖同樣精明，但往往容易用在他處。

監察史星＋王爺星．女性性格特徵

王爺星的陽性特質和監察史星的踏實能幹，融合成監察史星＋王爺星女性爽朗隨性、灑脫不拘的個人風格，堅持理念和不服輸的個性，加上天生的領導能力，展現在工作上的是企圖心、執行力和生產力。熱心、愛照顧人，坦率的個性很好相處，是很多人的貴人兼知己，亦能得到長輩與長官的賞識和關愛。

這樣的組合在職場上可憑實力平步青雲，在感情和婚姻上則較多挫折。口才好，但說話實在並非巧言令色的圓滑派；交友不分男女都可隨和相處，不過受到挑釁時也會展現脾氣中剛烈的一面。

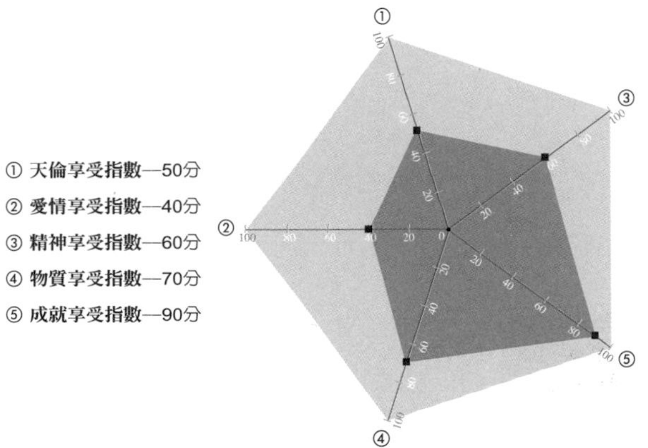

監察史星＋王爺星位於Ⅳ或Ⅹ區塊，性向指數表－男

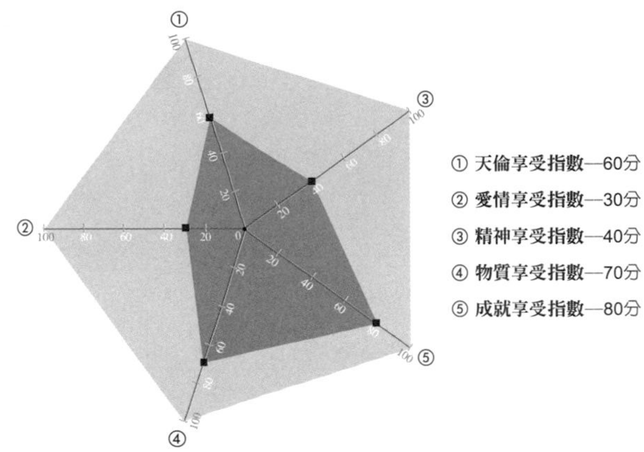

圖說：監察史星＋王爺星位於Ⅳ或Ⅹ區塊，性向指數表－女

監察史星組合 5

監察史星＋軍師星於V、XI區塊

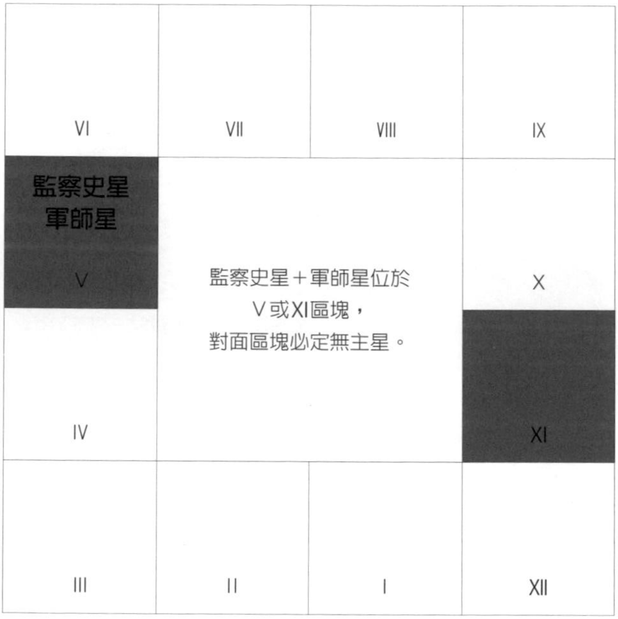

VI	VII	VIII	IX
監察史星 軍師星 V	監察史星＋軍師星位於V或XI區塊， 對面區塊必定無主星。		X
IV			XI
III	II	I	XII

圖說：監察史星＋軍師星位於V或XI區塊

詳細說明請見〈軍師星〉章節內容（p.328）。

監察史星組合 6 監察史星單守於VI、XII區塊

監察史星 VI	VII	VIII	IX
V	監察史星單守於VI或XII區塊， 對面區塊必定是貴妃星。		X
IV			XI
III	II	I	貴妃星 XII

圖說：監察史星單守於VI或XII區塊

監察史星單守・特質分析

監察史星位於VI或XII區塊時，個性精明敏銳、心思細膩，忠厚的外表下十分善於觀察，可看透事情本質。個性好強卻不會展現於外，善於用各種理論和說法來說服他人，不喜歡別人訂定的各種既定規則和約束，不滿現況卻又無力突破改變，往往變成紙上談兵而已。

監察史星本性孤僻，位於VI或XII區塊時，對面外緣區塊是愛熱鬧的貴妃星，但監察史星不易被改變，因此多半不會主動找朋友，而是被動的等待邀約，不管是朋友聚會、生意往來，這個組合的監察史星常常是被動被邀請的一方，但只要能力許可，往往也都來者不拒、樂意合作或幫忙。

位於VI或XII的監察史星對傳統五術頗有興趣和天份，特別是對中醫，只要稍微用心，很快能舉一反三，不過總部必須會到「左護法星」或「右護法星」才能成爲有執照的醫師。監察史星適合擔當管理階層，卻不宜自己當老闆，因爲太重原則和細節，事必躬親，累壞的只有自己。

監察史星位於總部，多有長輩庇蔭，若加上煞星則不利，尤其是加上「火神星」、「旱神星」時，個性乖僻之外，對他付出得不到回報；加上「馬前卒

監察史星組合 6．監察史星單守

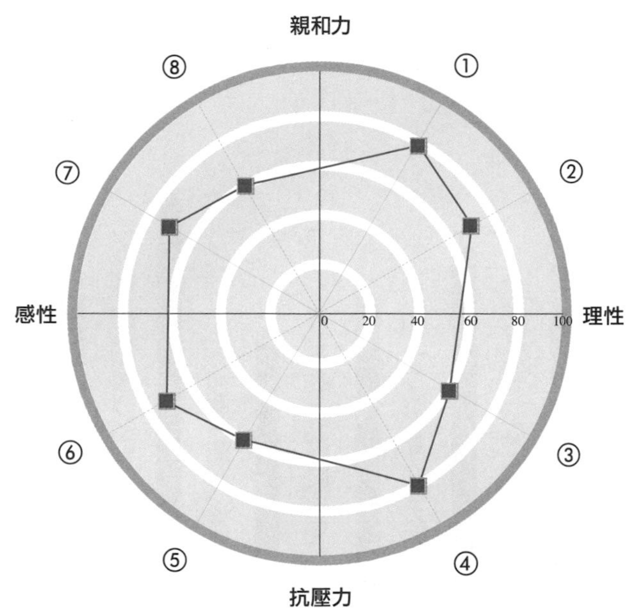

① **親和程度**——80分	⑤ **抗壓能力**——60分
② **感性反應**——70分	⑥ **學習能力**——70分
③ **理性直覺**——60分	⑦ **情緒控管**——70分
④ **叛 逆 性**——80分	⑧ **表達能力**——60分

圖說：監察史星單守於Ⅵ或Ⅻ區塊，性向分析表

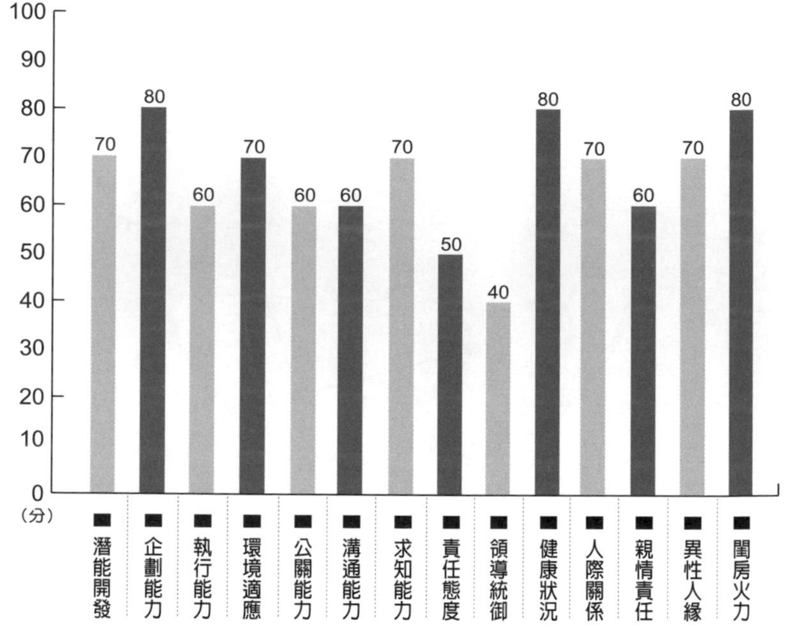

圖說：監察史星單守於VI或XII區塊，人格特質表

星」或「後衛兵星」則有壞脾氣。

監察史星喜歡與「正學士星」或「副學士星」同一區塊，氣質更佳，女性更聰慧能幹，不過對男性則幫助不大。而監察史星若加上「左護法星」或「右護法星」，等同於掌握星落入監察史星，更有號令他人的領導性格。監察史星加上「科舉星」、「貴人星」時，因爲不乏長輩和貴人的幫忙，使得監察史星反而變成散財童子，錢財得來容易，往往不知珍惜，不是隨意揮霍就是四處助人，反而不是好事情。

位於Ⅵ或Ⅻ的監察史星女性長相多有古典氣質，男性則敦厚老實，位於四馬地的監察史星多半會遠離出生地發展，在外奔波的機率較高。且這個位置的監察史星最怕遇到「澇神星」或「糾纏星」，整個人的想法、思想邏輯都會改變，正面特質反轉，負面的特質較凸顯，甚至個性也會更加孤僻難相處。

監察史星單守．男性性格特徵

監察史星位於Ⅵ或Ⅻ的男性多半髮色較淡、較稀疏，行事作風老派，從小就比同齡人要老成。無論身材胖瘦，看來都是大方穩重、氣定神閒的樣子，動作不疾不徐，泰山崩於前面不改色，臉上看不出情緒變化，總是一副看盡世態炎涼、了悟人生的老人樣。

聰明睿智、善於分析，天生的軍師幕僚人才，有精準的識人眼光，有自信，內在孤傲，不輕易低頭服輸。雖然很有耐性，但卻稍嫌懶散，總是慢條斯理的慢慢磨，喜歡扮豬吃老虎；個性和善好相處，同樣喜歡高談闊論，只是內容眞假難辨，有好爲人師的特質。

監察史星單守．女性性格特徵

外型溫婉，有古典氣質，其實個性樂觀、有正義感，熱心愛助人，活力充沛，喜歡吃喝玩耍、悠閒享受。聰明但不外顯，對事客觀，觀察力敏銳，很有想法但並不主動，工作上是相當好的副手人選。

監察史星位於Ⅵ或Ⅻ的女性工作穩定，卻會爲了談戀愛而影響工作情緒，只要擁有穩定的感情和經濟，心裡才會踏實安定，否則經常沒有安全感，心情也易起伏。這個組合的監察史星相當好相處，但多半有感情困擾，若是團隊三方四正、或是分部的星座組合不佳，感情上更易有挫折。

監察史星組合 6．監察史星單守

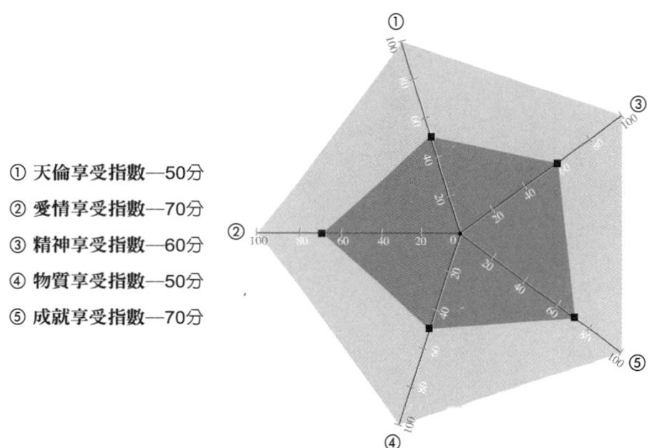

圖說：監察史星單守於Ⅵ或Ⅻ區塊，性向指數表－男

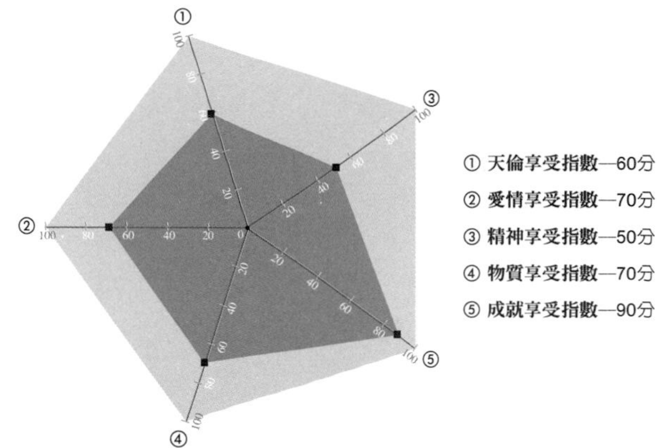

圖說：監察史星單守於Ⅵ或Ⅻ區塊，性向指數表－女

將軍星組合

Commander／將軍
原為：七殺星
動物代表：黑豹
衝動自我，無視規則

所屬團隊

太微垣系統。

將軍星特質

1 性格強勢、衝動、隨性外放，主觀強烈，行事風格不懼社會世俗眼光，勇於突破各種傳統和規則。

2 愛好自由，喜歡獨來獨往，不喜歡規則和約束，難以忍受無聊、拘謹和嚴肅。喜歡挑戰人性極限、追求快感，具有冒險犯難的精神。

3 不會隱藏自己的感覺、想法和欲望，追求新鮮感，喜歡不斷地尋找刺激和挑戰。

4 體力好，爆發力、耐力和抗壓性皆強，有衝鋒陷陣的膽識和魄力；不過有時也會虛張聲勢，只是裝得膽大而已。

將軍星的組合有六種：

- 將軍星單守於Ⅰ、Ⅶ區塊
- 將軍星＋使節星位於Ⅱ、Ⅷ區塊
- 將軍星單守於Ⅲ、Ⅸ區塊
- 將軍星＋司庫星位於Ⅳ、Ⅹ區塊
- 將軍星單守於Ⅴ、Ⅺ區塊
- 將軍星＋皇帝星位於Ⅵ、Ⅻ區塊

強勢果敢、執行力強

將軍星屬金，是一顆孤剋和刑殺的星座，個性強勢、精悍，有衝鋒陷陣的膽識和魄力，行事風格直來直往、雷厲風行。將軍星男性剛強果敢，女性外型亦是冷靜執行力強，無論男女都屬性格剛直的類型，正面發揮時可在領域中成爲領導人物，負面發展則常常出口傷人，動不動就得罪一票人。總之，總部入將軍星時，一生多大起大落，屬於大好大壞的命格。

將軍星主觀、自我，敢於突破規範限制，不畏世俗他人眼光。喜歡到處玩樂，好玩新鮮的事物都會湊一腳，將軍星就像一台越野跑車，奔放自由、耐力好性能佳，只不過忘了裝煞車，一不小心就會暴衝，傷己傷人。如果將軍星沒有加上煞星，很多事情可能只是敢想而不敢有行動，但如果加上煞星，只要一激動，什麼都敢做！性格衝動容易誤事，不善投機走捷徑卻偏要嘗試，或許可以橫發而風光一時，但往往也伴隨著驕奢無度，大起後大落。因此將軍星最忌投機，必須經歷挫折、從基層做起，中年後才能開花結果，安心享受。

不宜暴富，小心暴起暴落

將軍星男女性格大不相同，將軍星男性最大的優點就是低調、勤勞、直來直往，不過給人的感覺多半較冷漠、難親近，話少且冷酷，但這樣的氣質又很有獨特的調調，常可吸引到不少芳心。將軍星女性則個性剽悍、敢衝、有股初生之犢不畏虎的憨膽，不過爲人處世會比將軍星男性要來得圓滑有手腕，容易

獲得老闆的信任賞識，工作事業無須煩惱，唯獨感情上較空虛無奈。

將軍星若能一步一腳印積沙成塔，過程雖辛苦，但中老年後都有不錯成績；而若是將軍星加上煞星，則容易暴起暴落，若再不節制，小心人生富貴終是好夢一場。

將軍星位於Ⅰ、Ⅶ、Ⅲ、Ⅸ時，三方若再會合「正學士星」、「副學士星」、「左護法星」、「右護法星」，可以執掌權威，屬於相當優秀的領導人才。將軍星若是加上「馬前卒星」或「火神星」，個性暴躁容易衝過頭；加上「後衛兵星」或「旱神星」時，個性和做事風格常猶豫不前，甚至還會記仇。將軍星加「科舉星」、「貴人星」易有貴人提攜；加上「資源星」時則同樣愛錢守財。

將軍星組合1 將軍星單守於Ⅰ、Ⅶ區塊

VI	司庫星 宰相星 VII	VIII	IX
V	將軍星單守於Ⅰ或Ⅶ區塊， 對面區塊必定是 司庫星＋宰相星。		X
IV			XI
III	II	將軍星 I	XII

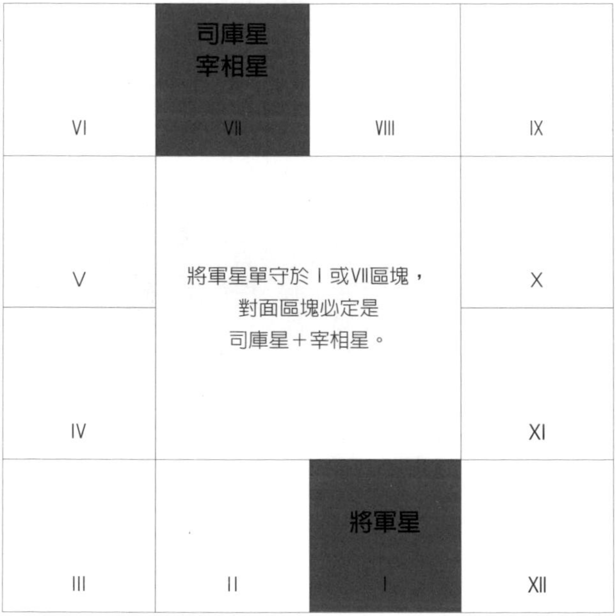

圖說：將軍星單守於Ⅰ、Ⅶ區塊

將軍星單守．特質分析

總部位於Ⅰ或Ⅶ區塊的將軍星，活力充沛、豪邁不受約束，衝動性急，熱愛自由，喜歡挑戰既定規則，具有冒險性格，似乎時時都處於備戰狀態。行事灑脫不畏縮，有決斷力，追求突破、不喜歡按部就班慢慢來，因此常會追高搶短線、抄捷徑、耍投機，喜歡快速看到成果。將軍星若是年輕便有所成，務必小心維持，若開始揮霍無度、紙醉金迷，或是自我膨脹、不可一世，人生難免有高潮低潮，大風大浪過後，小心都成一場空。

主觀意識強烈，不容易被外在環境影響，有耐性有韌性，不會因受挫而屈服，意志力強，就算無人支持也敢獨立奮戰到底。適合擔任業務開發、新路線開創、或是消耗體力的工作，不宜擔任內勤行政。位在Ⅰ或Ⅶ區塊的將軍星，除了主動積極、幹練的辦事能力，亦有不錯的公關長才，人際關係不錯，在職場上可憑實力和衝勁獲得認可。

位在Ⅰ或Ⅶ區塊的將軍星天生帶有霸氣，不過這股霸氣多半只是外表，或是逼不得已虛張聲勢的偽裝而已，膽氣的來源則是對面區塊的司庫星＋宰相星。若是外緣區塊的宰相星逢「庫銀星」或「資源星」，那麼將軍星多半會從

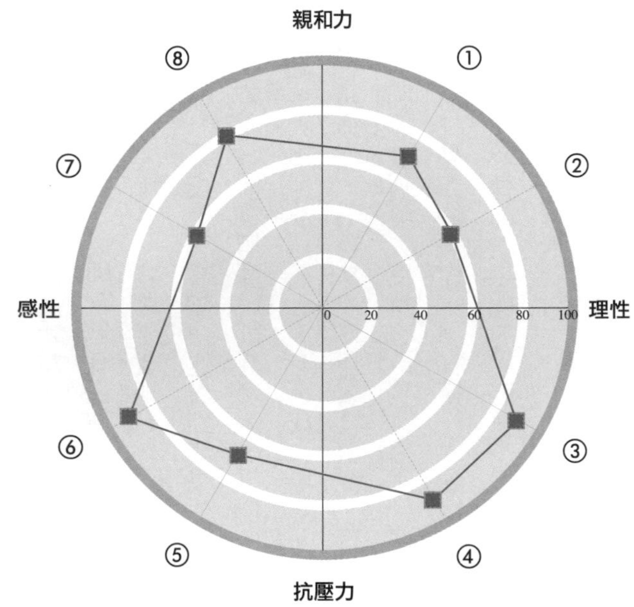

① 親和程度——70分	⑤ 抗壓能力——70分
② 感性反應——60分	⑥ 學習能力——90分
③ 理性直覺——90分	⑦ 情緒控管——60分
④ 叛 逆 性——90分	⑧ 表達能力——80分

圖說：將軍星單守於Ⅰ、Ⅶ區塊，性向分析表

將軍星組合 1 · 將軍星單守

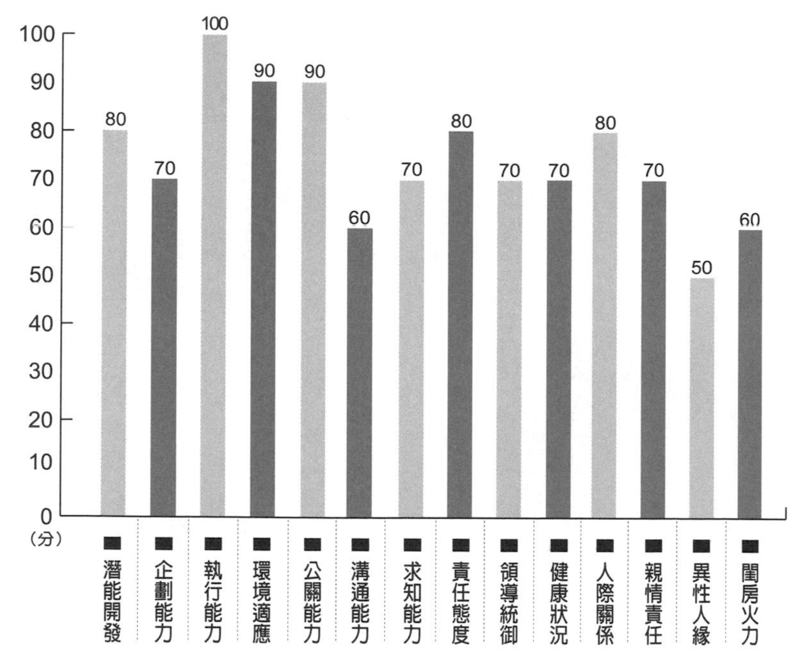

圖說：將軍星單守於Ⅰ、Ⅶ區塊，人格特質表

事金融行業；若再會到「科舉星」或「貴人星」，甚至可成爲金融業界的佼佼者。

將軍星女性氣勢強、工作效率高，重承諾、說話有份量，不過強勢只是外表，私底下常爲婚姻和兒女之事頭痛，健康上亦有隱憂。

將軍星單守．男性性格特徵

位在I或VII區塊的將軍星男性雖然個性粗枝大葉、不夠體貼細心，但在工作上卻是任勞任怨，勤勞、肯拚敢衝，認定目標就不猶豫、勇往直前。個性堅毅、不懼挑戰，腦袋也靈光、有不錯的隨機應變力，有時會迸發出獨特的想法和作法，頗有新意。

將軍星在感情上同樣直來直往，外表看似冷淡、不細膩、不溫柔，表達方式千篇一律，但勝在踏實、念舊情，雖不是好男友人選，卻是穩定可靠的另一半。

將軍星單守．女性性格特徵

位在I或VII區塊的將軍星女性外型多半較嬌小，但氣勢卻不輸人，個性豪

將軍星組合 1 · 將軍星單守

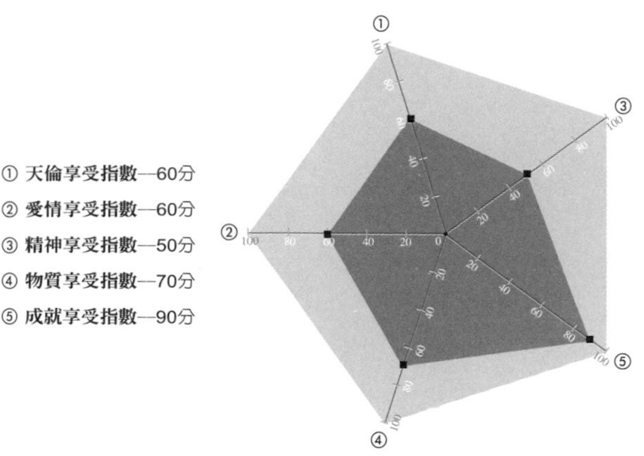

圖說：將軍星單守於Ⅰ、Ⅶ區塊，性向指數表－男

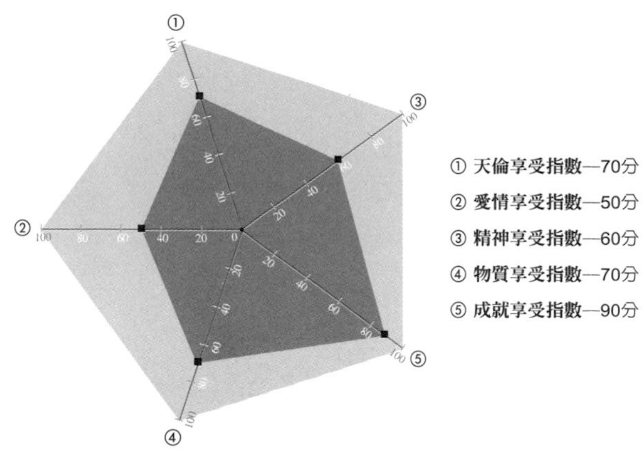

圖說：將軍星單守於Ⅰ、Ⅶ區塊，性向指數表－女

邁海派，可以輕鬆搞定往來客戶、不囉唆的態度也能贏得好人緣。堅毅果敢，職場上能獨當一面，執行力強，很懂得精打細算，但花錢犒賞自己也絕不手軟，因此多是懂得拚命工作、努力享受的獨立女性。

將軍星女性膽子大、脾氣硬，但卻可能怕血、怕聽鬼故事；在感情上很念舊，刀子嘴豆腐心，常常撂狠話卻做不到，只有在另一半面前才會低頭服軟。

將軍星組合 2
將軍星＋使節星於II、VIII區塊

VI	VII	宰相星 VIII	IX
V	將軍星＋使節星位於 II或VIII區塊， 對面區塊必定是宰相星。		X
IV			XI
III	將軍星 使節星 II	I	XII

圖說：將軍星＋使節星位於II或VIII區塊

詳細說明請見〈使節星〉章節內容（p.167）。

將軍星組合 3

將軍星單守於Ⅲ、Ⅸ區塊

VI	VII	VIII	皇帝星 宰相星 IX
V	將軍星位於III或IX區塊， 對面區塊必定是 皇帝星＋宰相星。		X
IV			XI
將軍星 III	II	I	XII

圖說：將軍星單守於III或IX區塊

將軍星單守．特質分析

總部位於III或IX的將軍星性急耿直、剛強勇猛，不說話也有一股霸氣，有一種穩重的懾人氣勢。行動力強，做事簡潔明快，企圖心旺盛，擁有獨立判斷的決斷力，勇於突破規範和瓶頸，具備開拓的魄力和膽識，同時亦有堅強的意志力執行自己的選擇。

將軍星位於III或IX時，對面外緣區塊有開創型的皇帝星和守成型宰相星，若是總部團隊三方中有四化星或煞星進入，因皇帝星怕煞、宰相星不怕煞，因此宰相星勝出，此人較偏向於保守型的將軍星，會把霸氣隱藏起來，低調行事；若是團隊三方沒有煞星，而外緣區塊的皇帝星有「掌握星」或「顯耀星」進入，那麼皇帝星被凸顯，此人性格偏向開創型的將軍星，個性剛強直接，兩者差別頗大。

對將軍星而言，吃飯、睡覺、血拼或戀愛，都和工作打拚一樣實際，將軍星不在意精神交流，也不崇尚知性交流，生活就是當下，現實、務實，即知、即行、及時行樂才重要，將軍星無法理解虛無飄渺、不切實際的夢幻理想，做就對了！說出來的話就是承諾，工作就是爲了賺錢，職場和商場就是競技場，

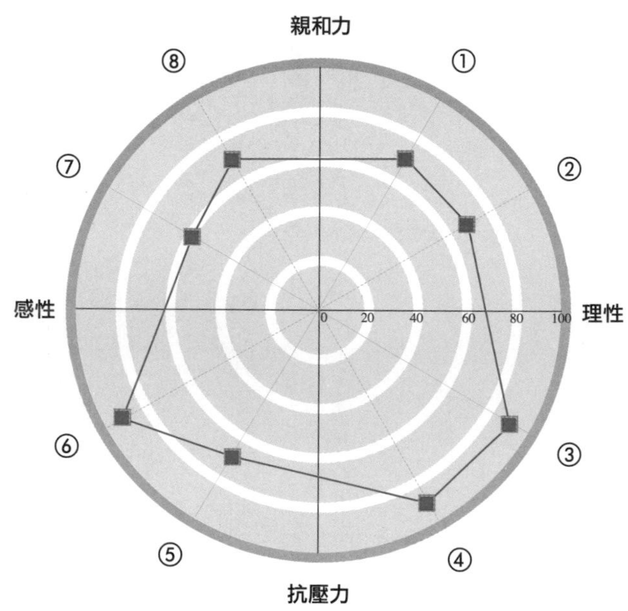

① 親和程度——60分　　⑤ 抗壓能力——70分
② 感性反應——60分　　⑥ 學習能力——90分
③ 理性直覺——90分　　⑦ 情緒控管——60分
④ 叛 逆 性——90分　　⑧ 表達能力——70分

圖說：將軍星單守於Ⅲ或Ⅸ區塊，性向分析表

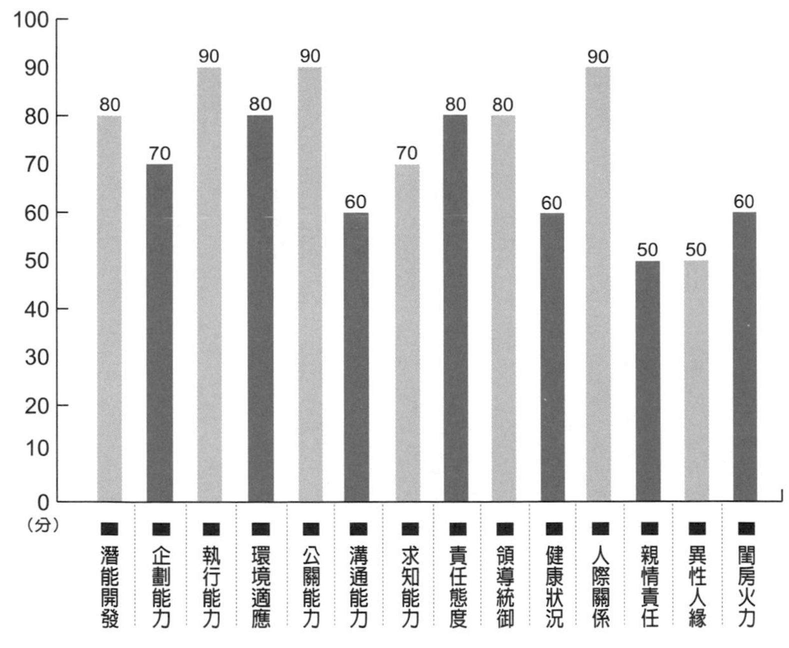

圖說：將軍星單守於 III 或 IX 區塊，人格特質表

爾虞我詐各憑本事。將軍星也喜歡追求速度感，敢說、敢做、敢玩、喜歡強烈的感官刺激，無論男女都有颯爽的氣質，但自制力不高，因此也容易產生一些感情困擾。

這個組合的將軍星只要總部三方四正中沒有其他不利星座來破壞，且有會到「資源星」或「庫銀星」，往往多屬大器格局。其中位於III的將軍星會比位於IX來得好，因爲此時的王爺星在旺地VI位，而皇后星也在旺地X位，這類人有良好的思維力和爆發力，只要經過磨練，潛力開發後都是一方人才，除了自己有實力，亦可得貴人提拔，具有企業家的格局。而位於IX位的將軍星，因爲王爺星和皇后星都位在落陷位置，優勢減弱，雖同樣有開創力和毅力，可惜人生波折較多、運勢起伏較大，除了比較辛勞之外，想法也較負面和複雜。

而若是將軍星位於III或IX時，團隊三方沒有會到「庫銀星」或「資源星」，且還有其他不良星座組合，將軍星的負面特質會被凸顯，更暴衝、更無制，企業家格局也可能變成幫派老大。

將軍星單守．男性性格特徵

將軍星位於III或IX時有兩種性格，一種是憨直溫吞型，性格中還有猶豫不

決、囉唆瑣碎的一面；另一種則是衝鋒型，動作迅速俐落、身材瘦長且有種蓄勢待發的力道，平日話不多，只在乎自己的工作、興趣嗜好，工作時也會必要的交際往來一下，只是並不熟練，人際應對並非強項。

無論是位於III或IX的將軍星，個性同樣固執、聽不進他人建議，愛面子；對異性則是偏愛外型明豔火辣的美女，喜歡豐滿好身材也喜歡漂亮的臉蛋，就算身邊已有對象，也阻止不了將軍星的心猿意馬。

將軍星單守．女性性格特徵

將軍星女性個性直接，行爲舉止較無女人味，反而帶有一種英姿颯爽的豪氣和驕氣。直來直往，不耍心機，不過腦袋靈活且十分精明，對於人際往來的利害關係，以及錢財收支等投資收益都相當有天賦，更有不錯的品味和鑑賞力。

雖然看來膽大、什麼都敢說敢做，實則內心膽小，潑辣的外型常是虛張聲勢而已，有時還會欺善怕惡；感情上則會找比較斯文的另一半，與自己互補，而且也只有在面對感情時，才會展現自己女性化的一面。

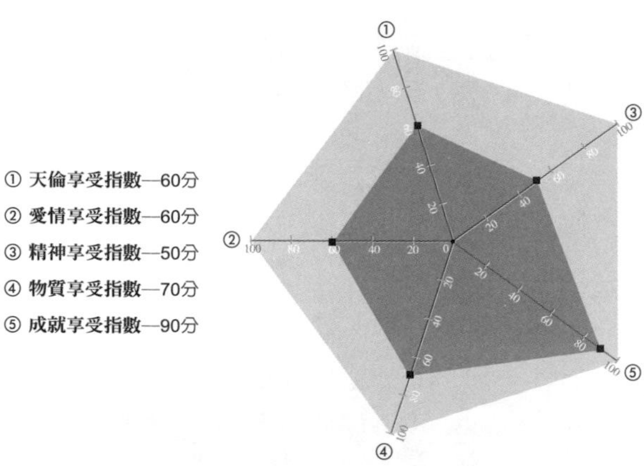

圖說：將軍星單守於 III 或 IX 區塊，性向指數表－男

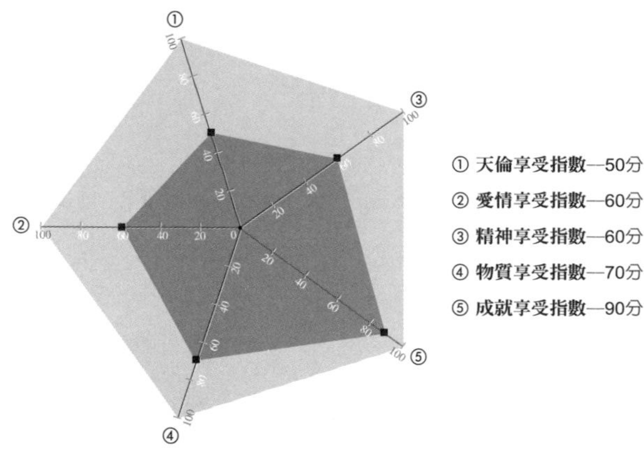

圖說：將軍星單守於 III 或 IX 區塊，性向指數表－女

將軍星組合 4
將軍星＋司庫星於Ⅳ、Ⅹ區塊

Ⅵ	Ⅶ	Ⅷ	Ⅸ
Ⅴ	將軍星＋司庫星位於Ⅳ或Ⅹ區塊，對面區塊必定是宰相星。		宰相星 Ⅹ
將軍星 司庫星 Ⅳ			Ⅺ
Ⅲ	Ⅱ	Ⅰ	Ⅻ

圖說：將軍星＋司庫星位於Ⅳ或Ⅹ區塊）

詳細說明請見〈司庫星〉章節內容（p.98）。

將軍星組合5

將軍星單守於V、XI區塊

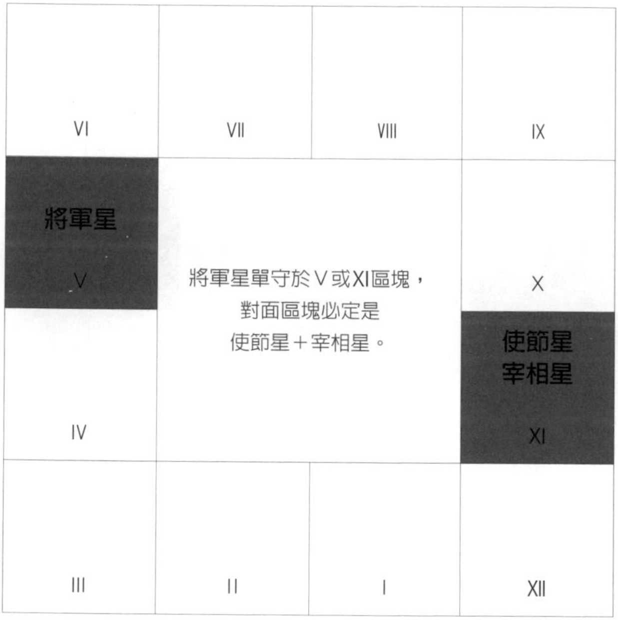

VI	VII	VIII	IX
將軍星 V	將軍星單守於V或XI區塊， 對面區塊必定是 使節星＋宰相星。		X
IV			使節星 宰相星 XI
III	II	I	XII

圖說：將軍星單守於V或XI區塊

將軍星單守．特質分析

將軍星性急又勤快，心性和腳步都停不下來，具有隨機應變的能力，勇氣和信心十足，個性外放、愛表現，凡事效率第一，求好心切，擁有獨當一面的領導力和頑強的好勝心。個性好惡分明，對喜歡的人客氣熱絡、對討厭的人不假辭色，非必要不往來，說話做事直接果斷、不拖泥帶水，總是馬不停蹄奔波忙碌。

工作態度非常熱誠，做事主動積極、善於察言觀色，因此在職場上的表現十分搶眼，忠心、工作效率高、禮數周到，無論被指派任何業務，都會想辦法達到老闆期望、使命必達，這樣的表現容易得到老闆和長輩的看重和提拔。不過將軍星入總部時，其執掌工作職場的行政區塊必定是前鋒星，脾氣一上來時翻臉和翻書一樣快，若有更好的選擇也可頭也不回的另謀高就。

將軍星適合從事開發、業務、直銷、公關、行銷等可以發揮才華和領導特長的行業。將軍星屬於果敢、執著、敢衝的戰將，拚勁和耐力一流，雖然懂得靈活應變，但是無法同時間多工並行，容易錯亂，也易心浮氣躁，必須安排妥當按部就班執行。做事遇挫折不易氣餒，企圖心強、行動執行力高，因此多能

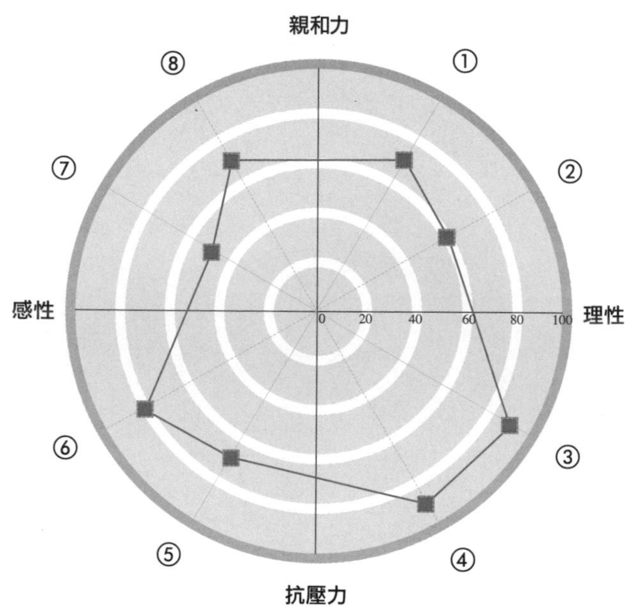

① **親和程度**——70分
② **感性反應**——60分
③ **理性直覺**——90分
④ **叛 逆 性**——90分
⑤ **抗壓能力**——70分
⑥ **學習能力**——80分
⑦ **情緒控管**——50分
⑧ **表達能力**——70分

圖說：將軍星單守於Ｖ或XI區塊，性向分析表

将軍星組合 5·將軍星單守

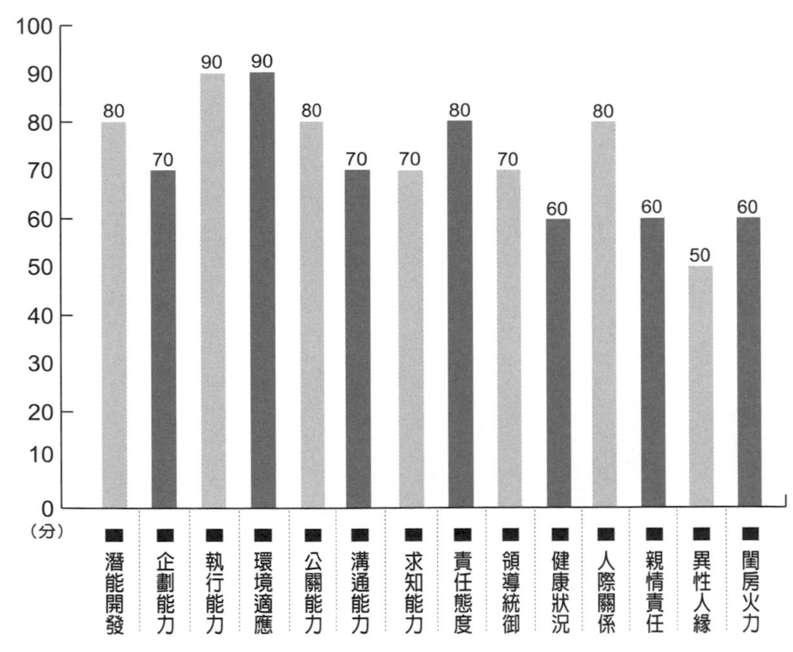

圖說：將軍星單守於Ｖ或XI區塊，人格特質表

憑藉實力逆轉勝。

位於V或XI區塊的將軍星屬於晚發的格局，需要經過歷練、打拚一段時間才能顯現成績。而對面外緣區塊是使節星＋宰相星，帶有桃花性質，因此多可得異性相助；工作上遇到難解的問題時，也較能放下身段，溫言軟語與人溝通周旋，雖然個性耿直，但必要時也會顧及現實的一面。

將軍星喜歡美食享受，愛面子、喜歡被讚美，在不熟的人面前寡言，其實私底下愛開玩笑，也喜歡自組一個小團體。如果總部將軍星再加上煞星，心情不定，容易鬱悶、滿腹牢騷，氣勢剛強時什麼都聽不進去，低落的時候又特別消沉，而且要特別注意大起大落的關鍵時刻，須小心因應。

將軍星單守．男性性格特徵

個性固執倔強、行事衝動、叛逆心強，外表常表現出一副無所謂的態度，其實野心和企圖心強烈，甚至有以小搏大的心態，做事不囉唆，但有孤注一擲的衝動，成敗常在一念之間。

位於V或XI區塊的將軍星想法多變，衝動和踏實常相互交戰，現實、務實、看重利益和效益，對金錢物質的需求高；與人相處時隨和自在，不會給人

壓力，有義氣，朋友同事遇到困難也不吝伸出援手。不過將軍星最忌別人阻礙他的前程發展以及賺錢財路，一有機會必會伺機反擊。

將軍星單守．女性性格特徵

位於V或XI區塊的將軍星女性個性落落大方、活潑開朗，爽快而不扭捏，外型亮麗，帶點嬌氣，但活力充沛，工作火力旺盛，能自我鞭策不斷努力，屬於閒不下來的勞碌性格，甚至有旺夫幫夫的運氣。

將軍星個性雖豪爽，但內心還是有點孩子氣的任性，脾氣一來也會做出不顧一切的負氣行爲。對朋友講義氣，合得來的話絕對是一起吃喝玩樂、有福同享，但若是合不來，冷漠的態度也會讓人知難而退，好惡相當明顯。

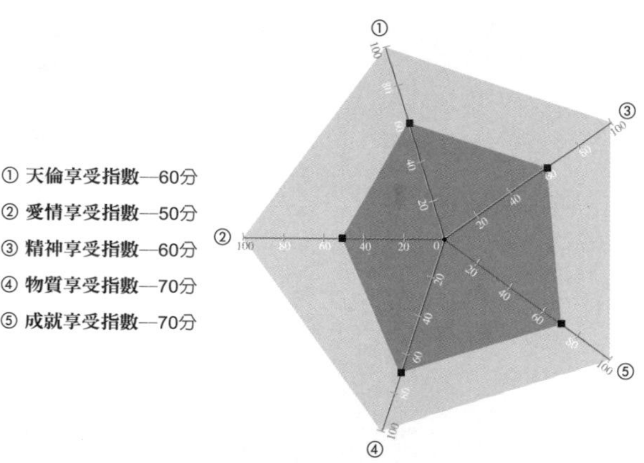

圖說：將軍星單守於V或XI區塊，性向指數表－男

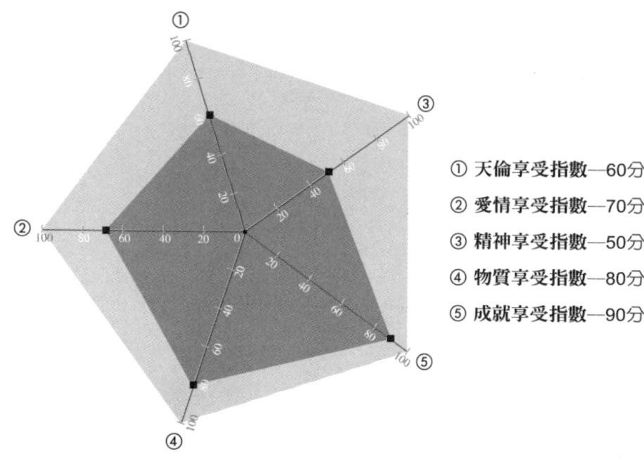

圖說：將軍星單守於V或XI區塊，性向指數表－女

將軍星組合6

將軍星＋皇帝星於VI、XII區塊

將軍星 皇帝星 VI	VII	VIII	IX
V	將軍星＋皇帝星位於VI或XII區塊，對面區塊必定是宰相星。		X
IV			XI
III	II	I	宰相星 XII

圖說：將軍星＋皇帝星位於VI或XII區塊

詳細說明請見〈皇帝星〉章節內容（p.65）。

王爺星組合

Royal highness／王樣
原爲：太陽星
動物代表：禿鷹
權勢名利，求勝欲強

所屬團隊

天市垣系統。

王爺星特質

1 王爺星象徵名聲、權貴、事業，意味著光明、博愛，肩負使命感。個性主動積極、樂觀陽剛，喜歡參與公眾事務，有扶助弱小的愛心。

2 對於社會地位、名利權勢有強烈的野心和企圖心，具有領導者氣質，善於籠絡人心，重視顏面和排場，驕傲自負，喜歡眾人的注目，亦善於在人群中發光。

3 辦事效率高，積極、懂得掌控大局，位居高層時，能忍他人所不能

忍，可在肉弱強食的競爭社會中脫穎而出。個性堅韌、善於佈局，能隨機應變，為達目標可不畏艱苦勇往直前。

4 王爺星落陷、或是逢煞星或阻礙星時，正面特質不顯，負面特質突出，反而轉為華而不實、衝勁不足，私心重、不良習慣較多。

5 王爺星和皇后星的星性都具備腦波零時差的特性，特別經得起熬夜和日夜顛倒的生活。

王爺星的組合有六種：

- 王爺星單守於Ⅰ、Ⅶ區塊
- 王爺星＋皇后星位於Ⅱ、Ⅷ區塊
- 王爺星＋密探星位於Ⅲ、Ⅸ區塊
- 王爺星＋監察史星位於Ⅳ、Ⅹ區塊
- 王爺星單守於Ⅴ、Ⅺ區塊
- 王爺星單守於Ⅵ、Ⅻ區塊

重視權力名望，事業心強

王爺星主掌行政區塊，重事業、社會地位和權力名望，追求成就和卓越，掌控欲強，個性高傲，願爲功名事業付出一切。王爺星企圖心強，爲了登上更高位，願付出所有時間、精神、體力，吃苦耐勞，因此多能在專業領域中成爲佼佼者。

王爺星有博愛心，多會參與公益活動，具有奉獻犧牲的精神，十分重視家庭，孝順，因此王爺星無論男女，多是燃燒自己、照亮別人，勤奮工作努力賺錢，然後用來奉養父母家庭。王爺星與皇后星都是最重親情的星座，無論總部、分部是王爺星或皇后星，除了重視工作之外，也多重視家庭關係，只是表現方式多是大男人或大女人，也讓家人頗感壓力。

王爺星位於旺地和陷地，個性大不相同

在判斷王爺星的運勢吉凶時，必須同時參看皇后星的位置。王爺星和皇后星與其他星座不同，旺弱不看落入區塊的五行屬性，王爺星的旺弱判別須以時

間、月份爲主；皇后星則是以月盈（農曆十五）、月虧（農曆初一）來判斷。在星盤上，王爺星位於旺位，皇后星則旺，王爺星落陷，皇后星也必然落陷；而此二星在星盤上的落點，男女性又有大不同。

星盤中每一個區塊都要看三方四正的團隊組合，才能徹底了解星盤結構。三方四正會到什麼星座，就會呈現出什麼樣的特性，因此三方四正是人格特質的總論，而不是單單看總部星座而定。以旺地王爺星而言，利於從事研究工作，且重視事業、名聲，因此可在文教、傳媒、律法、政治、跨國事業等方面有發揮的空間，甚至只要是總部三方四正有會到王爺星的人，就算不是公職人員，多多少少也都愛參與政治事務，或是對政治或國際相關議題頗爲熱衷。

王爺星的亮度關係著整張星盤的優劣，特別是在親情方面。王爺星代表陽性，象徵父親、男性、兒子；而皇后星代表陰性，象徵母親、女性、女兒。位於旺地的王爺星女性、落陷的王爺星男性、旺地的皇后星男性、落陷的皇后星女性，這四種都因爲陰陽顛倒，以致在親情上和感情上有所缺憾。所以王爺星和皇后星喜歡落在外緣區塊，而不宜落於總部，若是有旺地的王爺星和皇后星夾總部，則更是好命。

因此在論王爺星時，一定要先觀察王爺星的旺弱，以及所在區塊的優劣，是否適得其所？如果是落陷的太陽再加上煞星和阻礙星，落陷的王爺星已經屬暗，相當於「檯面下」，必須進一步觀察其心態和作風，或許只是表面熱心，實則爲自己謀私利而已。

家庭觀念重，女性婚姻較辛苦

王爺星女性、或是只要總部的三方會到王爺星時，個性中的陽性特質會較強烈，就算內心有小女人心思，但作風仍是負責任、有擔當的女中豪傑，可能因與父親緣淡而要承擔家中男性的責任，爲家庭付出辛勞，因此無論王爺星的位置是旺地還是落陷，王爺星女性的婚姻多半都較辛苦。王爺星女性和使節星一樣，多半屬於人際桃花，與異性往來自然灑脫、沒有隔閡距離，利於從事與異性相關的行業，但交朋友可以，一談到感情婚姻時，則多有感情困擾。

而王爺星男性則多是風度良好、氣質瀟灑，追求異性主動熱情，異性緣相當不錯。不過總部是王爺星落陷的男性則要謹記遠離「酒、色、賭」三害，免得徒然浪費了大好的聰明才智；而總部是王爺星落陷的女性則比旺地的王爺星好，起碼感情可以修成正果，只是婚姻仍必須費心經營才能長久。

王爺星組合 1 王爺星單守於Ⅰ、Ⅶ區塊

VI	監察史星 VII	VIII	IX
V	王爺星單守於 I 或VII區塊， 對面區塊必定是監察史星。		X
IV			XI
III	II	王爺星 I	XII

圖說：王爺星單守於 I 、VII區塊

王爺星單守・特質分析

位於I或VII區塊的王爺星，似乎隨時都在尋找機會，永遠氣勢昂揚，追求成功、期望有天能展露頭角。尤其是居於VII位的王爺星，光芒萬丈、積極率直，重事業、追求權勢功名，競爭心和榮譽心皆強，策劃力和執行力一流，往往可在公家單位、文化教育、法律、傳播媒體或大型的企業、團體機構中成爲佼佼者。

王爺星喜歡會到「正學士星」、「副學士星」等輔助星相助，可增添氣質，王爺星女性會到此二星時，可減少粗枝大葉的陽剛氣質，反而較有女人味。若是居於VII位的王爺星會到「庫銀星」，則屬於大富格局，只是不符合恰逢夏天出生的人，過旺反而不利。

總部位於VII位的王爺星永遠把事業放在第一位，因爲自身佔了象徵父親的星座，因此基因區塊就算再漂亮，也容易反映出不利於長輩的因素，若是不住在一起，影響力較弱，依舊可以善盡孝道。位於I或VII區塊的王爺星，其外緣區塊必定是監察史星，監察史星屬於老人星、愛講理，因此這個組合的人頗有長輩緣，男性外表看來忠厚老實，女性則強勢能幹，就算是落陷的王爺星，也

王爺星組合 1．王爺星單守

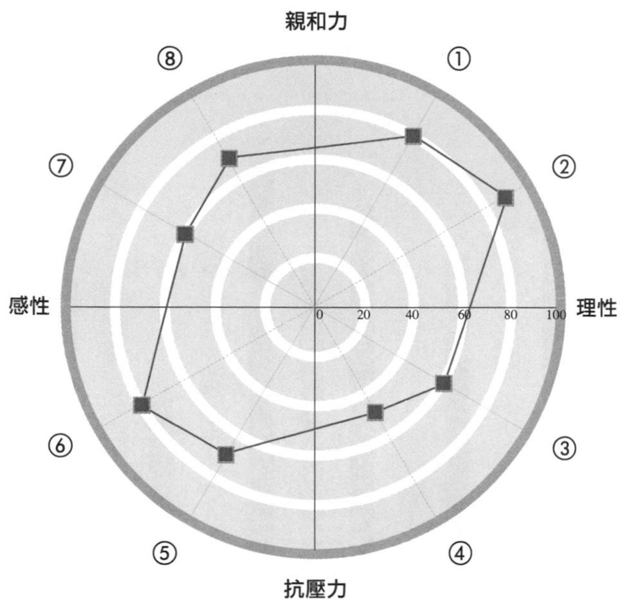

① **親和程度**——80分
② **感性反應**——90分
③ **理性直覺**——60分
④ **叛 逆 性**——50分
⑤ **抗壓能力**——70分
⑥ **學習能力**——80分
⑦ **情緒控管**——60分
⑧ **表達能力**——70分

圖說：王爺星單守於 I 或VII區塊，性向分析表

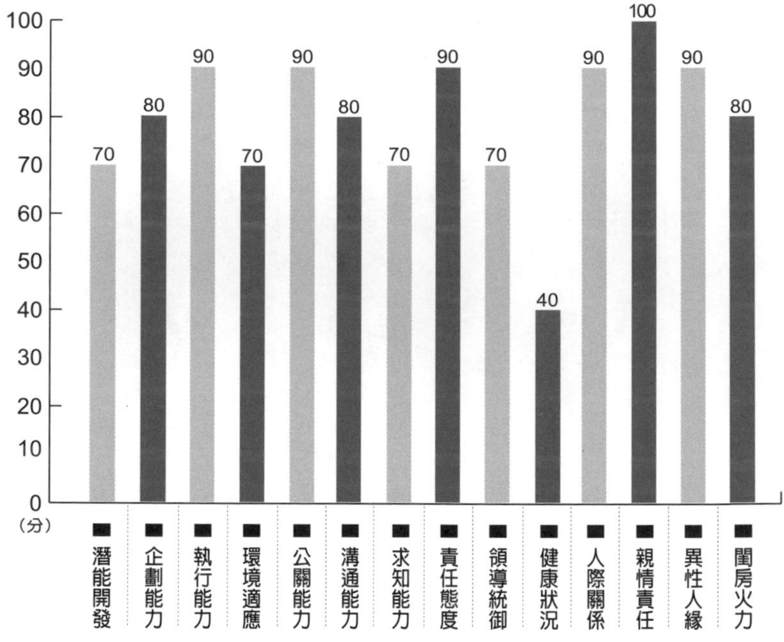

圖說：王爺星單守於Ⅰ或Ⅶ區塊，人格特質表

同樣吃苦耐勞，只是資源較少、較辛苦。

這個組合的王爺星，其團隊三方中的行政區塊必爲密探星，若是王爺星位於Ⅶ位旺地，則可以驅暗，讓密探星顯露出來的正面能量比負面能量多；但如果王爺星位於Ⅰ位，而行政區塊的密探星位於Ⅴ位，此時王爺星落陷無光，無力驅暗，密探星暗星的影響力被放大，等同於雙暗，這樣的組合大多不想從事正當職業，反而喜歡接觸投機事業，若是有煞星或阻礙星加入，更可能走偏門、混黑道、甚至與酒色賭都有連結。此格局除非會到「正學士星」或「副學士星」，方可把疑心病轉爲正向思考，說話也不會那麼傷人，個性亦較容易相處。

王爺星單守．男性性格特徵

總部位於Ⅶ的王爺星，爽朗有活力、處事積極，不自覺總會擺出一副大哥的姿態，無論走到哪裡都喜歡成爲眾人注目焦點，對自己非常有自信，但也容易成爲眼中釘。個性負責、有擔當，熱心博愛，愛面子、有強烈求勝心，處於競爭激烈的環境中更可激發他旺盛的企圖心。

若是位於Ⅰ的王爺星，看來同樣老實穩重，內心則多思多慮，比較多負面想法，但是想要成功的企圖心不減，只是手段上較無忌諱，認爲運用手段心機快速達成目標是無可厚非的，但做事常三分鐘熱度，目標容易改變，個性較悠閒甚至懶散。

王爺星單守．女性性格特徵

王爺星女性個性兼具大方爽朗和細膩敏感，生活上大而化之，帶有男人志氣，不善於處理感情問題，但在工作上則謹慎細心、條理分明，尤其是位於Ⅶ的王爺星女性，強勢能幹、務實理性，在職場上往往是中高階領導人才。

王爺星女性無論位於Ⅰ或Ⅶ，都很有異性緣，只是異性朋友雖多，婚姻之路卻多困擾。總部位於Ⅰ的王爺星女性的感情世界則更複雜了，不喜歡的再怎麼相處都只是哥們，喜歡上的又多是花心男，因此就算走入婚姻，也往往是另一個煩惱的開始；而位於Ⅶ的王爺星女性則多姊弟戀。

王爺星組合 1．王爺星單守

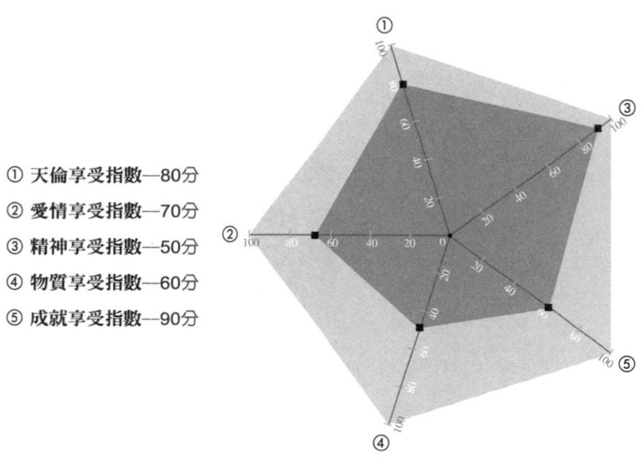

圖說：王爺星單守於Ⅰ或Ⅶ區塊，性向指數表－男

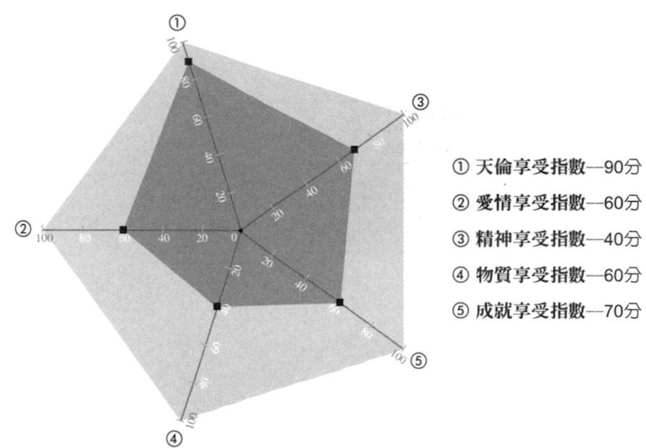

圖說：王爺星單守於Ⅰ或Ⅶ區塊，性向指數表－女

王爺星組合 2

王爺星＋皇后星於 II、VIII 區塊

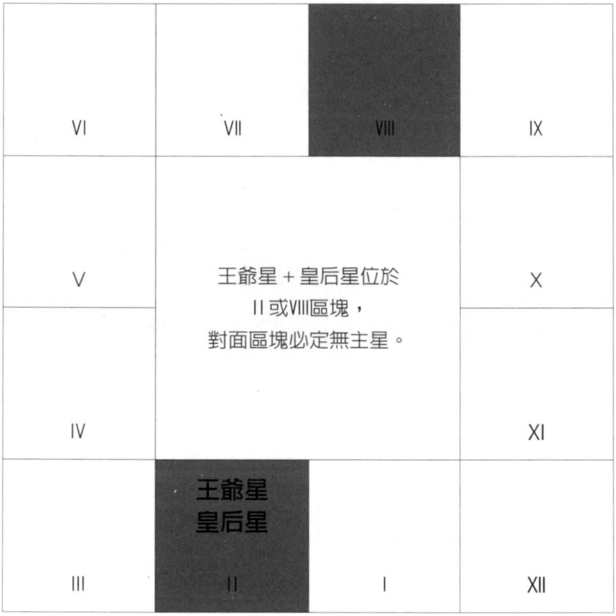

<table>
<tr><td>VI</td><td>VII</td><td>VIII</td><td>IX</td></tr>
<tr><td>V</td><td colspan="2" rowspan="2">王爺星＋皇后星位於
II 或VIII區塊，
對面區塊必定無主星。</td><td>X</td></tr>
<tr><td>IV</td><td>XI</td></tr>
<tr><td>III</td><td>王爺星
皇后星
II</td><td>I</td><td>XII</td></tr>
</table>

圖說：王爺星＋皇后於 II 或VIII區塊

王爺星＋皇后星．特質分析

王爺星和皇后星一個是陽性象徵，一個是陰性象徵，一陽一陰的組合只會落在II或VIII區塊，不過總部同時落入象徵父、母、先生、妻子的星座，對男性來說是佔了象徵女性的皇后星，因此不利於母親和妻子，除了個性較陰柔斯文、纖細敏感，以及帶點神經質之外，旁邊的王爺星同時又會冒出大男人主義的傾向，雙重人格讓人難以捉摸。

而對王爺星＋皇后星女性來說，因爲佔了象徵男性的王爺星，不利於父親和先生，與父親緣淡且感情之路也較多波折，一陽一陰的組合使得個性雙重，一邊覺得自己是個需要照顧的小女人，一邊又鬥志高昂的在職場廝殺，對另一半時而溫柔，時而頤指氣使，讓人又愛又恨。不過這樣的組合往往都很有家庭觀念，有孝心，只是個性反覆、情緒時高時低，較難相處。

這樣反覆的個性也表現在職場、生活和各方面中，王爺星本是看準目標就勇往直前、好勝心強的，但身邊多了一顆皇后星，等於風箏多了一根繩子，無法盡情高飛，時時要被拉回來，而原因多半是家庭和親情的牽絆。

而若是總部無主星，借對面外緣區塊王爺星＋皇后星的人，反而沒有不利親情的狀況，此外總部無主星，團隊三方必定會到貴妃星，福星福氣多，以及會到軍師星＋密探星，帶有算計、計較和難纏的一面，性格也是反覆無常。不過反過來說，若總部是王爺星＋皇后星，三方會到的是監察史星，監察史星和貴妃星不同，會到貴妃星的話人生較悠哉，而會到監察史星的話則顯得較孤僻，因此總部入王爺星＋皇后星，與借來的王爺星＋皇后星相比，性格和人生曲線都大不相同，兩種組合特質差異頗大。

總部無主星，由外緣區塊「借來」王爺星＋皇后星，會比總部直接入王爺星＋皇后星要來得好，其中又以總部在Ⅷ區塊且無主星，借II區塊的王爺星＋皇后星，而且又會到「科舉星」和「貴人星」最好，一來無親情磁場不合的問題，性格較正面樂觀，亦多貴人提攜，可說是富貴格局，人生曲線平順許多。

王爺星＋皇后星的長相特徵也很特別，眼睛多半一大一小，或是一邊雙眼皮、另一邊沒有，也有眉毛一高一低的，完全投射出性格的兩面性。若是王爺星＋皇后星會到「正學士星」或「副學士星」，往往長得更漂亮或更帥氣，氣質相當不錯。

王爺星組合 2．王爺星＋皇后星

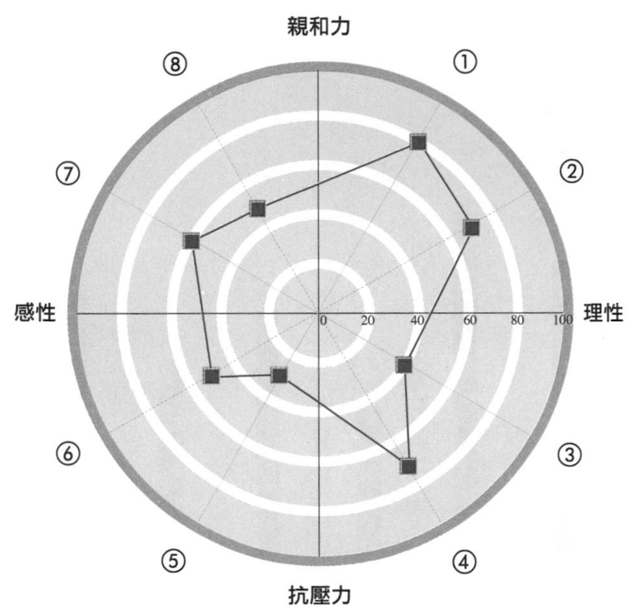

① **親和程度**——80分	⑤ **抗壓能力**——30分
② **感性反應**——70分	⑥ **學習能力**——50分
③ **理性直覺**——40分	⑦ **情緒控管**——60分
④ **叛 逆 性**——70分	⑧ **表達能力**——50分

圖說：王爺星＋皇后星於 II 或VIII區塊，性向分析表

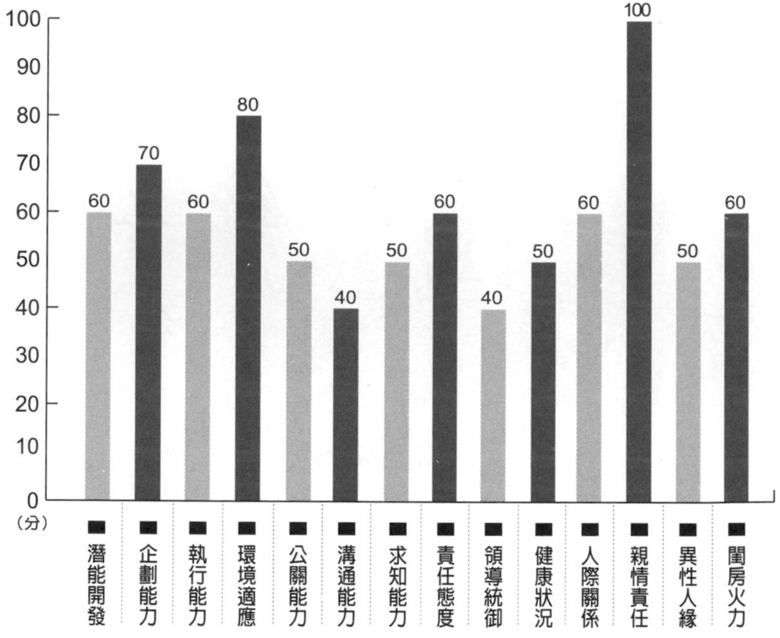

圖說：王爺星＋皇后星於II或VIII區塊，人格特質表

王爺星＋皇后星．男性性格特徵

位於II或VIII區塊的王爺星＋皇后星男性，外表開朗明亮，又帶有一絲優柔，個性則兼具理性與務實，亦有浪漫幻想和略帶點神經質。這樣的雙重個性在處事時經常顯現為猶疑反覆、搖擺不定，加上又愛面子、重形象，所以心情好的時候什麼都好商量，還可以說出一串大道理，表現出知性樂觀又好相處的模樣。

但若是心情不佳的時候，不僅不愛與人打交道，也不在乎他人感受，我行我素，陰晴不定的個性和平日判若兩人，讓人難以招架。

王爺星＋皇后星．女性性格特徵

位於II或VIII區塊的王爺星＋皇后星女性多了陰性星座的加持，偶爾在大女人的氣勢之外，也會多一些女性的體貼、巧思以及可愛姿態。這種組合的女性很重視穿著打扮和外在形象，喜歡讓人看到自己優雅大方的一面，無法忍受別人的負面批評。

性格看似吃軟不吃硬，其實軟硬都不吃，完全看心情！看來似乎很容易與人打成一片，但情緒起起伏伏、忽冷忽熱，心裡最在乎的是另一半對自己關不關心，喜歡被呵護但又怕煩；總是喜歡自己得不到的，得到了又開始挑毛病。下決定前猶猶豫豫無法抉擇，決定後又反反覆覆後悔不已，這樣的個性常有負面想法，容易鑽進死胡同中，自找麻煩。

王爺星組合 2．王爺星＋皇后星

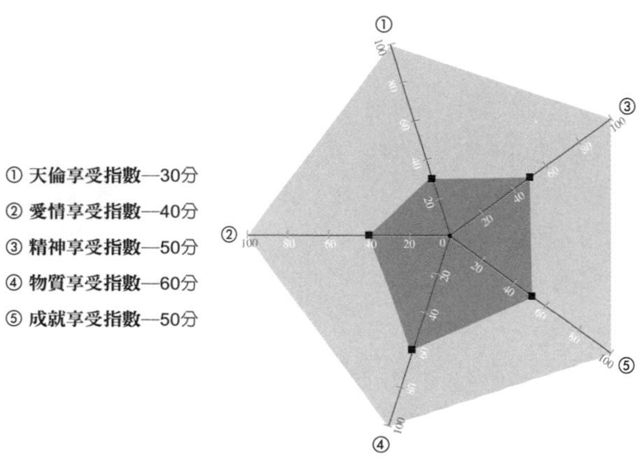

圖說：王爺星＋皇后星於 II 或VIII區塊，性向指數表－男

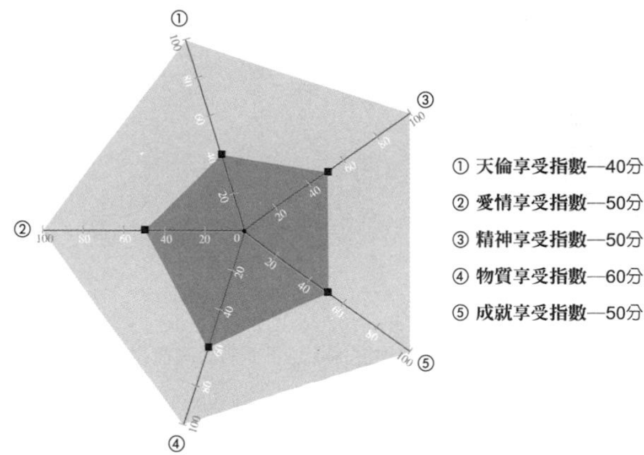

圖說：王爺星＋皇后星於 II 或VIII區塊，性向指數表－女

王爺星組合 3

王爺星＋密探星於Ⅲ、Ⅸ區塊

VI	VII	VIII	IX
V	王爺星＋密探星位於 III或IX區塊， 對面區塊必定無主星。		X
IV			XI
王爺星 密探星 III	II	I	XII

圖說：王爺星＋密探星位於III或IX區塊

詳細說明請見〈密探星〉章節內容（p.216）。

王爺星組合 4

王爺星＋監察史星於Ⅳ、Ⅹ區塊

VI	VII	VIII	IX
V	王爺星＋監察史星位於Ⅳ或Ⅹ區塊，對面區塊必定無主星。		X
王爺星 監察史星 IV			XI
III	II	I	XII

圖說：王爺星＋監察史星位於Ⅳ或Ⅹ區塊

詳細說明請見〈監察史星〉章節內容（p.435）。

王爺星組合 5 王爺星單守於V、XI區塊

VI	VII	VIII	IX
王爺星 V	王爺星單守於V或XI區塊，對面區塊必定是皇后星。		X
IV			皇后星 XI
III	II	I	XII

圖說：王爺星單守於V或XI區塊

王爺星單守・特質分析

總部位於Ⅴ或Ⅺ區塊的王爺星，外型風度翩翩、氣質瀟灑，個性大方慷慨，智識涵養高，多屬於社會中堅。在爽朗俊秀的外表下，多是對事業的企圖心和對社會的關注，並且感情細膩，觀察力敏銳，性格剛柔並濟，異性緣也不錯。若是逢煞星或阻礙星時，則會把傲氣和驕氣擴大，造成自視過高、眼高手低的狀況，反而容易遭遇人生挫折。王爺星若是位於Ⅺ區塊，黯淡無光的王爺星則私心較重，做事耐力不足，除非有其他吉星相助，否則會有想得多、做得少的傾向。

位於Ⅴ或Ⅺ的王爺星，其團隊三方中，外緣區塊的皇后星與之對照，若是兩星都位在旺地，則個性光明磊落、樂觀開朗，較不會有反反覆覆或情緒陰晴不定的狀況發生。因爲單星入總部所表現出來的特質比較單一、一致，雖然也有固執驕傲和不服輸的個性，但正面能量可充分發揮，負面則較不凸顯。

這樣的組合喜歡交朋友，人緣好、人脈廣，不管是政、醫、律、文教或媒體、餐飲娛樂，甚至黑白兩道都有朋友，允文允武的實力可在政界、文化、傳播媒體或電子業等闖出好成績。王爺星或皇后星位於Ⅴ或Ⅺ區塊時又稱爲「移

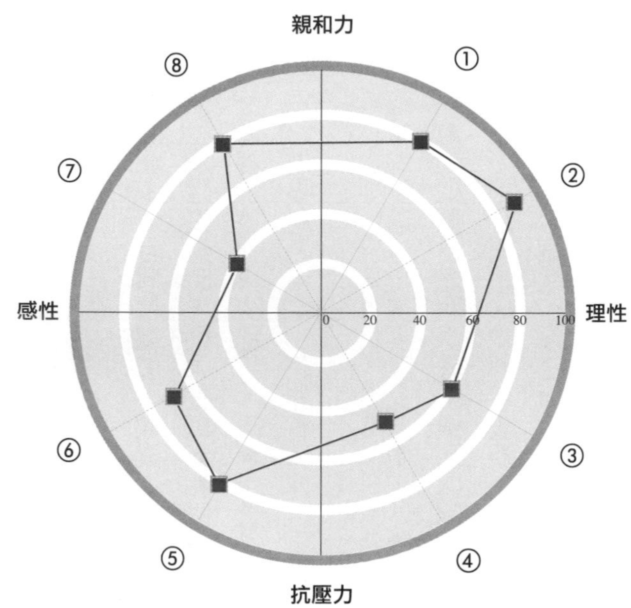

① **親和程度**——80分
② **感性反應**——90分
③ **理性直覺**——60分
④ **叛 逆 性**——50分
⑤ **抗壓能力**——80分
⑥ **學習能力**——70分
⑦ **情緒控管**——40分
⑧ **表達能力**——80分

圖說：王爺星單守於Ⅴ或Ⅺ區塊，性向分析表

王爺星組合 5．王爺星單守

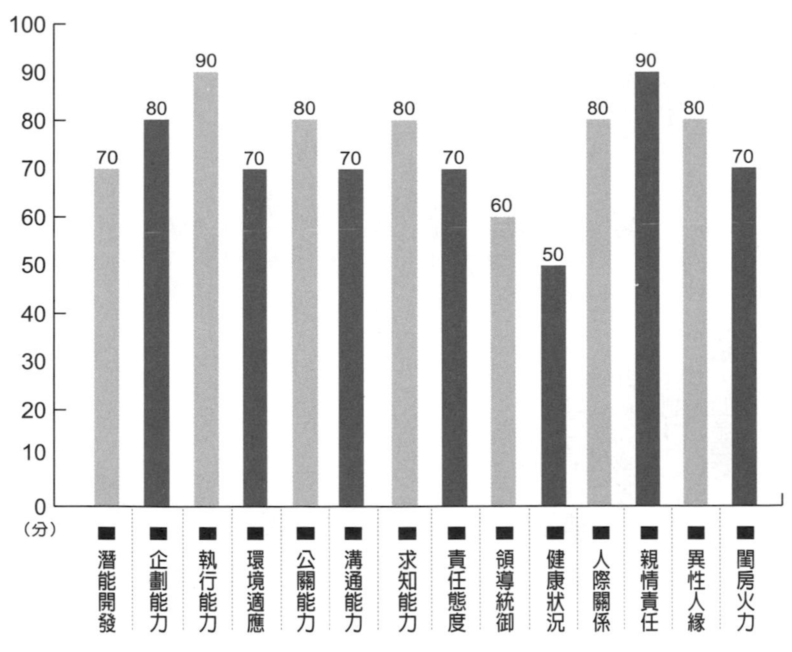

圖說：王爺星單守於Ⅴ或Ⅺ區塊，人格特質表

民格」，常有驛動好運，不管是跨縣市、跨國發展，或是移民，機會都比一般人高。特別的是，這個組合較不會有時差困擾，落地就可馬上旅遊、工作，就算是大運走到王爺星或皇后星位於V或XI區塊，配合外緣區塊或房產區塊落入「資源星」或「掌握星」，亦是驛動的好時機。

位於V或XI的王爺星，其婚姻區塊必定是貴妃星＋監察史星，男性喜歡個性溫順且亮麗大方的另一半，常常會將自己的觀念灌輸給對方，一心想讓對方成爲理想中的賢妻良母；女性則多會找與自己年紀有差距的另一半，不管是老公或是小鮮肉，只要對方外型儒雅、個性體貼溫柔、細心會撒嬌，王爺星女星不在乎年紀，只在乎對方的陪伴。

王爺星單守．男性性格特徵

位於V或XI的王爺星，舉手投足充滿自信，有紳士風範，慷慨大方、有品味，喜歡交際應酬，也喜歡被人依賴、仰慕的感覺，認爲交情就是在杯觥交錯和互相解決困難中建立。喜歡聽讚美、有惻隱之心，不吝於對弱小伸出援手，只不過要小心酒肉朋友的奉承多非善意，抑或要注意成爲別人的踏板。

王爺星男性同樣對事業、名望和權力帶有強烈企圖心，外表看似蠻不在

乎，遇事好像都能輕而易舉簡單解決，實則內在有過度樂觀、自大和自視過高的心態，甚至帶點斤斤計較，在感情上也有太過博愛的現象。

王爺星單守・女性性格特徵

位於V或XI的王爺星女性，豪爽不扭捏、耿直熱情，有活力有熱忱，善解人意，可以很自在地與人打成一片，善於付出、會照顧人，交友圈廣泛。外在看似大而化之，內心其實相當敏感，面對感情時渴望被呵護照顧，但又拉不下自尊心，因此多是照顧者而不是被照顧的一方。

王爺星無論男女，欲望區塊都是軍師星，男性會把細密的心思轉移到事業上，思考如何更進一步；女性則較多煩惱，一來是不知該選哪一朵桃花，二來則是爲家人綢繆，也爲自己的健康所擾。在事業方面，王爺星女性工作能力強，往往是領域中頗富競爭力的佼佼者。

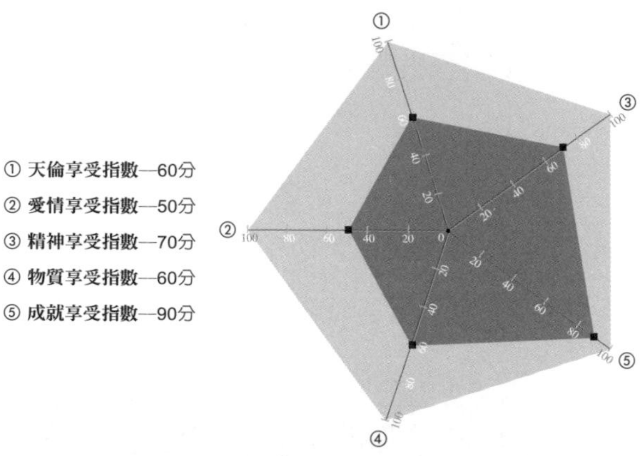

圖說：王爺星單守於Ｖ或XI區塊，性向指數表－男

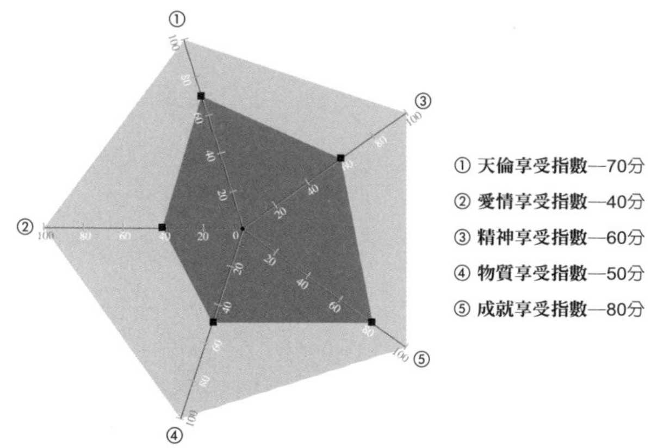

圖說：王爺星單守於Ｖ或XI區塊，性向指數表－女

王爺星組合 6 王爺星單守於Ⅵ、Ⅻ區塊

王爺星 VI	VII	VIII	IX
V	王爺星單守於VI或XII區塊， 對面區塊必定是密探星。		X
IV			XI
III	II	I	密探星 XII

圖說：王爺星單守於VI或XII區塊

王爺星單守．特質分析

王爺星的基本特質是事業心強，熱愛權力名望，講究名聲、排場、重視顏面，而且博愛，對家庭有使命感。位於Ⅵ位的王爺星外型爽朗、主動積極，具有領導才能，意志力強，心氣高，心地善良且耳根子軟，很在意形象，學生時期多半是風雲人物，熱心公益，愛參與團體活動，如果再遇到吉星相會，更是意氣風發。而若是遇到煞星或阻礙星，則大打折扣，心態變得猶豫不決，較自私、也較容易遇到是非挫折。

總部位於Ⅻ區塊時，屬於落陷的王爺星，個性猜忌心強、優柔寡斷，且有華而不實的傾向，耐力與持續力稍嫌不足，決定好的目標有時缺乏耐性執行，或是容易轉換目標，甚至心生自憐，因此較難與人深交，一生較奔波辛勞。

王爺星位於Ⅵ、Ⅻ區塊時，帶有對面外緣區塊密探星的特質，在王爺星樂天陽光的形象中，夾帶敏銳的觀察力，競爭心和企圖心強，也比較容易有負面想法，或偶爾有自我封閉的情況。一般說來，這樣的組合仍舊有不錯的交際能耐，本性愛熱鬧且有口福，朋友三教九流都有，尤其容易結交權貴。因為受到密探星影響，一旦招惹到位於Ⅵ、Ⅻ的王爺星時，就會用密探星的伶牙俐齒、

王爺星組合 6．王爺星單守

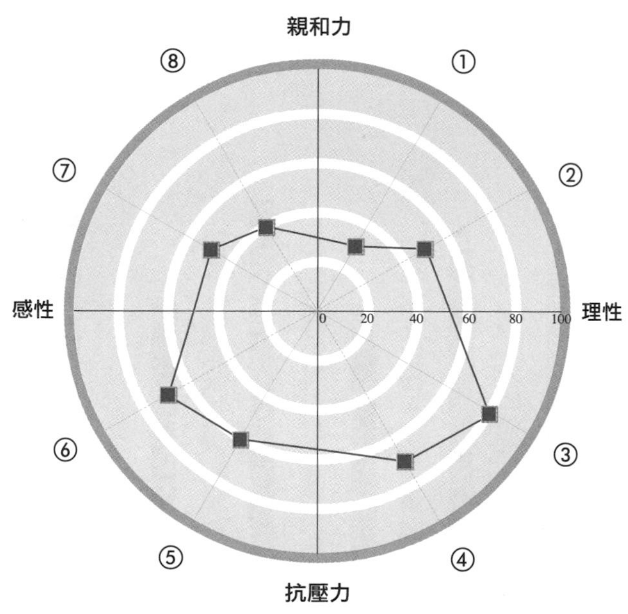

① **親和程度**——30分　　⑤ **抗壓能力**——60分

② **感性反應**——50分　　⑥ **學習能力**——70分

③ **理性直覺**——80分　　⑦ **情緒控管**——50分

④ **叛 逆 性**——70分　　⑧ **表達能力**——40分

圖說：王爺星單守於Ⅵ或Ⅻ區塊，性向分析表

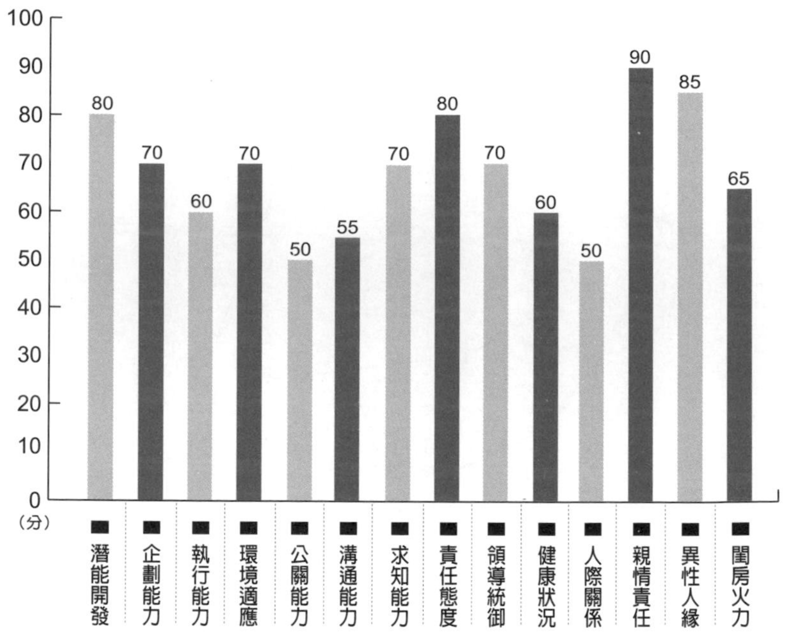

圖說：王爺星單守於VI或XII區塊，人格特質表

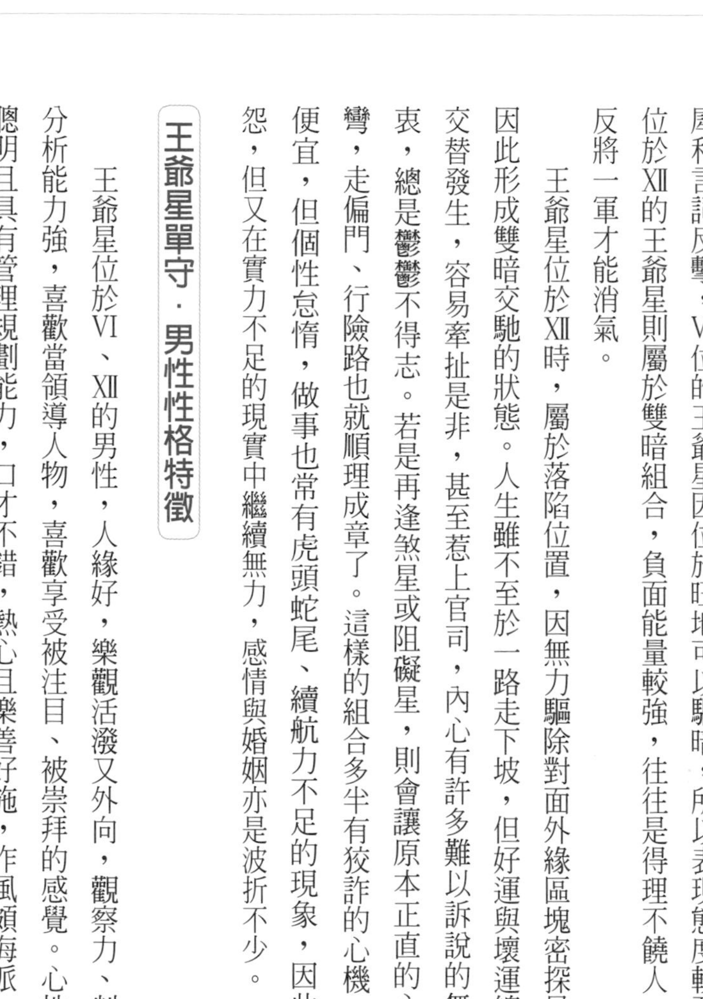

犀利言詞反擊，VI位的王爺星因位於旺地可以驅暗，所以表現態度較磊落；但位於XII的王爺星則屬於雙暗組合，負面能量較強，往往是得理不饒人，甚至要反將一軍才能消氣。

王爺星位於XII時，屬於落陷位置，因無力驅除對面外緣區塊密探星的暗，因此形成雙暗交馳的狀態。人生雖不至於一路走下坡，但好運與壞運總是不斷交替發生，容易牽扯是非，甚至惹上官司，內心有許多難以訴說的無奈和苦衷，總是鬱鬱不得志。若是再逢煞星或阻礙星，則會讓原本正直的心態大轉彎，走偏門、行險路也就順理成章了。這樣的組合多半有狡詐的心機、喜歡佔便宜，但個性怠惰，做事也常有虎頭蛇尾、續航力不足的現象，因此常常哀怨，但又在實力不足的現實中繼續無力，感情與婚姻亦是波折不少。

王爺星單守．男性性格特徵

王爺星位於VI、XII的男性，人緣好，樂觀活潑又外向，觀察力、判斷力與分析能力強，喜歡當領導人物，喜歡享受被注目、被崇拜的感覺。心性爽朗，聰明且具有管理規劃能力，口才不錯，熱心且樂善好施，作風頗海派，喜歡出風頭，討厭被看不起、或是在人前沒面子。

王爺星好交友，與同性或異性之間的相處同樣都是隨和自然，對人有義氣，因此五湖四海交友廣闊，異性緣也不錯。不過王爺星自尊心強，就算自己有錯也拉不下臉認錯；若是有人刻意奉承巴結，一向慷慨的王爺星三杯酒下肚之後，難免化身散財童子，小心被有心人利用。

而位於Ⅻ的王爺星則內心較多陰影，略帶神經質，要避免先勤後惰、後繼無力的現象，否則人生路較多波折辛勞。

王爺星單守．女性性格特徵

王爺星位於Ⅵ、Ⅻ的女性外型清麗端莊，待人和氣，但舉手投足間有股傲氣，與熟識的人相處時才會顯露眞性情。心思細膩、煩惱較多，聰明善於算計，但卻不會刻意展現，反而會扮豬吃老虎，展露出一種無辜又無害的魅力。

王爺星女性重視自我表現，在職場上能力出眾，往往可呼風喚雨；生活中熱愛美食、美的事物和優雅的環境，交朋友也喜歡找有才華、有品味、在領域中有地位的人。在感情或婚姻中，喜歡享受被讚賞和被呵護的感覺，既要愛情也要有麵包，要物質享受也要有精神共鳴。

王爺星女性越近中年越容易發福，但隨著年齡增長，越來越散發出自信

美，堅毅的性格和灑脫的態度是她的獨特風格，可活得越來越隨心所欲。

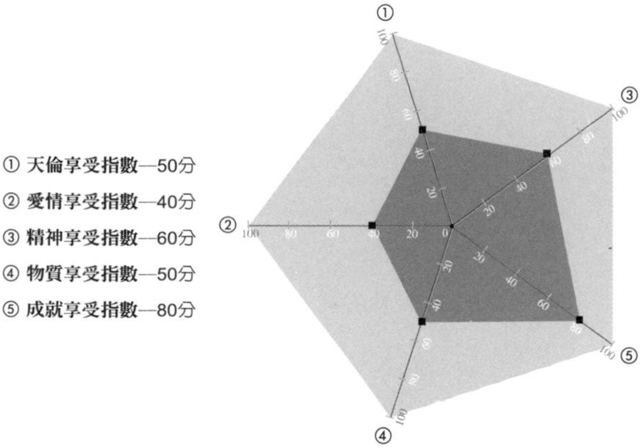

圖說：王爺星單守於VI或XII區塊，性向指數表－男

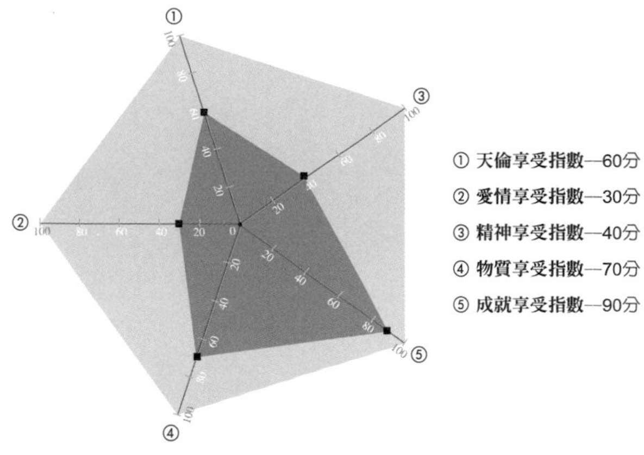

圖說：王爺星單守於VI或XII區塊，性向指數表－女

皇后星組合

Empress／皇后

原爲：太陰星

動物代表：綿羊

多情體貼，溫柔顧家

所屬團隊

天市垣系統。

皇后星特質

1 皇后星是相當重視家庭的星座，願爲家庭無條件付出，家庭和家人永遠放在第一位，具有傳統的價值觀；心中在意的只有與家人相關的人事物，對社會公益議題較無感。

2 個性溫和，細心敏感，柔順文靜，想像力豐富、感情豐沛，感性又帶點神經質，內向柔弱、依賴心強，較難獨自面對危機與困難。

3 外型斯文秀氣、乖順優雅，在意形象、略有些潔癖。性格被動較不積

極，有些孩子氣，遇事易膽怯，或容易受到驚嚇，防衛能力和攻擊力較差，因此相當合群，喜歡組成團體，重視安全感。

4 重感情，愛照顧人、但也渴望受到呵護，對待感情的態度較鑽牛角尖、容易想不開。

5 皇后星不論男女，皆擁有超強的運動細胞，喜歡大自然戶外活動。

皇后星的組合有六種：

- 皇后星＋貴妃星位於Ⅰ、Ⅶ區塊
- 皇后星＋王爺星位於Ⅱ、Ⅷ區塊
- 皇后星＋軍師星位於Ⅲ、Ⅸ區塊
- 皇后星單守於Ⅳ、Ⅹ區塊
- 皇后星單守於Ⅴ、Ⅺ區塊
- 皇后星單守於Ⅵ、Ⅻ區塊

個性溫和，包容性強

皇后星是陰性星座，屬水，象徵母星、妻星、亦是財星之一。皇后星的本質柔順文靜、有點害羞膽小，皇后星男性大多氣質儒雅、斯文俊秀，外型和個性偏陰柔，異性緣特佳；位於旺地的皇后星女性外型則多是古典美人類型，氣質典雅，善於打理家中一切事務，喜歡乾淨、規矩較多，有點吹毛求疵。

判斷星盤時，盤中的皇后星需與王爺星一同參看，兩星皆位於旺地較好，個性較正面樂觀。而在判斷皇后星時，可以當事人出生時間來判斷，若是月圓時出生，則皇后星人臉型較圓，個性較安逸穩定、喜歡照顧人，具有母性；若是月缺時出生，則皇后星人臉型較長，個性容易不安、較膽怯，意志較薄弱；而在月亮望朔之間出生的人，內在情緒起伏較大，但喜怒哀樂不容易外顯，外表看來平靜平和，心中卻常有不爲人知的一面，或者有隱藏的嫉妒心和自卑感，容易自尋煩惱憂愁。

此外，總部入皇后星的人，其欲望區塊必定是黑暗之星密探星，心中多思多慮，這也是爲什麼密探星和皇后星都喜歡會到「正學士星」、「副學士星」的緣故，不僅可以加強正面特質、增添光彩，氣質也可更上層樓。

感情豐富，異性緣好

皇后星是母星與妻星的象徵，若是遇到阻礙星落入皇后星，要留意母親或妻子出狀況。皇后星男性外型俊秀陰柔，懂得精打細算找對自己有利的；異性緣好，對另一半也相當溫柔體貼，但無論是婚前還是婚後都太容易吸引異性，且不善於拒絕，因此容易造成無謂的感情困擾。

皇后星亦主「慢」，雖然想法多、聰明應變力強，但動作卻慢條斯理，常常嘴巴動得快，手腳卻不同步，因此總部入皇后星的人，四十歲前可能還在磨練期，多半在四十歲之後才能真正有所發展，屬於慢熟型。

在星盤中，皇后星和王爺星總是相互牽引，王爺星是陽性象徵，代表明亮、博愛、散發光與熱；而皇后星是陰性象徵，代表吸收、內斂、自利。因此星盤中的王爺星若是逢「澇神星」，或是被「澇神星」、「糾纏星」夾制，那麼皇后星則自動成爲落陷，因爲王爺星的明亮被遮住了，烏雲遮日雖然熱度依舊，但光芒大減，因此星盤主人容易給人較陰沉的感覺，不是容易情緒化、就是多愁善感，脾氣也較差。

皇后星組合1

皇后星＋貴妃星於Ⅰ、Ⅶ區塊

VI	VII	VIII	IX
V	皇后星＋貴妃星位於 I或VII區塊， 對面區塊必定無主星。		X
IV			XI
III	II	皇后星 貴妃星 I	XII

圖說：皇后星＋貴妃星於Ｉ、VII區塊

詳細說明請見〈貴妃星〉章節內容（p.347）。

皇后星組合 2

VI	VII	VIII	IX
V	皇后星＋王爺星位於II或VIII區塊，對面區塊必定無主星。		X
IV			XI
III	皇后星 王爺星 II	I	XII

圖說：皇后星＋王爺於II或VIII區塊

詳細說明請見〈王爺星〉章節內容（p.490）。

皇后星組合 3

皇后星＋軍師星於Ⅲ、Ⅸ區塊

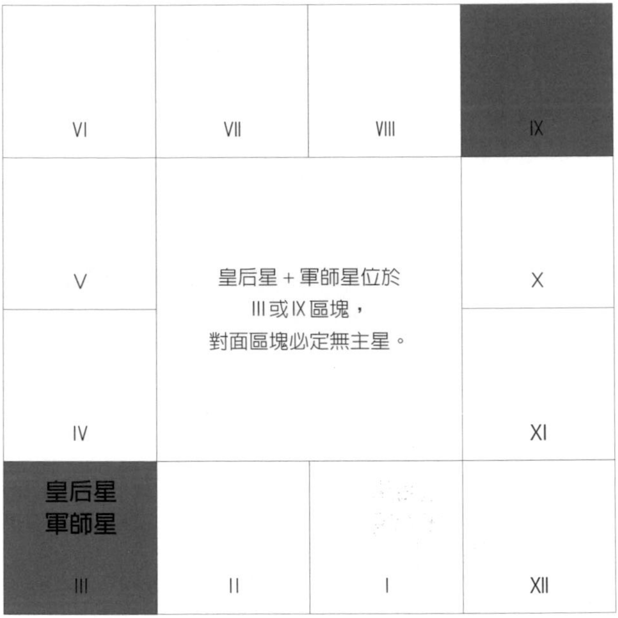

詳細說明請見〈軍師星〉章節內容（p.320）。

VI	VII	VIII	IX
V	皇后星＋軍師星位於 Ⅲ或Ⅸ區塊， 對面區塊必定無主星。		X
IV			XI
皇后星 軍師星 III	II	I	XII

圖說：皇后星＋軍師星位於Ⅲ或Ⅸ區塊

皇后星組合 4

皇后星單守於Ⅳ、Ⅹ區塊

VI	VII	VIII	IX
V	皇后星單守於Ⅳ或Ⅹ區塊， 對面區塊必定是貴妃星。		**貴妃星** X
皇后星 IV			XI
III	II	I	XII

圖說：皇后星單守於Ⅳ或Ⅹ區塊

皇后星單守．特質分析

皇后星個性敏感細膩，位於Ⅳ或Ⅹ時，對面外緣區塊必定是貴妃星，除了外型上男性更加斯文陰柔、女性更加秀麗，以及性格含蓄謙和、容易害羞之外，想像力也更加豐富，更喜歡幻想並具有浪漫情懷。天生帶有藝術氣息，帶點孩子氣，喜歡旅遊、享樂，而且較膽小怕事。

位於Ⅳ或Ⅹ的皇后星其三方也會到監察史星和王爺星，偶爾有點孤僻，凡事不主動、不積極，但卻很有自己的想法和堅持。面對不喜歡、不認同的人或事，有意見多半不會直接表達，曲折婉轉、想說又不敢說、不知該怎麼說，或是想反駁卻又吞忍下來，個性雖不衝動，但欲言又止不直接表達的態度，常讓人摸不清皇后星的心思，而且也常搞得自己有苦難言，自顧自苦悶。

皇后星個性內向且有點懶散，愛面子，心腸很軟、很顧家，挑剔、規矩多、有潔癖，而且凡事慢悠悠的，有時會讓合作對象相當無奈。皇后星位於旺地時（皇后星位於Ⅸ、Ⅹ、Ⅺ、Ⅻ、Ⅰ、Ⅱ時屬於旺地）多半給人有氣質、溫和內斂、賢慧大方的感覺，依賴心強，生活重心多圍繞在家庭上；皇后星位於陷地時（皇后星位於Ⅲ、Ⅳ、Ⅴ、Ⅵ、Ⅶ、Ⅷ時屬於陷地）外表多給人較嚴肅

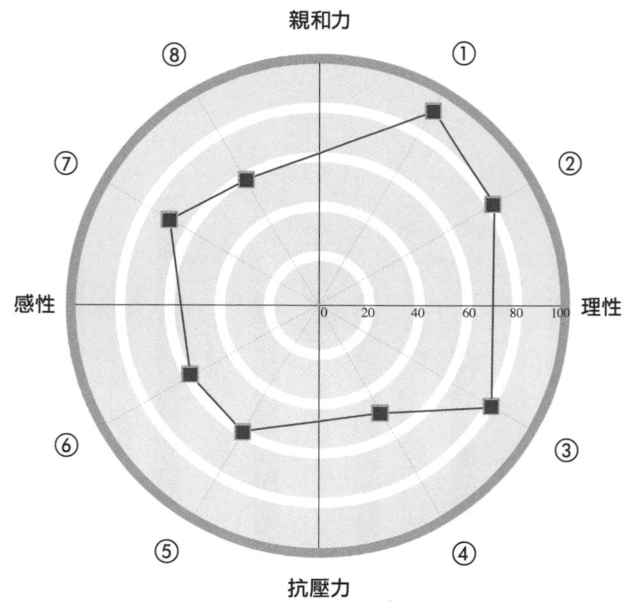

① 親和程度——90分
② 感性反應——80分
③ 理性直覺——80分
④ 叛 逆 性——50分
⑤ 抗壓能力——60分
⑥ 學習能力——60分
⑦ 情緒控管——70分
⑧ 表達能力——60分

圖說：皇后星單守於Ⅳ或Ⅹ區塊，性向分析表

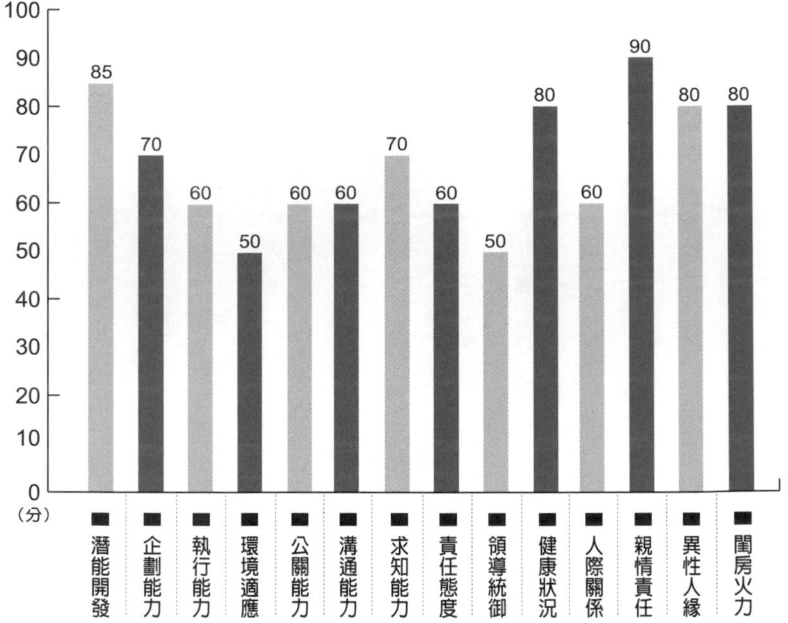

圖說：皇后星單守於IV或X區塊，人格特質表

的感覺，而且怎麼吃都吃不胖。皇后星若加上「正學士星」或「副學士星」容易感情用事、性情不定，同時桃花更多，感情生活較複雜，也比較會鑽牛角尖。

而皇后星男性不論是位於旺地或陷地，都有陰柔的氣息，個性較被動、沉默，喜歡輕鬆自在的悠閒生活。個性固執、心思細膩且容易情緒化，喜歡安於現狀而不喜改變，缺乏企圖心和衝勁，魄力不足。不過位於旺地的皇后星男性自我保護意識較強，口才好、深謀遠慮，絕不會衝動行事，雖然事業心並不特別強，但也頗享受忙碌工作的成就感。皇后星男性溫文儒雅的氣質常被誤認爲好男人，認爲細心體貼的他必是專一、愛家、疼老婆的類型，其實皇后星男性更喜歡被照顧，想法多變動大，感情上也易有猶豫不決的傾向。

皇后星入總部，若是加上煞星、阻礙星，或是欲望區塊有煞星，那麼多半是心機深、想法多、喜歡探聽八卦消息的類型，在外雖然光鮮亮麗，但回到家卻邋遢懶散，或是有某方面的偏執，私心較重，待人也較虛僞不真誠。

皇后星單守．男性性格特徵

位於Ⅳ或X的皇后星男性，個性溫和、情感豐沛，善於察言觀色，重視外在打扮、愛美食、喜歡享受，個性較不積極，不喜歡承擔重任，嚮往安逸穩定的生活步調。若是位於IV區塊，再加上煞星或阻礙星時，耐性較差，喜歡斤斤計較或是有點愛貪小便宜，個性反覆常常不知如何下決定。

這個組合的皇后星男性，想法多且細膩，思慮周延但動作慢悠悠的，雖然看起來個性溫和好相處，但其實很不喜歡被催促、更不喜歡被否定，內斂的個性不是沒脾氣，而是有火氣不會直接發出來、有問題也不喜歡直接表達，只會默默記在心裡，等累積到某天再找機會一起算總帳的類型。

皇后星單守．女性性格特徵

位於IV或X的皇后星女性外型秀氣，打扮得體合宜，位於旺地X區塊的皇后星女性較講究名牌與貴氣，外出時會依場合、對象穿著搭配，注重自我的形象和外界評價；位於陷地IV區塊的皇后星女性則屬於小家碧玉型，搭配較隨意，愛聊天、喜歡寵物。

由於皇后星外緣區塊是貴妃星的緣故，個性較夢幻，保有赤子之心，相較其他的皇后星來說，個性更柔和、依賴性更重，且多有感情困擾。

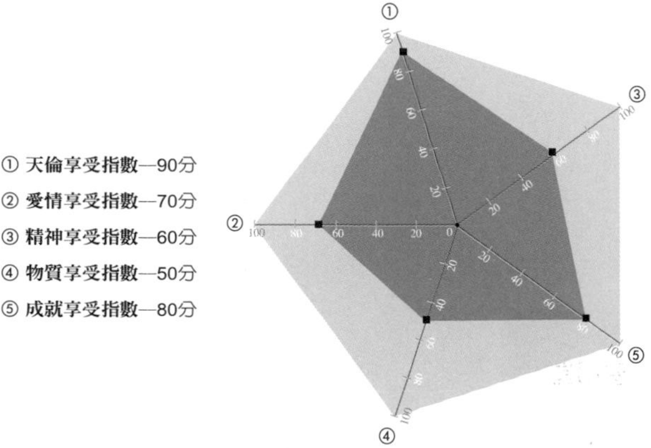

圖說：皇后星單守於Ⅳ或Ⅹ區塊，性向指數表－男

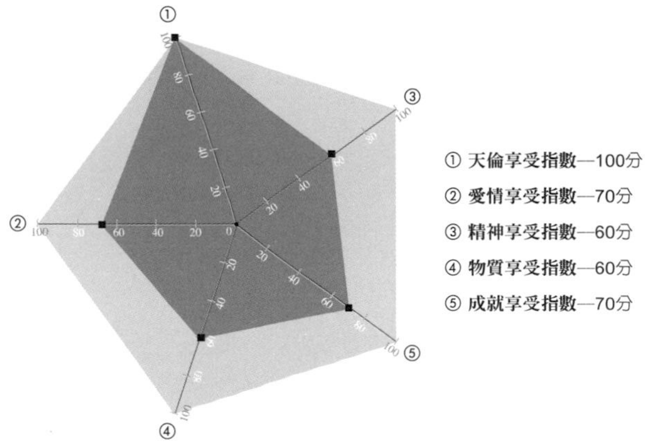

圖說：皇后星單守於Ⅳ或Ⅹ區塊，性向指數表－女

皇后星組合 5

皇后星單守於Ⅴ、Ⅺ區塊

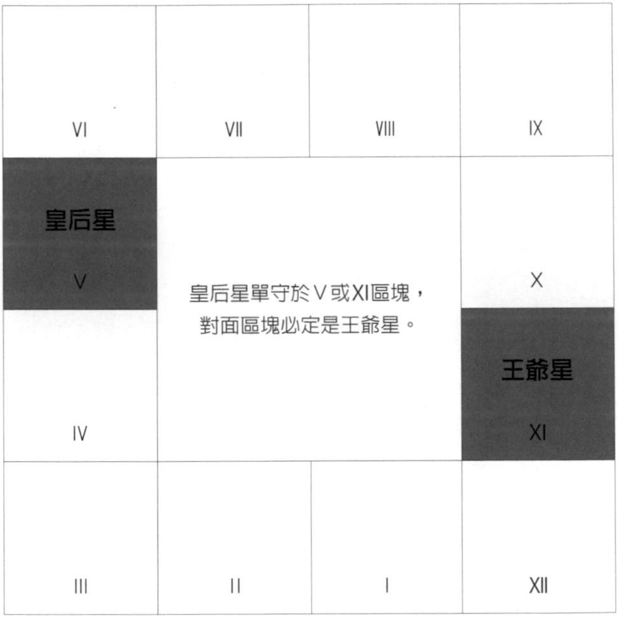

Ⅵ	Ⅶ	Ⅷ	Ⅸ
皇后星 Ⅴ	皇后星單守於Ⅴ或Ⅺ區塊，對面區塊必定是王爺星。		Ⅹ
Ⅳ			王爺星 Ⅺ
Ⅲ	Ⅱ	Ⅰ	Ⅻ

圖說：皇后星單守於Ⅴ或Ⅺ區塊

皇后星單守．特質分析

位於V或XI的皇后星，與對面外緣區塊的王爺星相對，因此兼具王爺星的特質，外表看似文雅溫和、行事慢條斯理、保守謹慎，善解人意且有同理心，實際上內在強勢、堅持，處事周全、口才佳，容易結交權貴。也因爲兼具王爺星和皇后星的特質，一陽一陰，性情也會時強時弱、時而果斷時而溫和，情緒起伏、反覆無常，一下開朗外放，一下又低落沉默，在待人處事和好惡上也有這樣反反覆覆的特質。

若是皇后星在V位陷地，個性思慮較深、容易鑽牛角尖，猜疑心重，出國運強，一生多奔波勞碌；不過若是有會到吉星，亦可富貴，人生初期雖奮鬥較艱辛，但大器晚成，可有作爲。而若是皇后星在XI位旺地，個性樂觀、感情豐富，容易獲得長輩照顧，亦懂得感恩回饋。重視外型打扮、愛乾淨，喜歡舒適溫馨、物質豐富的生活。

位於旺地的皇后星女性，愛家顧家，較保守，屬於賢妻良母的類型；男性則俊朗聰明，文質彬彬，工作運不錯，雖然異性緣好，但只要沒有會到煞星或阻礙星，感情比較專一。

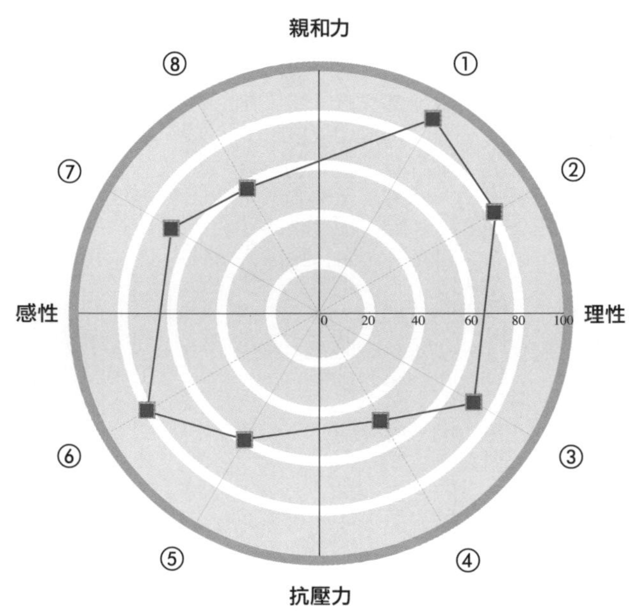

① **親和程度**——90分
② **感性反應**——80分
③ **理性直覺**——70分
④ **叛 逆 性**——50分
⑤ **抗壓能力**——60分
⑥ **學習能力**——80分
⑦ **情緒控管**——70分
⑧ **表達能力**——60分

圖說：皇后星單守於Ⅴ或Ⅺ區塊，性向分析表

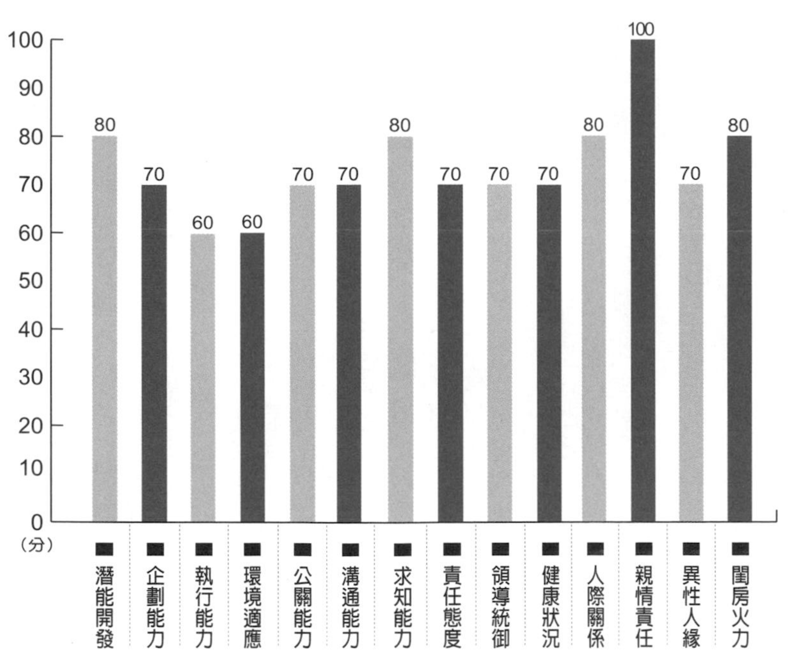

圖說：皇后星單守於Ⅴ或XI區塊，人格特質表

位於V或XI的皇后星因為有對面的王爺星對照，因此女性會較活潑好動，若再加上「正學士星」、「副學士星」或桃花星的加乘，異性緣太好，感情世界相當精彩；而男性則帶有女性的細膩、沉靜和容易害羞，行事風格溫和委婉，若是位於XI的皇后星男性則思慮更重，更容易自尋煩惱。無論男女，多半都有感情上的難解習題。

皇后星重享樂、具文采或藝術氣息，有獨特的規矩和定見；重感情，但喜好多變，做事機動性高，情緒落差大，位於旺地XI區塊的皇后星較能消化自己的負面情緒，但位於陷地V區塊的皇后星則容易陷入情緒中，負面思考、越鑽越煩惱，定性較差、無主見且喜新厭舊，情緒起伏較大。

位於V區塊的皇后星女性若再加上煞星，性情倔強、不服輸，無論對錯認定了就要堅持到底，因此運勢走得較辛苦，感情也較多波折，且不利家中女性。而位於V區塊的皇后星男性則是很懂得女性心理，容易處處留情卻難專一，善解人意又不懂拒絕的特質難免招來許多感情困擾。

皇后星單守·男性性格特徵

位於V或XI的皇后星男性外型俊秀、風度優雅，很注重自己的外在儀態，帶有書卷氣，多有專業長才；心思細膩、敏感多情，觀察力敏銳的特質很容易察覺到異性的情緒或喜好。

外型雖然白淨斯文，看來溫和有禮，其實自尊心強、多疑且固執，不易變通又優柔寡斷，常鑽牛角尖把自己困在無謂的情緒中，而且聽不進他人勸告。個性忽冷忽熱，有意見也不會明確表達出來，讓人難以捉摸。自我保護心重、有自己的規則和標準，容易相處卻不容易交心。

皇后星單守．女性性格特徵

皇后星女性位於旺地或陷地的差異頗大，位於旺地時，性情爽朗好溝通，通情達理、聰明機靈，孝順顧家，家庭觀念保守，多爲傳統賢妻良母。好動活潑，有錢有閒時最喜歡和家人一起外出吃喝遊玩，愛聊天，總以家庭爲重。

而位於陷地時，個性較奔放不受拘束，我行我素，多情敏感卻又衝動好勝，靈活反應快，但意志不堅定，貪新忘舊、重色輕友，感情生活相當精彩。若是陷地的皇后星再加上煞星，則多爲工作奔波忙碌，對自己的外在形象和生活品質較難以兼顧。

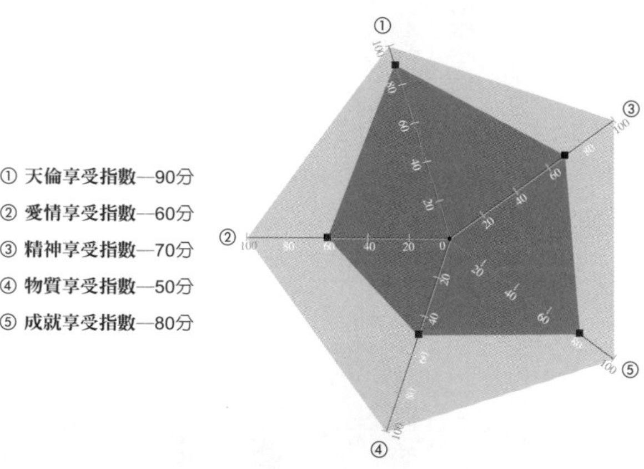

圖說：皇后星單守於Ｖ或XI區塊，性向指數表－男

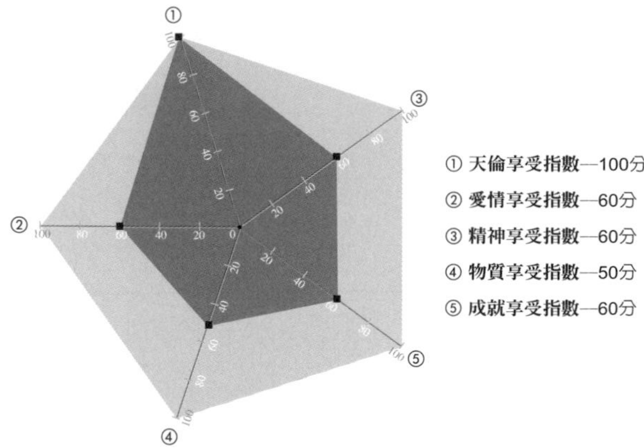

圖說：皇后星單守於Ｖ或XI區塊，性向指數表－女

皇后星 VI	VII	VIII	IX
V	皇后星單守於VI或XII區塊， 對面區塊必定是軍師星。		X
IV			XI
III	II	I	軍師星 XII

圖說：皇后星單守於VI或XII區塊

皇后星單守．特質分析

位於Ⅵ或Ⅻ的皇后星，其三方必定會到軍師星、王爺星＋監察史星，因此具備了聰明俊朗、秀氣優雅，以及瀟灑隨性和心軟博愛的特質。只要組合不破且加會吉星，皇后星男性多半外型儒雅、學識淵博，雖然不一定長得帥，但風度翩翩、氣質出眾，特別是位於Ⅻ區塊皇后星男性，文采好，學術研究造詣高，往往是學者或專業領域中的名人，舉手投足散發出知性氣質，異性緣相當好。

無論是位於Ⅵ或Ⅻ的皇后星男性，桃花都不少，對異性相當體貼，心思細膩、動作斯文秀氣，也往往具備猶豫不決、難以專一的負面特質，但這些都無損於他的吸引力，態度溫柔、且自然散發出的憂鬱氣質，莫名的讓女性升起想要好好照顧他的感覺。

而位於Ⅻ區塊的皇后星女性，除了個性聰明機靈，同樣也具備王爺星＋監察史星一般的熱心、有擔當、愛照顧人的特質，非常顧家。處事能力強、喜歡表現，個性外向、不喜受拘束、愛享受，有個人堅持，但耐力不夠常常三分鐘熱度。

位於Ⅵ或Ⅻ的皇后星，對面外緣區塊必定是軍師星，皇后星常猶豫不決、優柔寡斷，軍師星則想法多、好變化，因此這個組合遇事難以當機立斷，意志力不堅定，多是舉棋不定猶豫不決，性急又心軟，加上情緒易受影響，因此很容易陷入問題中越想越複雜。

皇后星的財富多半是來自於家庭，或是另一半的經濟狀況較好，因此年輕時多半花錢較無節制，若是皇后星位於Ⅻ區塊，最喜會到「正學士星」或「副學士星」來增添氣質、提升富貴程度；若是皇后星位於Ⅵ區塊卻加上「正學士星」、「副學士星」或任何一顆桃花星，反而會讓意志力更薄弱，感情氾濫欠缺理性，或是為了追求享受、滿足感官刺激或虛榮心，而放任自己的感情三心兩意，生活和感情都會更加複雜。

皇后星加上煞星，外表看來溫和含蓄，其實私心重、容易拘泥於小細節而忽略大局，容易想不開、鑽牛角尖，也有較強的嫉妒心和自卑感，喜歡裝好人、裝熱心，其實只是在意自己在他人眼中的形象。皇后星對煞星的抵抗力弱，無法靠自己的毅力支撐，常會造成自困於逆境或低潮中難以自拔，需要依賴旁人的支持和助力，才能脫離自困之局。

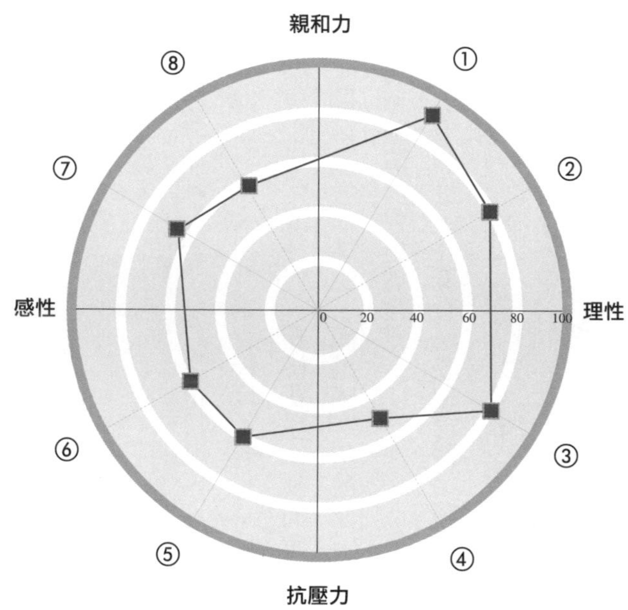

① 親和程度——90分	⑤ 抗壓能力——60分
② 感性反應——80分	⑥ 學習能力——60分
③ 理性直覺——80分	⑦ 情緒控管——70分
④ 叛 逆 性——50分	⑧ 表達能力——60分

圖說：皇后星單守於VI或XII區塊，性向分析表

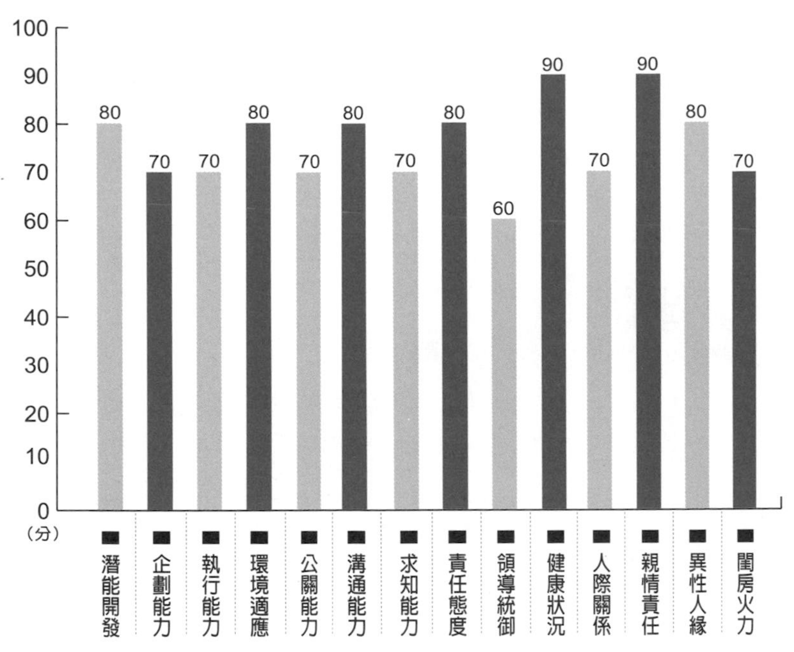

圖說：皇后星單守於VI或XII區塊，人格特質表

皇后星單守．男性性格特徵

位於Ⅵ或Ⅻ的皇后星男性重視外表、講究品味，溫和斯文不躁進，相當有個人魅力。愛面子、言談間感覺得出自視甚高，有點小驕傲；個性固執己見、得失心強，但又缺乏全力拚搏的衝勁和企圖心。

皇后星男性個性較優柔寡斷，看起來好相處，但常會在小地方挑剔、計較，讓人感覺規矩很多。性格敏感細膩，甚至比女性更溫柔體貼，因此常對爽朗霸氣或處理能力強的女性有好感，反而對同樣纖細文靜的對象沒有興趣，偏偏個性太溫柔、不善拒絕，習慣性的噓寒故暖又常讓人誤以為有意，感情世界紛紛擾擾，多是個性造成的困擾。

皇后星單守．女性性格特徵

位於Ⅵ或Ⅻ的皇后星女性，因位於四馬地，加上對面外緣區塊軍師星的影響，聰明機靈反應快，心思細膩想法多，喜歡往外跑，年輕時多喜歡呼朋喚友一起吃喝玩樂、旅遊玩耍。

皇后星重感情、顧家，若是位於旺地Ⅻ區塊的皇后星女性，從小環境不

錯、資源較多，因此更重美食享受；婚後多會以先生小孩為人生重心，言談間都是生活瑣事，工作則擺在第二位。若是位於陷地VI區塊的皇后星，個性較內斂、多思多慮，好強不服輸，情緒的控制力也較差。若是皇后星位於VI區塊且又加上「正學士星」或「副學士星」，桃花更盛，意志力不堅定，感情狀況也更為複雜。

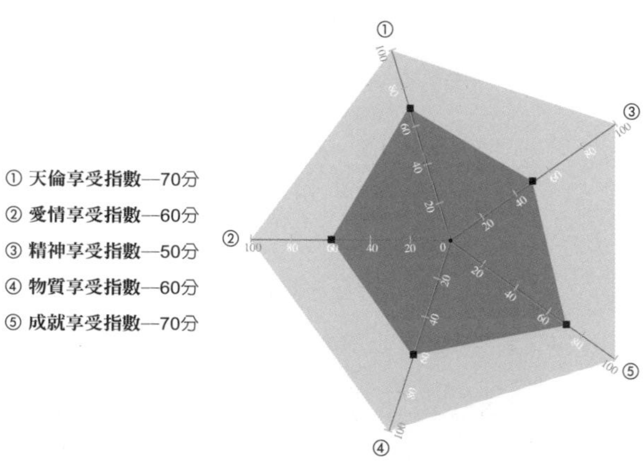

圖說：皇后星單守於VI或XII區塊，性向指數表－男

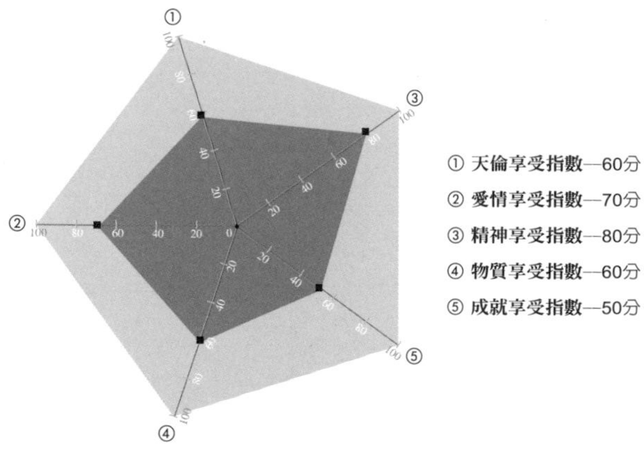

圖說：皇后星單守於VI或XII區塊，性向指數表－女

作者啓事

爲服務喜歡本學術之讀者，特成立下列配套措施，讀者可隨喜選用。

1 獨家授權「社團法人中華民國占驗紫微學會」爲本學術之傳承、師資培訓及授證機構。有意精進者，請向本學會總幹事許富琮先生聯繫，聯繫方式：02-2567-1627 或 0910-810-635。

2 獨家授權「星都企業有限公司」爲本學術相關之排盤軟體、性向分析圖表等之下載、網路服務等等。

欲進一步瞭解，請至 www.skyfate.tw

國家圖書館出版品預行編目資料

東方星理學③雙星互聯篇／天乙上人著 .-- 初版 .-- 臺北市：春光出版，城邦文化事業股份有限公司：英屬蓋曼群島商家庭傳媒股份有限公司城邦分公司發行, 民111.01
面； 公分

ISBN 978-986-5543-76-1（命理開運：精裝）

1. 紫微斗數

293.11 110021240

東方星理學 ❸【雙星互聯篇】

作　　者／天乙上人
企劃選書人／劉毓玫
責 任 編 輯／王雪莉
內 文 編 輯／劉毓玫

版權行政暨數位業務專員／陳玉鈴
資深版權專員／許儀盈
行 銷 企 劃／陳姿億
行銷業務經理／李振東
總　編　輯／王雪莉
發　行　人／何飛鵬
法 律 顧 問／元禾法律事務所　王子文律師
出　　版／春光出版
台北市104中山區民生東路二段 141 號 8 樓
電話：(02) 2500-7008　傳眞：(02) 2502-7676
部落格：http://stareast.pixnet.com/blog　E-mail：stareast_service@cite.com.tw
發　　行／英屬蓋曼群島商家庭傳媒股份有限公司城邦分公司
台北市中山區民生東路二段 141 號11 樓
書虫客服服務專線：(02) 2500-7718．(02) 2500-7719
24小時傳眞服務：(02) 2500-1990．(02) 2500-1991
服務時間：週一至週五9:30-12:00．下午13:30-17:00
劃撥帳號：19863813　戶名：書虫股份有限公司
讀者服務信箱E-mail: service@readingclub.com.tw
歡迎光臨城邦讀書花園　網址：www.cite.com.tw
香港發行所／城邦（香港）出版集團有限公司
香港灣仔駱克道 193 號東超商業中心 1 樓
電話：(852) 2508-6231　傳眞：(852) 2578-9337
E-mail : hkcite@biznetvigator.com
馬新發行所／城邦（馬新）出版集團【Cite(M)Sdn. Bhd.(458372U)】
41, Jalan Radin Anum, Bandar Baru Sri Petaling,
57000 Kuala Lumpur, Malaysia.
電話：(603) 90578822　傳眞：(603)90576622　E-mail：cite@cite.com.my.

封 面 設 計／鍾瑩芳
內 頁 排 版／游淑萍
印　　刷／高典印刷有限公司

■ 2022 年（民 111）1 月 6 日初版

售價／799元

ISBN　978-986-5543-76-1

春光QR CODE

Printed in Taiwan

城邦讀書花園
www.cite.com.tw